Dieta w insulinooporności

Redaktor inicjujący: Anna Rogala
Konsultacja edytorska: Dariusz Rossowski
Redakcja: Agnieszka Grzywacz, Katarzyna Nawrocka, Maria Zalasa
Korekta: Karolina Pawlik

Projekt typograficzny, skład i projekt okładki: Katakanasta Joanna Wasilewska
Fotografie: Tomasz Makarowski, oprócz:
zdjęcie na stronie 171: © natashamam/Shutterstock.com
zdjęcie na stronie 179: © Anna Shepulova/Shutterstock.com
zdjęcie na stronach 194-195: © Sea Wave/Shutterstock.com
zdjęcie na stronach 222-223: © Elena Veselova/Shutterstock.com
zdjęcia na stronach: 106, 117, 128, 139, 152, 162, 205, 254, 261 – serwis Pixabay

Druk: Oficyna Wydawnicza READ ME Włodzimierz Bińczyk sp. j.

ISBN 978-83-7229-715-0
Wydanie I, Łódź 2018

Wydawnictwo JK
ul. Krokusowa 3, 92-101 Łódź
tel. 42 676 49 69
www.wydawnictwofeeria.pl

Dieta w insulinooporności

Magdalena Makarowska
Dominika Musiałowska

SPIS TREŚCI

VADEMECUM

NAJWAŻNIEJSZE INFORMACJE NA TEMAT INSULINOOPORNOŚCI I TEGO, CO SIĘ Z NIĄ WIĄŻE

Dominika Musiałowska
konsultacja: dietetyk Małgorzata Słoma

VADEMECUM

NAJWAŻNIEJSZE INFORMACJE NA TEMAT INSULINOOPORNOŚCI I TEGO, CO SIĘ Z NIĄ WIĄŻE

Dominika Musiałowska
konsultacja: dietetyk Małgorzata Słoma

Insulinooporność to problem zataczający coraz szersze kręgi. Z książki *Insulinooporność – zdrowa dieta i zdrowe życie* wiesz już pewnie, jak bardzo może skomplikować życie i jak dużej grupy osób dotyczy. Żeby zmniejszyć ryzyko rozwoju u insulinoopornych takich chorób jak cukrzyca, choroby sercowo-naczyniowe, nadwaga i otyłość czy zaburzenia hormonalne, konieczne są działania profilaktyczne. W walce o zdrowie podstawową rolę odgrywa styl życia, a jednym z jego elementów jest DIETA. Z tej książki dowiesz się, jak powinny odżywiać się osoby z insulinoopornością, żeby odzyskać zdrowie i szczupłą sylwetkę. Przepisy i wskazówki Magdaleny Makarowskiej staną się dla ciebie prawdziwym drogowskazem żywieniowym. Dzięki nim nauczysz się jeść nie tylko smacznie, ale i zdrowo.

Zanim jednak przejdziemy do przepisów, proponuję coś specjalnego! Ten, kto uczestniczy w naszych grupach wsparcia na Facebooku, doskonale wie, czym jest VADEMECUM. To zbiór odpowiedzi na najczęściej zadawane tam pytania. Vademecum zamieszczone w tej książce zostało poprawione i rozbudowane. W nadanie mu obecnej formy ogromny wkład wniosła mgr Małgorzata Słoma, doktorantka Śląskiego Uniwersytetu Medycznego w Katowicach, bez której wsparcia część odpowiedzi pozostałoby niepełnych. Małgosiu, ogromnie dziękuję za Twoją nieocenioną pomoc.

Vademecum wyjaśnia wątpliwości insulinoopornych związane z samym schorzeniem, jego definicją i diagnostyką, leczeniem, dietą, a także z aktywnością fizyczną wskazaną w wypadku insulinooporności. Warto jednak pamiętać, że jest to wiedza w pigułce, dodatek uzupełniający podstawową, dietetyczną część książki. Każdy, kto chciałby bardziej zgłębić temat insulinooporności (a jeszcze tego nie zrobił), może sięgnąć po moją książkę *Insulinooporność – zdrowa dieta i zdrowe życie*. Jest tam nie tylko sporo teorii, lecz także praktycznych wskazówek, jak radzić sobie z insulinoopornością na co dzień i od święta. Kto zaś chciałby powiększyć pulę odpowiednich dla siebie przepisów i zyskać dodatkowe zdrowe inspiracje kulinarne, może zajrzeć do książek Magdaleny Makarowskiej *Jedz pysznie z niskim indeksem glikemicznym* oraz *Dieta uzdrawiająca organizm*. Wiele dodatkowych informacji jest również na moim blogu www.insulinoopornosc.com oraz na naszych grupach wsparcia na Facebooku. Miłej lektury!

1. INSULINOOPORNOŚĆ W TEORII

Co to jest insulinooporność?

Insulinooporność to stan obniżonej wrażliwości tkanek na działanie insuliny, hormonu odpowiedzialnego m.in. za regulowanie stężeń glukozy. W rezultacie poziom glukozy przyjmuje nierzadko nieprawidłowe wartości. Stan ten może z kolei doprowadzić do rozwoju cukrzycy typu 2. Zazwyczaj jednak przez wiele lat udaje się uniknąć rozwoju tej choroby dzięki nadprodukcji insuliny (hiperinsulinemii). Hiperinsulinemia z jednej strony ratuje przed cukrzycą, z drugiej zaś wywiera niekorzystny wpływ na niektóre procesy w organizmie. Odpowiada m.in. za tendencję do tycia, stłuszczenie wątroby, zaburza gospodarkę cholesterolem, regulację ciśnienia krwi, pracę jajników i zwiększa tempo podziałów komórkowych. Insulinooporność pośrednio przyczynia się również do rozwoju miażdżycy naczyń krwionośnych.

Przyczyny insulinooporności są liczne i wciąż nie do końca poznane. Najczęstszą i najważniejszą w skali populacyjnej jest otyłość brzuszna. Do innych zalicza się nadmierne spożycie kalorii, jedzenie produktów o wysokim indeksie glikemicznym, stany zapalne, przeciwstawne do insuliny działanie niektórych hormonów oraz wiek. Duże znaczenie mają również uwarunkowania genetyczne. O ich obecności świadczy częste rodzinne występowanie cukrzycy typu 2 i otyłości. Udział czynników genetycznych i środowiskowych różni się u poszczególnych osób. Ogólnie można przyjąć, że w danym przypadku udział czynnika genetycznego jest tym większy, im wcześniej w życiu i przy mniejszej otyłości rozwinęła się insulinooporność. Poszczególne czynniki mogą współistnieć i potęgować wzajemnie swoje działanie.

Wpływ otyłości brzusznej na insulinooporność jest wciąż przedmiotem badań naukowych. Wydaje się, że wiąże się on z obecnością w brzusznej tkance tłuszczowej przewlekłego stanu zapalnego o niewielkim natężeniu oraz z wytwarzaniem pewnych substancji osłabiających działanie insuliny. Pojawienie się brzusznej tkanki tłuszczowej może sprawić, że wpadniemy w błędne koło chorobowe: otyłość brzuszna doprowadza do insulinooporności, co wymusza zwiększenie produkcji insuliny sprzyjające tworzeniu tkanki tłuszczowej, potęgując insulinooporność.

Wspomniane mechanizmy rozwoju insulinooporności dotyczą najczęstszego jej rodzaju – tzw. insulinooporności postreceptorowej, w której zaburzenia dotyczą nieprawidłowości przekazywania sygnału wewnątrz komórek wyposażonych na błonie w receptor insulinowy. Warto wspomnieć, że istnieją również inne, rzadkie rodzaje insulinooporności, tzw. insulinooporność przedreceptorowa i receptorowa, różniące się przebiegiem i objawami. (fragm. książki *Insulinooporność – zdrowa dieta i zdrowe życie*)

Czy insulinooporność i hiperinsulinemia są tym samym?

Nie, insulinooporność to zaburzenie polegające na zmniejszonej wrażliwości tkanek na działanie insuliny przy jej prawidłowym lub podwyższonym poziomie, a hiperinsulinemia to nadmierny wyrzut insuliny pojawiający się zwykle po posiłku. Te dwa zaburzenia często jednak idą ze sobą w parze. Hiperinsulinemia pomaga utrzymać przez jakiś czas poziom glukozy na prawidłowym poziomie, ale częste nadmierne wyrzuty insuliny zwiększają insulinooporność. Leczenie obu tych zaburzeń jest praktycznie takie samo. Powinno opierać się na zdrowej diecie, aktywności fizycznej i w zależności od wyników badań – stosowaniu środków farmakologicznych.

Jakie objawy towarzyszą insulinooporności i hiperinsulinemii?

Insulinooporności i hiperinsulinemii towarzyszą często takie objawy jak:

- nadmierna senność po posiłku (szczególnie węglowodanowym),
- przyrost masy ciała, zwłaszcza w obrębie brzucha (mimo normalnej diety, bez przejadania się),
- obniżenie nastroju,
- przymglenie umysłowe (*brain fog*),
- problemy z pamięcią i koncentracją,
- rozdrażnienie,
- bóle głowy i tzw. ciężka głowa,
- bóle stawów,
- zmiany na skórze w typie *Acanthosis nigricans* (rogowacenia ciemnego),
- ogólne ciągłe zmęczenie,
- uczucie zimna,
- napady głodu pojawiające się 2–3 godziny po posiłku,
- ochota na słodycze lub tzw. wilczy apetyt,
- trudności ze zrzuceniem zbędnych kilogramów.

Co to jest hipoglikemia i hiperglikemia?

Hipoglikemia to obniżony poziom glukozy we krwi (<65 mg), a hiperglikemia – poziom podwyższony (>125 mg na czczo oraz >200 mg po posiłku). Hiperglikemia i hipoglikemia towarzyszą zwykle osobom chorym na cukrzycę, a sama hipoglikemia również osobom z insulinoopornością. Warto pamiętać, że insulinooporność występuje także u pacjentów z cukrzycą, czyli przy hiperglikemii.

Co to jest cukrzyca?

Nazwą tą określa się grupę chorób metabolicznych charakteryzujących się hiperglikemią wynikającą z niewłaściwego wydzielania lub działania insuliny. Przewlekła hiperglikemia w cukrzycy powoduje uszkodzenie, zaburzenie czynności i niewydolność różnych narządów, szczególnie oczu, nerek, nerwów, serca i naczyń krwionośnych.

Cukrzyca typu 1: cukrzyca spowodowana zniszczeniem komórek beta trzustki przez proces autoimmunologiczny zapoczątkowany działaniem czynników wyzwalających (środowiskowych) u osób z predyspozycją genetyczną. W rozwoju choroby mają udział przeciwciała przeciwwyspowe (przeciwko różnym antygenom komórek beta), które mogą się pojawić na wiele miesięcy, a nawet lat przed wystąpieniem objawów cukrzycy; w tym okresie następuje stopniowa utrata możliwości wydzielniczych komórek beta prowadząca do jawnej cukrzycy, którą charakteryzuje bezwzględny niedobór insuliny. Cukrzyca typu 1 ujawnia się u dzieci i młodzieży oraz u osób poniżej 30. roku życia. Możliwy jest powolny przebieg autoimmunologicznej destrukcji komórek beta, prowadzący do ujawnienia się choroby w 4. lub 5. dekadzie życia (cukrzyca autoimmunologiczna o późnym początku – LADA). Po ujawnieniu się choroby proces niszczenia komórek beta trwa jeszcze przez pewien czas. Nieobecność peptydu C (markera wydzielania insuliny) w surowicy oznacza, że nastąpiła już ich całkowita destrukcja.

Cukrzyca typu 2: najczęstsza postać cukrzycy (około 80% wszystkich przypadków), spowodowana postępującym upośledzeniem wydzielania insuliny w warunkach insulinooporności. Może być uwarunkowana genetycznie, ale decydującą rolę odgrywają czynniki środowiskowe (otyłość, zwłaszcza brzuszna, i mała aktywność fizyczna). Nadmiar wolnych kwasów tłuszczowych uwalnianych przez trzewną tkankę tłuszczową jest przyczyną „lipotoksyczności" – zwiększona oksydacja tłuszczów w mięśniach powoduje zahamowanie glikolizy, a w wątrobie przyczynia się do nasilenia glukoneogenezy, co wymaga kompensacyjnego wydzielania insuliny przez komórki beta i może prowadzić do stopniowego wyczerpania ich rezerw i załamania metabolizmu glukozy.

Cukrzyca ciążowa lub cukrzyca w ciąży: odmiana cukrzycy rozpoznawana podczas ciąży. Charakterystyczny dla okresu ciąży wzrost stężeń hormonów o działaniu antagonistycznym w stosunku do insuliny prowadzi w tym wypadku do insulinooporności, wzrostu zapotrzebowania na insulinę i zwiększenia dostępności glukozy dla rozwijającego się płodu – w efekcie tych zmian adaptacyjnych zwiększa się ryzyko zaburzeń gospodarki węglowodanowej u dotychczas zdrowych kobiet.

Czym różni się insulinooporność od cukrzycy?

Insulinooporność bywa określana jako stan przedcukrzycowy, który prowadzi m.in. do rozwoju cukrzycy typu 2. Cukrzyca jest jednak niezależną jednostką chorobową. W insulinooporności poziom glukozy bywa prawidłowy, poziom insuliny zaś jest wysoki, a w cukrzycy poziom glukozy jest wysoki, a poziom insuliny albo wysoki (wtedy mówimy o insulinooporności u osób z cukrzycą typu 2), albo prawidłowy (kiedy nie występuje jeszcze insulinooporność, a trzustka produkuje insulinę), albo zbyt niski (kiedy wyspy komórek beta zamierają i trzustka przestaje produkować insulinę).

Czy w cukrzycy może występować insulinooporność?

Tak. Najczęściej insulinooporność występuje w cukrzycy typu 2, u otyłych lub starszych cukrzyków. Coraz częściej diagnozuje się ją również u cukrzyków typu 1, którzy w wyniku nieprawidłowej diety są zmuszeni do przyjmowania coraz większych dawek insuliny, wskutek czego stają się oporni na insulinę. Pojawieniu się u nich insulinooporności towarzyszy zwiększenie masy ciała.

Czy każda osoba z insulinoopornością zachoruje na cukrzycę?

Nie, absolutnie nie każda. Właściwe leczenie pomaga zapobiec nie tylko rozwojowi cukrzycy, lecz także innych powikłań insulinooporności, takich jak choroby sercowo-naczyniowe, nadwaga i otyłość, choroby neurodegeneracyjne, niealkoholowe stłuszczenie wątroby czy niepłodność. Insulinooporność i cukrzyca typu 2 to wierzchołek góry lodowej. Pracujemy na nie wiele lat. Dlatego im wcześniej zmieni się styl życia, tym mniejsze ryzyko zachorowania na cukrzycę.

Jaka jest główna przyczyna insulinooporności?

Wśród przyczyn insulinooporności znajdują się dwa czynniki: genetyczny i środowiskowy. Na ten ostatni składają się: zła dieta, siedzący tryb życia, używki (papierosy, alkohol), nadmiar stresu, nieregularny tryb życia i sen, niektóre leki, otyłość i nadwaga (szczególnie jeśli tkanka tłuszczowa gromadzi się w okolicach talii) oraz starzenie się – im jesteśmy starsi, tym większe ryzyko rozwoju insulinooporności i cukrzycy.

Co dokładnie może nasilać lub wywoływać insulinooporność?

Wśród czynników spustowych i nasilających objawy insulinooporności znajdują się:

- nieprawidłowa dieta – wysokokaloryczna bogata w cukier i niezdrowe tłuszcze trans (np. dania typu fast food, napoje gazowane), diety wysokobiałkowe, niskowęglowodanowe, głodówkowe i niedoborowe itp.,
- brak ruchu, siedzący tryb życia,
- zbyt intensywne i zbyt częste treningi,
- otyłość, nadwaga,
- używki – palenie papierosów, picie alkoholu, zażywanie narkotyków,
- nadmierne odchudzanie się lub przejadanie się, w tym zaburzenia odżywiania (bulimia, anoreksja, ortoreksja itp.),
- zbyt krótki sen (nieodpowiednia ilość snu sprzyja otyłości, a otyłość sprzyja insulinooporności),
- nadmiar stresu,
- zażywanie pewnych leków (np. niektóre tabletki antykoncepcyjne).

Czy można wyleczyć insulinooporność?

Wszystko zależy od przyczyny pojawienia się insulinooporności. W większości przypadków insulinooporność jest wyleczalna. Jeśli przyczyna leży w nieprawidłowym stylu życia (zła dieta, siedzący tryb życia, alkohol i inne używki, stres, nadmierna masa ciała), objawy można cofnąć. Żeby poprawić wyniki badań, wystarczy porzucić niezdrowe nawyki i schudnąć. Im wcześniej zmienimy swój styl życia na zdrowszy, tym szybciej dobrze się poczujemy. Insulinooporność może się jednak pojawić w wyniku innych chorób, zaburzeń lub na podłożu genetycznym, a wtedy wyleczenie jest znacznie trudniejsze, choć w wielu przypadkach możliwe. Nawet osoby, u których insulinooporność ma złożone przyczyny medyczne, mogą poprawić wyniki badań i cieszyć się dobrym samopoczuciem. Należy jednak pamiętać, że powrót do złych nawyków, przyrost masy ciała, nadmierny wysiłek fizyczny itp. sprawią, że insulinooporność wróci, a jej objawy staną się wyraźniejsze.

Po czym poznać, że zdrowiejemy?

Na pewno po samopoczuciu i spadku masy ciała, ale również po wynikach badań kontrolnych, które zleci nam lekarz.

Dlaczego insulinooporni mają tak różne wyniki badań, objawy i inaczej się leczą?

Każdy przypadek jest indywidualny, a na poszczególne osoby działają nieco inne metody. Dlatego nie powinniśmy sugerować się opiniami cudzego lekarza oraz czyimiś komentarzami na temat dawki leków czy tego, co wolno, a czego nie, bo u danej osoby może się to sprawdzać, a drugiej może zaszkodzić. To samo dotyczy zaleceń dietetycznych – choć ogólne zasady są wspólne dla wszystkich, to w szczegółach mogą się one nieznacznie od siebie różnić, dlatego nie warto korzystać z czyjejś diety dobranej do szczególnego przypadku tej konkretnej osoby bez jej indywidualizacji, zwłaszcza gdy cierpimy na więcej chorób niż tylko insulinooporność.

Jakie są objawy hipoglikemii?

Hipoglikemia (inaczej niedocukrzenie) to występowanie stężenia glukozy <65 mg/dl (3,0 mmol). Stanowi temu mogą towarzyszyć następujące objawy: pocenie się, napady głodu, słabość, kołatanie serca, niepokój, duszności, drżenie rąk, bóle głowy, zaburzenie widzenia, problemy z koncentracją i pamięcią, trudności z mówieniem, nudności i wymioty, drażliwość i nerwowość, bladość, a w skrajnej postaci hipoglikemii – drgawki i śpiączka, mogąca doprowadzić do śmierci. (Objawy pojawiają się stopniowo i nie wszystkie występują jednocześnie).

Co to jest zespół metaboliczny?

Zespół metaboliczny to współwystępujące i wzajemnie powiązane czynniki metaboliczne, które sprzyjają rozwojowi chorób sercowo-naczyniowych oraz cukrzycy typu 2.

Do zespołu metabolicznego możemy zaliczyć:

- insulinooporność,
- hiperinsulinemię,
- upośledzoną tolerancję glukozy,
- otyłość.

Zespół ten ponadto charakteryzuje się współistnieniem nadciśnienia tętniczego, stłuszczenia wątroby oraz nadkrzepliwości. Warto zaznaczyć, że wszystkie wyżej wymienione składowe wzajemnie na siebie oddziałują. Otyłość oraz brak aktywności fizycznej predysponuje do powstania insulinooporności. Oporność na insulinę wpływa na zwiększenie stężenia lipoprotein o niskiej gęstości –„złego cholesterolu" frakcji LDL – a także stężenia trójglicerydów w surowicy oraz na zmniejszenie stężenia lipoprotein o wysokiej gęstości – frakcji HDL. To wszystko przyczynia się do rozwoju zmian miażdżycogennych w postaci odkładania się blaszek miażdżycowych w ścianach tętnic, co z kolei z biegiem lat może sprzyjać rozwojowi choroby niedokrwiennej serca, zakrzepów oraz wystąpieniu udaru mózgu. Przewlekle podwyższony poziom glukozy wynikający z insulinooporności uszkadza nerki oraz naczynia krwionośne, co z kolei przyczynia się do rozwoju cukrzycy oraz nadciśnienia tętniczego.

Jak rozpoznaje się zespół metaboliczny?

Zgodnie z uzgodnioną definicją International Diabetes Federation (IDF) i American Heart Association/National Heart Lung, and Blood Institute (AHA/NHLBI4) z 2009 roku zespół metaboliczny stwierdza się, gdy występują dowolne trzy z następujących składowych:

- zwiększony obwód talii (wartość zależna od kraju pochodzenia i grupy etnicznej – w populacji europejskiej ≥80 cm u kobiet i ≥94 cm u mężczyzn),
- stężenie trójglicerydów >1,7 mmol/l (150 mg/dl) lub leczenie hipertriglicerydemii,
- stężenie HDL C <1,0 mmol/l (40 mg/dl) u mężczyzn i <1,3 mmol/l (50 mg/dl) u kobiet lub leczenie tego zaburzenia lipidowego,

- ciśnienie tętnicze skurczowe ≥130 mm Hg lub rozkurczowe ≥85 mm Hg bądź leczenie rozpoznanego wcześniej nadciśnienia tętniczego,
- stężenie glukozy w osoczu na czczo ≥5,6 mmol/l (100 mg/dl) lub leczenie farmakologiczne cukrzycy typu 2.

Definicja zespołu metabolicznego wg wytycznych Polskiego Forum Profilaktyki Chorób Układu Krążenia (PFPChUK) zaktualizowanych w 2015 roku brzmi następująco:

Zespół metaboliczny jest to stan kliniczny charakteryzujący się współwystępowaniem wielu wzajemnie powiązanych czynników o charakterze metabolicznym, zwiększających ryzyko rozwoju chorób układu sercowo-naczyniowego (ChSN) o podłożu miażdżycowym oraz cukrzycy typu 2.

W zespole metabolicznym występują:
- otyłość brzuszna,
- upośledzona tolerancja glukozy, insulinooporność i/lub hiperinsulinemia,
- dyslipidemia (wysoki poziom trójglicerydów i/lub niski poziom „dobrego" cholesterolu HDL),
- nadciśnienie tętnicze,
- aktywacja procesów prozapalnych i prozakrzepowych.

Kryteria rozpoznania zespołu metabolicznego podane w wytycznych (PFPChUK), dotyczące osób powyżej 16. roku życia:
- zwiększony obwód pasa – ≥80 cm u kobiet i ≥94 cm u mężczyzn,
- zwiększone stężenie trójglicerydów – ≥150 mg/dl (1,7 mmol/l) – lub stosowanie leków zmniejszających ich stężenie,
- zmniejszone stężenie cholesterolu HDL – <50 mg/dl (1,3 mmol/l) u kobiet i <40 mg/dl (1,0 mmol/l) u mężczyzn – lub stosowanie leków zwiększających jego stężenie,
- podwyższone ciśnienie tętnicze skurczowe ≥130 mm Hg i/lub rozkurczowe ≥85 mm Hg, lub stosowanie leków hipotensyjnych u pacjenta z nadciśnieniem tętniczym w wywiadzie,
- zwiększone stężenie glukozy na czczo ≥100 mg/dl (5,6 mmol/l) lub stosowanie leków hipoglikemizujących.

Spełnienie co najmniej trzech z wyżej wymienionych kryteriów oznacza obecność zespołu metabolicznego.

Czy przy insulinooporności można zajść w ciążę?

Tak, jest to możliwe, jednak wielu kobietom nie udaje się to od razu. Jeśli insulinooporność występuje w połączniu z zespołem policystycznych jajników (PCOS), chorobami tarczycy, chorobami autoimmunologicznymi lub otyłością, sprawy się dodatkowo komplikują i nierzadko konieczne jest najpierw wdrożenie odpowiedniego leczenia. Wielu kobietom bardzo pomaga zmiana stylu życia: wprowadzenie zdrowej diety, aktywność fizyczna i eliminacja stresu. Duże znaczenie ma zmniejszenie masy ciała oraz stosowanie się do zaleceń medycznych, m.in. leczenie farmakologiczne metforminą czy uzupełnienie niedoborów pokarmowych, a także zadbanie o prawidłowy stan jelit (ograniczenie, o ile to możliwe, stosowania antybiotyków, suplementacja naturalna lub farmakologiczna prebiotyków i probiotyków).

Występowanie insulinooporności przed ciążą zwiększa prawdopodobieństwo pojawienia się cukrzycy ciążowej, co niesie duże ryzyko zarówno dla matki, jak i dla dziecka. Dlatego każda starająca się o dziecko kobieta powinna zadbać o zdrowy styl życia i prawidłową masę ciała, a dokładniej o odpowiedni poziom tkanki tłuszczowej. Coraz więcej jest bowiem osób, u których waga czy BMI pozostają w normie, ale poziom tkanki tłuszczowej jest na tyle wysoki, że może powodować zaburzenia. (Może być również odwrotnie: może się wydawać, że ktoś ma nadwagę, a w rzeczywistości ma tylko większą masę mięśniową lub „ciężkie kości").

Czy można zdiagnozować insulinooporność w czasie ciąży? Czy to dobry okres na wykonanie badań pod tym kątem?

W wypadku ciężarnych insulinooporność jest zjawiskiem zupełnie naturalnym ze względu na działanie laktogenu łożyskowego, dlatego kontrola poziomu insuliny w czasie ciąży nie wnosi zbyt wiele do diagnostyki, w przeciwieństwie do testu obciążenia glukozą, za pomocą którego wykrywa się cukrzycę ciążową. To badanie jest akurat obowiązkowe i należy je wykonać w drugim trymestrze ciąży.

Stan zdrowia matki zarówno tuż przed zajściem w ciążę, jak i w jej trakcie ma duży wpływ na zdrowie dziecka i przebieg ciąży oraz porodu. Otyłe kobiety powinny dążyć do redukcji masy ciała, zanim podejmą starania o dziecko, jeśli jednak są już w ciąży, a dodatkowo cierpią na insulinooporność, powinny zadbać o jak najzdrowszy styl życia, w tym odpowiednią dietę i aktywność fizyczną, oczywiście po konsultacji z lekarzem. Pomoże to zapobiec rozwojowi cukrzycy ciążowej, stanu przedrzucawkowego, nadciśnienia itp. oraz wynikających z tego powikłań, jakimi może być zbyt niska lub zbyt wysoka masa urodzeniowa dziecka oraz przedwczesny poród.

Czy istnieją związki między insulinoopornością a PCOS?

Wykazano, że insulinooporność dotyczy zarówno otyłych, jak i szczupłych pacjentek z PCOS. U wielu pacjentek z PCOS wiodącymi objawami są cechy hiperandrogenizmu, czyli nadmiernego wydzielania androgenów. Do typowych zmian skórnych należą: hirsutyzm (owłosienie typu męskiego), trądzik i łysienie androgenowe, które stanowią niejednokrotnie przyczynę pogorszenia jakości życia i zaburzeń psychicznych. Nadwaga, określana jako BMI >25 kg/m^2, dotyczy 35–50% pacjentek z PCOS. Charakteryzuje się androidalnym typem rozmieszczenia tkanki tłuszczowej, czego wyrazem jest podwyższony (>0,8) wskaźnik talia–biodra (WHR). Otyłość trzewna jest czynnikiem ryzyka hiperinsulinemii oraz insulinooporności. U otyłych kobiet z PCOS można stwierdzić rogowacenie ciemne (*Acanthosis nigricans*), świadczące o insulinooporności komórkowej. Jest to objaw skórny – skóra jest scieńczała, hiperpigmentowana, nadmiernie zrogowaciała. Zmiany występują głównie w okolicach karku, pach oraz pachwin.

Insulinooporność i PCOS często idą w parze. Jeśli u kobiety zdiagnozowano jedną z tych dwóch przypadłości, należy przeprowadzić diagnostykę pod kątem drugiej.

Jakim innym chorobom i zaburzeniom może towarzyszyć insulinooporność?

Insulinooporność współwystępuje z rozmaitymi chorobami autoimmunologicznymi. Towarzyszy chorobom tarczycy (niedoczynność tarczycy, nadczynność tarczycy, wole, choroba Hashimoto, choroba Gravesa-Basedova), chorobom nadnerczy (choroba Cushinga), chorobom i zaburzeniom działania wątroby, nadciśnieniu, występowaniu podwyższonego cholesterolu, otyłości, chorobom serca, chorobie Alzheimera.

Jakie są kliniczne następstwa insulinooporności?

Nieleczona insulinooporność pociąga za sobą ryzyko wystąpienia rozmaitych powikłań oraz rozwoju takich schorzeń jak zespół metaboliczny, cukrzyca typu 2, choroby sercowo-naczyniowe, niealkoholowe stłuszczenie wątroby, obturacyjny bezdech senny, zespół policystycznych jajników, prawdopodobnie niektóre nowotwory oraz choroby neurodegeneracyjne, w tym choroba Alzheimera, aterogenna dyslipidemia, zaburzenia układu krzepnięcia, a także dysfunkcja śródbłonka naczyniowego, które prowadzą do powstania następstw sercowo-naczyniowych.

Czym jest otyłość?

Otyłość jest zaburzeniem przemiany energetycznej spowodowanym nadmierną podażą energii zawartej w pokarmach w stosunku do potrzeb organizmu. Magazynowanie zbyt dużej porcji energii w postaci tkanki tłuszczowej prowadzi do rozwoju wielu zaburzeń metabolicznych i hemodynamicznych, a w efekcie do pojawienia się rozmaitych schorzeń. Za otyłość uważa się stan, w którym tkanka tłuszczowa stanowi więcej niż 20% całkowitej masy ciała u mężczyzn oraz więcej niż 25% u kobiet. Aby ujednolicić kryteria rozpoznawania nadwagi i otyłości, opracowano zestaw parametrów, z których najważniejszy to wskaźnik masy ciała, czyli BMI (kg/m^2), od ang. *Body Mass Index*. Zgodnie z klasyfikacją Światowej Organizacji Zdrowia (WHO) o otyłości mówimy, gdy BMI ≥30 kg/m^2, a o otyłości olbrzymiej, gdy BMI ≥40 kg/m^2.

Czy to insulinooporność powoduje tycie, czy na odwrót?

Wszystko zależy od przypadku. Otyłość i nadwaga zwiększają ryzyko rozwoju insulinooporności, ale u niektórych osób to insulinooporność powoduje przyrost masy ciała i utrudnia chudnięcie. Na nieprawidłową masę ciała mają też wpływ zaburzenia hormonalne, inne choroby i czynniki genetyczne.

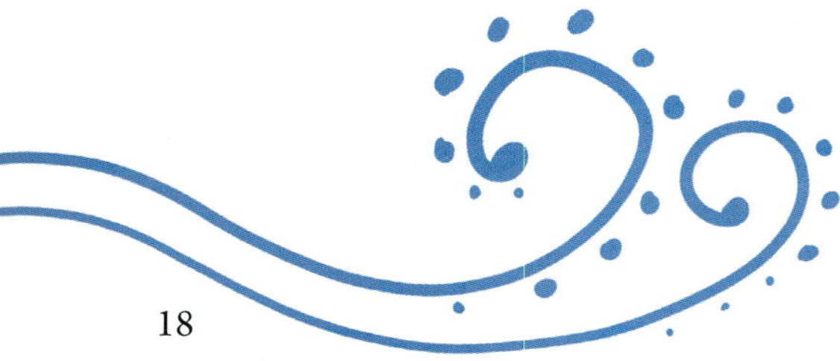

Dlaczego niektóre osoby z insulinoopornością są szczupłe, a inne mają nadwagę lub są otyłe?

Wszystko zależy od podłoża insulinooporności. U niektórych pacjentów przyczyną insulinooporności jest właśnie nadwaga, u innych istotną rolę odgrywa czynnik genetyczny albo takie choroby, jak PCOS czy choroby tarczycy. Osoby z tej drugiej grupy wcale nie muszą mieć zwiększonej masy ciała. Niektórzy nieotyli insulinooporni mają jednak zaburzenia metaboliczne typowe dla ludzi z otyłością brzuszną – określa się ich jako metabolicznie otyłych z prawidłową masą ciała (ang. *Metabolically Obese Normal-Weight,* MONW). Stwierdzono, że u osób z MONW w okolicy brzucha gromadzi się znaczna ilość tkanki tłuszczowej, z czym wiąże się zmniejszona wrażliwość tkanek na insulinę, hiperinsulinemia, aterogenny profil lipidowy i często wyższe ciśnienie tętnicze. Dlatego właśnie ważne jest, aby kontrolować nie tylko swoją masę ciała, lecz także proporcje tkanki tłuszczowej i mięśniowej.

2. DIETA W INSULINOOPORNOŚCI

Wbrew internetowym opiniom, różnym teoriom spiskowym i mitom krążącym w sieci, nie ma jednej, uniwersalnej diety dla pacjentów z insulinoopornością ani ustalonych standardów w tym zakresie. Nie istnieją też jak na razie oficjalne rekomendacje towarzystw naukowych odnośnie do sposobu żywienia w insulinooporności. Wiele diet poddano jednak gruntownym badaniom i na tej podstawie wiadomo, że część z nich ma działanie prozdrowotne, wpływając na redukcję masy ciała, obniżenie poziomu cholesterolu, glukozy, insuliny, zmniejszenie ryzyka chorób sercowo-naczyniowych czy ogólną poprawę samopoczucia. Wspomniane doniesienia badawcze wyznaczają ogólny kierunek, w jakim powinien podążać pacjent z insulinoopornością. Oczywiście należy pamiętać, że każdy z nas jest inny, ma inne dolegliwości, inne wyniki badań i prowadzi inny tryb życia, dlatego znalezienie uniwersalnej diety wydaje się niemożliwe. Jak najbardziej realne i korzystne dla zdrowia jest za to indywidualizowanie ogólnych zaleceń.

Osobom z insulinoopornością zaleca się przestrzeganie tzw. zasad zdrowego odżywiania, wypracowanych na podstawie rozmaitych diet. Wśród diet, które są bezpieczne, dokładnie przebadane i o których wiadomo, że przynoszą korzyści dla zdrowia, znajdują się: dieta śródziemnomorska, dieta DASH oraz dieta o niskim indeksie glikemicznym. Również odpowiednio zbilansowane diety wegetariańskie uznawane są za bezpieczne i zdrowe. Odradza się natomiast stosowanie w insulinooporności diet niskowęglowodanowych, ketogenicznych, niskoenergetycznych, głodówkowych czy wysokobiałkowych. Ich korzyści terapeutyczne są w wypadku insulinoopornych wątpliwe, nie rekomendują ich zresztą żadne towarzystwa naukowe w Polsce ani na świecie.

My, insulinooporni, powinniśmy pamiętać o kilku prostych zasadach dotyczących żywienia:

- Nie ma jednej uniwersalnej diety dla każdego. Każdy z nas jest inny i dlatego jeden może zjeść kawałek „przerażającego" ziemniaka na obiad, a inny już niekoniecznie; jeden powinien jeść trzy posiłki, inny zaś pięć!
- Nie łudźmy się dietami cud i obietnicami „schudnę 10 kg w tydzień", bo to nie przyniesie pożądanego efektu. Stosowanie takich diet jest niebezpieczne dla zdrowia, a dodatkowo może przyczynić się do efektu jo-jo. Wielu pacjentów, którzy teraz walczą z insulinoopornością, miało doświadczenie z takimi dietami cud jak dieta Dukana, kopenhaska, słoiczkowa czy wysokotłuszczowa. Niech to da nam do myślenia.
- Nie popadajmy w obsesję na punkcie jedzenia i eliminacji pewnych produktów. To nie jest dieta na tydzień czy dwa, to jest zmiana stylu życia już na zawsze. Nasza docelowa dieta to taka, którą po prostu lubimy.
- Dajmy sobie czas. Niektóre osoby na wprowadzenie trwałych zmian w diecie potrzebują więcej czasu. To nic złego. Są tacy, którzy potrafią rzucić słodycze i niezdrowe produkty z dnia na dzień, a są tacy, którzy dokonują zmian stopniowo. Każda droga jest dobra, o ile prowadzi do celu.

Co to jest dieta?

Pod pojęciem diety rozumiemy specjalny sposób żywienia, uwzględniający ilość i jakość spożywanych pokarmów, będący modyfikacją racjonalnego sposobu żywienia ludzi zdrowych. Modyfikacja ta polega na ograniczeniu bądź zwiększeniu udziału konkretnych składników w dziennej racji pokarmowej z uwzględnieniem szczegółowych zaleceń dotyczących stosowanych technik kulinarnych.

Dieta ma na celu dostarczenie niezbędnych składników odżywczych z jednoczesnym dostosowaniem ich podaży do możliwości trawienia, wchłaniania i metabolizowania przez zmieniony chorobowo organizm.

Jakiej mąki można używać i jakie chleby jeść?

Odpowiednie dla insulinoopornych są następujące mąki pełnoziarniste: gryczana, jęczmienna, orkiszowa, owsiana, sojowa, z ciecierzycy, żytnia typu 2000, pszenna semolina 1750, z amarantusa, migdałowa oraz inne niewymienione mąki o niskim indeksie glikemicznym.

Właściwe dla insulinoopornych pieczywo powinno spełniać następujące warunki:

- 100% mąki z pełnego przemiału lub dozwolonych mąk;
- krótki skład, np. mąka żytnia 2000 (zakwas), mąka żytnia z pełnego przemiału, woda, sól;
- brak substancji słodzących, np. cukru, słodu, syropów;
- brak substancji zagęszczających, np. skrobi, płatków ziemniaczanych.

Co można pić?

Średnia ilość płynów, jakie powinien wypijać człowiek, to 1½–2 litry dziennie. Na to, ile dokładnie wody potrzebuje konkretny organizm, ma wpływ wiele różnych czynników: wiek, płeć, stan fizjologiczny, warunki klimatyczne itd. Indywidualne zapotrzebowanie na wodę da się obliczyć. Istnieje na to kilka sposobów, najprostsze z nich to:

- Dorosły powyżej 40 kg powinien wypijać po 30–35 ml na każdy kilogram masy ciała.
- Na jedną kalorię należy wypić 1 ml wody, czyli spożywając np. 2000 kcal dziennie, każdego dnia powinno się wypijać 2 l płynów.

Smak wody można urozmaicać dodatkiem cytryny, mięty, imbiru lub innych produktów (poza cukrem, słodzikami, miodem itp.).

Pomiędzy posiłkami dopuszcza się spożycie herbat owocowych i ziołowych (oczywiście bez dodatku substancji słodzących). Jeżeli zdecydujemy się na picie naparu z morwy białej, to powinien być przyrządzony z liści.

Jeżeli pijemy kawę, to do posiłku, a nie pomiędzy posiłkami, szczególnie jeżeli przygotowujemy ją z dodatkiem mleka.

Koktajle owocowe (najlepsze są warzywno-owocowe) należy traktować jako element posiłku, warto wzbogacić je o dodatek tłuszczu pochodzącego z nasion, pestek czy orzechów.

Klarowane soki nie są polecane ze względu na brak błonnika pokarmowego. Jego nieobecność powoduje zbyt szybkie wchłanianie cukrów prostych, a w efekcie zwiększony wyrzut insuliny.

Czego nie wolno pić?

Unikajmy przede wszystkim słodkich napojów (m.in. napojów energetycznych, gazowanych, napojów typu light, w tym smakowych wód mineralnych). Na naszym stole nie powinny też zbyt często gościć soki i nektary owocowe ze względu na minimalną zawartość błonnika pokarmowego.

Co można jeść i pić, a czego nie?

	Zalecane	Niezalecane
Produkty zbożowe	Mąki pełnoziarniste: gryczana, jęczmienna, orkiszowa, owsiana, sojowa, z ciecierzycy, żytnia typu 2000, pszenna semolina 1750, z amarantusa, migdałowa oraz inne niewymienione mąki o niskim indeksie glikemicznym	Mąki: „biała", pszenna typu 750, pszenna chlebowa, pszenna luksusowa 550, krupczatka, mąka kasztanowa, kukurydziana, ryżowa, ziemniaczana, żytnia 580 i 720
	Pieczywo z dozwolonych mąk (uwaga na skład! Im krótszy tym lepszy)	Pieczywo z niedozwolonych mąk oraz takie, w którego składzie znajdują się substancje słodzące
	Makaron: z dozwolonych mąk, chiński, typu capellini. Powinien być zawsze gotowany al dente (półtwardo)	Makaron: bezjajeczny, 2-jajeczny, z niezalecanych mąk. Makaron rozgotowany

	Płatki: owsiane górskie, żytnie, gryczane – wszystkie pełnoziarniste	Płatki: typu błyskawicznego, gotowe mieszanki typu granola, słodkie płatki śniadaniowe, ryżowe oraz inne z niezalecanych mąk
	Ryż: dziki, basmati, basmati brązowy, ryż brązowy	Ryż: biały, dmuchany, paraboiled, prażony
	Kasze: gryczana, kuskus pełnoziarnisty, perłowa, pszenna bulgur, komosa ryżowa (quinoa)	Kasze: manna, jaglana (można użyć raz na jakiś czas, o ile ładunek glikemiczny posiłku będzie odpowiedni), jęczmienna, kuskus (średni IG)
	Otręby owsiane i pszenne	
Mięso	W przypadku braku zaburzeń gospodarki lipidowej (wysokiego poziomu cholesterolu LDL i niskiego HDL) dozwolony jest każdy rodzaj mięsa z uwzględnieniem ogólnych rekomendacji towarzystw naukowych, według których mięso czerwone powinno się spożywać w umiarkowanych ilościach.	
Ryby	Najzdrowsze są tłuste ryby morskie, zawierające duże ilości wielonienasyconych kwasów tłuszczowych omega-3: łosoś, makrela, śledź, sardynka.	Uwaga na ryby hodowlane (szczególnie łosoś norweski) – istnieje ryzyko zanieczyszczenia dioksynami oraz rtęcią. Produkty gotowe do spożycia, jak np. ryby z puszki, nie powinny zawierać substancji słodzących.

Wędliny i przetwory mięsne	Należy wybierać produkty o jak najlepszym składzie. Wędliny najlepiej przyrządzać samodzielnie w formie pieczonego mięsa.	Produkty z małą zawartością mięsa, z dużą ilością dodatków oraz substancji słodzących
Zupy, sosy	Obróbka termiczna podnosi indeks glikemiczny warzyw użytych do przygotowania wywaru. Z tego względu do zup krem zaleca się dodanie tłuszczu, który zmniejszy niekorzystny efekt. Może to być np. olej dodany na zimno, pestki dyni, słonecznika, ulubiony ser. Sosów nie należy zagęszczać niedozwolonymi mąkami.	
Tłuszcze do smarowania, oleje	Oleje nierafinowane, tłoczone na zimno. Oliwa z oliwek, olej rzepakowy tłoczony na zimno, olej lniany. W przypadku zaburzeń gospodarki lipidowej zaleca się stosowanie produktów wzbogaconych o stanole roślinne.	Nie zaleca się stosowania w dużej ilości produktów będących źródłem nasyconych kwasów tłuszczowych, np. oleju palmowego, smalcu.
Ziemniaki	Bataty	Najniższy (ale ciągle „średni") indeks glikemiczny mają ziemniaki młode oraz gotowane w mundurkach. Aby obniżyć ich indeks, należy po ugotowaniu pozostawić je na noc w lodówce. Ziemniaki nie powinny stanowić podstawy diety.

Warzywa, sałatki	Warzywa o niskim indeksie glikemicznym, w tym warzywa strączkowe	Warzywa o wysokim i średnim indeksie i ładunku glikemicznym
Mleko, produkty mleczne	Nabiał niesłodzony, bez dodatków (rekomenduje się spożywanie produktów „półtłustych")	Słodkie jogurty, serki itp., napoje roślinne, w których dominuje cukier
Owoce (warto łączyć je z tłuszczami/orzechami)	O niskim indeksie glikemicznym. Szczególnie poleca się owoce jagodowe, takie jak borówki, truskawki, maliny.	O wysokim indeksie glikemicznym
Orzechy (u osób na diecie redukcyjnej należy kontrolować ich spożycie ze względu na wysoką kaloryczność)	Zwłaszcza orzechy włoskie, migdały, orzechy brazylijskie (maks. 3 szt./dzień)	Masła orzechowe z dodatkiem soli, cukru i utwardzonego tłuszczu, orzeszki solone, w cukrze, czekoladzie itd.
Przyprawy, zioła	Zwłaszcza czosnek, cynamon, kurkuma, czarnuszka, imbir	Gotowe mieszanki ziołowe, kostki rosołowe, przyprawy typu vegeta
Cukier, słodycze	W przypadku trudności z całkowitą eliminacją cukru można sięgnąć po stewię, ksylitol lub erytrol. Dopuszczalne jest dodawanie niewielkiej ilości miodu do sosu sałatkowego po unormowaniu glikemii i insulinemii.	Należy dążyć do usunięcia cukru z diety. Odradza się używanie słodzików zawierających aspartam.

Napoje	Woda mineralna, herbaty ziołowe	Słodkie napoje (m.in. napoje energetyczne, gazowane, napoje typu light, w tym smakowe wody mineralne), soki i nektary owocowe

Zasady IG/ ŁG

Indeks glikemiczny odkryli badacze z Uniwersytetu w Toronto na początku lat 80. XX wieku, jednak dopiero prawie 20 lat później oficjalnie podano jego definicję.

Indeks glikemiczny – pole powierzchni pod krzywą odpowiedzi glikemicznej, mierzoną w ciągu 2 godz. po spożyciu 50 g węglowodanów przyswajalnych zawartych w badanym produkcie spożywczym. Indeks glikemiczny jest wyrażony w stosunku do odpowiedzi glikemicznej na taką samą ilość węglowodanów (50 g) pochodzącą z produktu referencyjnego (glukoza; IG = 100) spożytego przez tę samą osobę.

Indeks glikemiczny (IG) = (IAUC* produktu badanego)/(IAUC* produktu referencyjnego) x 100%

Klasyfikacja produktów na podstawie indeksu glikemicznego

Im większe jest stężenie glukozy po zjedzeniu danego produktu, tym wyższy jest jego indeks glikemiczny.

Na podstawie indeksu glikemicznego Bell i wsp. podzielili całą żywność na produkty spożywcze o:

- niskim indeksie glikemicznym (IG < 55),
- średnim indeksie glikemicznym (IG 55–70),
- wysokim indeksie glikemicznym (IG > 70).

*IAUC (z ang. *incremental area under the curve*) – pole pod krzywą glikemii poposiłkowej powyżej wartości glikemii oznaczonej na czczo.

Co wartość indeksu oznacza w praktyce?

Indeks glikemiczny danego produktu równy 40 oznacza, że po spożyciu zawartych w nim 50 g węglowodanów przyswajalnych wzrost stężenia glukozy we krwi będzie o 60% mniejszy niż wzrost glikemii po spożyciu 50 g czystej glukozy (lub 50 g węglowodanów przyswajalnych z białego pieczywa). Innymi słowy: jeśli IG makaronu z pszenicy durum wynosi 40, to oznacza, że po spożyciu porcji makaronu zawierającej 50 g węglowodanów szybkość wzrostu glikemii poposiłkowej będzie wynosiła 40% tego, ile by wynosiła po spożyciu czystej glukozy.

Wartość indeksu glikemicznego zależy od:

- ilości i rodzaju węglowodanów zawartych w danym produkcie,
- w przypadku owoców od stopnia dojrzałości – np. mocno dojrzały banan ma wyższy indeks od banana „zielonego",
- metody zastosowanej do przetwarzania czy obróbki kulinarnej produktu (produkty rozgotowane i rozdrobnione mają wyższy indeks glikemiczny),
- ilości i formy skrobi obecnej w danym produkcie, zwłaszcza stosunku amylozy do amylopektyny (im większy stosunek amyloza/amylopektyna, tym wyższy indeks glikemiczny). Większa zawartość amylozy w stosunku do amylopektyny zapewnia niższą glikemię i insulinemię poposiłkową, ponieważ amyloza, dzięki swej linearnej strukturze, jest mniej wrażliwa na działanie enzymów niż rozgałęziona amylopektyna,
- zawartości innych składników odżywczych mogących spowalniać działanie enzymów trawiennych czy opróżnianie żołądka (np. zawartość białka, tłuszczu, kwasów organicznych, pektyn, tanin i kwasu fitynowego, które utrudniają trawienie skrobi).

Co to jest ładunek glikemiczny?

Ładunek glikemiczny odzwierciedla zawartość węglowodanów w pożywieniu. Wylicza się go według wzoru:

ŁG = węglowodany przyswajalne (w gramach) x IG produktu : 100

Wartości ładunku glikemicznego:

	Dla porcji pojedynczego produktu	Dla całodziennej diety
NISKI	0–10	≤ 79
ŚREDNI	11–19	80–119
WYSOKI	≥ 20	≥ 120

Klasyfikacja wartości ładunku glikemicznego w odniesieniu do porcji pojedynczego produktu oraz całego dnia diety (GL; Brand-Miller 2003).

Przykład obliczeń:

Produkt	**Ilość produktu**	**IW***	**IG**	**ŁG produktu** = $\frac{IW \times IG}{100}$
Pierś kurczaka	100 g	0	0	0
Mix sałat z roszponką	150 g	1,5	15	0,2
Papryka	100 g	5	15	1
Orzechy włoskie	20 g	4	15	1
Przykładowy ŁG sałatki				2,2

IW* – ilość węglowodanów w porcji produktu.

Kiedy powinno się jeść węglowodany, a kiedy białka?

Każdy posiłek powinien być zbilansowany pod względem zawartości białek, tłuszczów i węglowodanów, dzięki czemu unikniemy ryzyka hipoglikemii. Takie zbilansowanie posiłków pozwala również na utrzymywanie w ryzach wyrzutów insuliny. Spożywanie śniadań białkowo-tłuszczowych nie jest obowiązkowe, a w niektórych przypadkach może być wręcz niewskazane (np. w przypadku hipoglikemii reaktywnej). Jeżeli wyniki insuliny i glukozy na czczo są za wysokie lub długo czujemy po takim śniadaniu sytość, warto rozważyć śniadania z ograniczoną ilością węglowodanów (na rzecz większej ilości warzyw).

Oczywiście każdy przypadek jest inny i u każdego człowieka sprawdzają się nieco inne metody. Powyższa jest najbardziej uniwersalna i najczęściej rekomendowana. W przypadku problemów z ustaleniem odpowiedniego dla siebie jadłospisu warto udać się na konsultację do specjalisty dietetyka.

Czy powinno się stosować dietę o niskim indeksie glikemicznym?

Jak najbardziej tak! Jest to jeden z najlepiej przebadanych modeli żywieniowych. Jego stosowanie, jak dowiedziono, przynosi następujące efekty zdrowotne:

- obniżenie wartości HOMA-IR,
- obniżenie stężenia insuliny na czczo,
- spadek masy ciała,
- obniżenie stężenia trójglicerydów i CRP,
- zmniejszenie ryzyka wystąpienia cukrzycy typu 2.

Ile posiłków należy jeść?

Nie ma oficjalnych zaleceń w zakresie liczby posiłków w ciągu dnia. Dobierając swój schemat żywieniowy, powinniśmy się przede wszystkim kierować wynikami badań (glukoza, insulina na czczo, wyniki „krzywych"), a także naszym stylem życia – czasem snu i aktywności, trybem pracy oraz podejmowaną aktywnością fizyczną. Zawsze należy również wziąć pod uwagę choroby współistniejące oraz przyjmowane leki.

W internecie można napotkać opinię, że osoby z insulinoopornością powinny spożywać trzy posiłki dziennie, żeby „wyciszyć trzustkę". Jest to w najlepszym razie skrót myślowy. Insulina ma swój dobowy rytm wydzielania, więc eliminacja jakiegoś posiłku nie powstrzyma produkcji insuliny przez trzustkę, a jedynie zachowa wytwarzanie i wydzielanie na poziomie fizjologicznym. Poza tym spożywanie trzech posiłków dziennie niesie ze sobą ryzyko jednorazowego objadania się. Pamiętajmy, że większa porcja posiłku = większy wyrzut insuliny, a większy wyrzut insuliny = ryzyko zwiększenia insulinooporności, dlatego teoretycznie żeby utrzymać fizjologiczny poziom insuliny, lepiej jeść więcej porcji, ale mniejszych, niż spożywać trzy duże posiłki. Oczywiście w praktyce nie jest to takie proste, ponieważ faktycznie są osoby, które przy trzech posiłkach czują się znacznie lepiej, nie jedzą zbyt obfitych porcji i widzą poprawę w wynikach badań. To tylko potwierdza prawdę, że każdy z nas jest inny i nie należy kierować się tym, co poleca nam sąsiadka, a zamiast tego słuchać własnego organizmu.

Skąd mam wiedzieć, ile kalorii powinna zawierać moja dieta?

Na początku należy obliczyć swoją podstawową przemianę materii (PPM). PPM to najniższy poziom przemian energetycznych dostarczający energii niezbędnej do wypełniania podstawowych funkcji fizjologicznych (krążenie krwi, oddychanie, napięcie mięśni, praca serca, czynności wydalnicze i wydzielnicze organizmu czy utrzymanie stałej temperatury ciała) warunkujących podtrzymywanie życia.

W celu oszacowania wartości PPM u osób z nadmierną masą ciała poleca się użycie wzoru Mifflina i St. Jeor:

PPM (kobiety) = SWE (spoczynkowy wydatek energetyczny kcal) = (10 x masa ciała [kg]) + (6,25 x wzrost [cm]) – (5 x [wiek]) – 161

PPM (mężczyźni) = SWE (spoczynkowy wydatek energetyczny kcal) = (10 x masa ciała [kg]) + (6,25 x wzrost [cm]) – (5 x [wiek]) + 5

Osoby z prawidłową masą ciała mogą posłużyć się wzorem Harrisa-Benedicta:

PPM (kobiety) = SWE (spoczynkowy wydatek energetyczny kcal) = 655,1 + (9,563 x masa ciała [kg]) + (1,85 x wzrost [cm]) – (4,676 x [wiek])

PPM (mężczyźni) = SWE (spoczynkowy wydatek energetyczny kcal) = 66,5 + (13,75 x masa ciała [kg]) + (5,003 x wzrost [cm]) – (6,775 x [wiek])

Istnieje też możliwość wykorzystania wzoru Cunninghama uwzględniającego masę ciała bez tkanki tłuszczowej (LBM):

PPM = 500 + 22*LBM

Kiedy znamy swoją podstawową przemianę materii, możemy obliczyć całkowitą przemianę materii (CPM), obejmującą także wydatki energetyczne związane z życiem codziennym. Na CPM składają się: podstawowa przemiana materii (PPM), efekt termiczny pożywienia (SDDP) i aktywność fizyczna (PAL).

SDDP = PPM x 10%

CPM = PPM x PAL + SDDP

Poziomy aktywności fizycznej (PAL) wg organizacji WHO/FAO/UNU:

- Siedzący tryb życia, bez dodatkowych ćwiczeń fizycznych: **1,21–1,24**
- Siedzący tryb życia oraz niewielka, niezbyt intensywna aktywność fizyczna: **1,4–1,5**
- Praca zawodowa wymagająca dodatkowej aktywności fizycznej: **1,6–1,7**
- Praca stojąca: **1,8–1,9**
- Intensywne ćwiczenia fizyczne wykonywane przynajmniej przez 5 dni w tygodniu, trwające od 30 do 60 minut – zwiększenie PAL o 0,3.
- Ciężka praca fizyczna – **2,0–2,4**

W celu redukcji masy ciała powinniśmy wartość CPM pomniejszyć o bezpieczną ilość kalorii – około 10% CPM. Ujemny bilans kaloryczny utrzymywany przez wystarczająco długi czas pozwoli na trwałe zredukowanie masy ciała bez ryzyka efektu jo-jo. Pamiętajmy, że kaloryczność diety danej osoby nie powinna być niższa niż jej podstawowa przemiana materii.

Czy powinno się liczyć kalorie?

Liczenie kalorii jest bardzo pomocne w kontrolowaniu ilości spożytych pokarmów. Czasami wydaje nam się, że jemy mało, a jak podliczymy kaloryczność swojej diety i każdego nadprogramowego „gryza kanapki", okazuje się, że wychodzimy ponad swoje dzienne zapotrzebowanie kaloryczne. Znajomość wartości kalorycznej pokarmów pomaga nam uświadomić sobie, ile kalorii ma plasterek sera, szklanka mleka czy łyżka ryżu. Spożywając posiłki z tą świadomością, jesteśmy w stanie „na oko" wyliczyć sobie, czy nie jemy za dużo lub za mało. Niestety bywa to też źródłem problemów. Nadmierne skupienie się na kaloriach przeradza się czasem w niezdrową obsesję na punkcie jedzenia. A to wymaga już pomocy psychologa.

Co to jest dieta DASH i czy jest zdrowa dla insulinoopornych?

Dieta DASH to opracowany przez naukowców program żywienia oparty na diecie śródziemnomorskiej wykazujący udowodnione działanie przeciwnadciśnieniowe. W świetle niektórych badań dieta DASH przeciwdziała również rozwojowi otyłości, cukrzycy i miażdżycy. Bez wątpienia dieta DASH może być również stosowana u osób z insulinoopornością i otyłością, ponieważ:

- sprzyja redukcji masy ciała (w tym redukcji tkanki tłuszczowej brzusznej),
- istotnie poprawia wrażliwość komórek na insulinę,
- obniża stężenie trójglicerydów, cholesterolu LDL oraz homocysteiny.

Zasady komponowania posiłków zgodnie z założeniami diety DASH:

Porcje / dzień			
Grupy żywnościowe	**1600 kalorii dziennie**	**2600 kalorii dziennie**	**3100 kalorii dziennie**
Produkty zbożowe*	6	10–11	12–13
Warzywa	3–4	5–6	6
Owoce	4	5–6	6
Mleko i produkty mleczne beztłuszczowe lub o niskiej zawartości tłuszczu	2–3	3	3–4
Chude mięso, drób i ryby	3–6	6	6–9
Orzechy, nasiona i rośliny strączkowe	3 x na tydzień	1	1
Tłuszcze i oleje	2	3	4
Słodycze i dodane cukry	0	≤2	≤2
*Zaleca się w większości produkty pełnoziarniste jako dobre źródło błonnika i składników odżywczych			

Ile powinno się spożywać węglowodanów w ciągu doby i jakie to powinny być węglowodany? Ile powinno się spożywać białek i tłuszczów w ciągu doby?

W świetle obecnego stanu wiedzy nie ma przesłanek ku temu, aby drastycznie ograniczać ilość węglowodanów kosztem wyższej zawartości tłuszczu czy też białka w diecie. W zależności od potrzeb indywidualnych pacjenta rozkład makroskładników powinien być następujący: 45–50% węglowodany, 25–35% tłuszcze, resztę zapotrzebowania energetycznego powinno pokrywać białko. Większość badaczy zgadza się, że minimalna ilość węglowodanów zapewniająca prawidłową pracę organizmu to około 130 g. Taka ilość jest też niezbędna do prawidłowej pracy tarczycy.

Dlaczego powinno się unikać diet cud?

Pamiętajmy, że nasze dodatkowe kilogramy nie pojawiły się z dnia na dzień, dlatego nie powinnyśmy też oczekiwać, że natychmiast się ich pozbędziemy. Diety cud oferujące spektakularne efekty – spadek masy ciała na poziomie 30 kg w ciągu miesiąca – nie są dietami bezpiecznymi. Ich stosowanie pociąga za sobą duże ryzyko niedoborów pokarmowych, co z kolei powoduje znaczące pogorszenie stanu zdrowia. Ponadto tego typu diety nie wyrabiają u nas właściwych nawyków żywieniowych, które pozwalają uniknąć brak efektu jo-jo. Bardzo szybki spadek masy ciała może również nasilić problemy hormonalne oraz stan zapalny w organizmie.

Czy można jeść gluten?

Insulinooporność bez dodatkowych schorzeń, takich jak np. celiakia, alergia na pszenicę i nieceliakalna nadwrażliwość na gluten, nie stanowi wskazania do eliminacji glutenu z diety. Gluten jest zawarty w zdrowych produktach pełnoziarnistych, które są polecane osobom z insulinoopornością, a jego wycofanie na własną rękę może prowadzić do niedoborów.

Trzeba też mieć świadomość, że eliminacja glutenu wiąże się z bardzo radykalnymi zmianami w życiu. Nie ogranicza się bynajmniej do usunięcia z diety białego pieczywa i makaronów, lecz wymaga przestrzegania całej higieny bezglutenowej, w tym używania innych sztućców i naczyń, trzymania produktów bezglutenowych w osobnych szafkach, unikania wspólnej mikrofali i piekarnika, odrzucenia produktów, które mogą zawierać „śladowe ilości glutenu", m.in. niektórych przypraw, orzechów, ryżu, kaszy gryczanej, kaszy jaglanej, części przetworów czy dań przyprawianych, dań w restauracjach, potraw u znajomych czy bliskich (ze względu na możliwość zanieczyszczenia glutenem podczas produkcji). Na takiej diecie należy wybierać wyłącznie produkty certyfikowane ze znakiem przekreślonego kłosa. Tak więc eliminacja glutenu z własnego widzimisię albo pod wpływem mody nie dość, że jest niekorzystna dla zdrowia, to jeszcze wymaga wyrzeczeń. Dodatkowo, gotowe produkty bezglutenowe to w większości wypadków „śmieciowe bezglutenowe jedzenie", ponieważ znaczna ich część jest niezdrowa, zawiera mnóstwo sztucznych dodatków i cukru. Jeśli więc nie masz rzeczywistych przeciwwskazań do spożywania glutenu, nie eliminuj go ze swojego jadłospisu.

Czy można jeść nabiał?

Wyniki badań dotyczących insulinogenności nabiału nie są jednoznaczne, a testy pod tym kątem bywają dość radykalne (np. picie codziennie porcji 500 ml mleka przez tydzień). Jeżeli nie ma się alergii czy też nietolerancji na jakiś składnik nabiału, nie trzeba eliminować go z diety. Szczególnie poleca się produkty mleczne fermentowane (np. kefir, maślanka), które stymulują wzrost odpowiedniej flory bakteryjnej jelit, a ta z kolei wpływa na redukcję masy ciała oraz poprawienie wartości glikemii i insulinemii. Należy wybierać produkty bez cukru dodanego. Osoby z podwyższonymi wartościami glukozy i insuliny na czczo powinny unikać spożywania mleka w pierwszym posiłku.

Czy można jeść owoce? A jeśli tak, to jakie, w jakich ilościach i o jakiej porze?

Zaleca się jedzenie 250–300 g owoców w ciągu dnia, ale nie jednorazowo, a w dwóch, trzech porcjach. Najbardziej polecane są owoce jagodowe (jagody, maliny, truskawki) oraz inne owoce o niskim indeksie glikemicznym, ale tutaj uwaga! W przypadku owoców warto sięgnąć po tabelę ładunku glikemicznego, np. pół banana (najlepiej wybierać zielone ze względu na sporą zawartość skrobi opornej) ma niski ładunek glikemiczny, a 500 g winogron, które cechują się niskim indeksem, ma ładunek wysoki. Co istotne, owoce warto spożywać razem z innymi produktami, np. w formie koktajlu, do którego dodamy również orzechy czy nasiona – dzięki takiemu połączeniu cukier zawarty w owocach wywoła słabszą odpowiedź glikemiczną.

Czy można używać słodzików?

Substancje słodzące, takie jak np. aspartam (E 951) i sacharyna (E 954), w odróżnieniu od cukru, nie uruchamiają w mózgu układu nagrody, więc „ochota na słodycze" nie zostaje w pełni zaspokojona. Słodziki zwiększają również apetyt, co paradoksalnie może spowodować wzrost masy ciała. Za bezpieczne uznawano dotychczas ksylitol (IG-12), glikozydy stewiolowe (IG-0) i erytrytol (IG-1), chociaż ostatnio pojawia się coraz więcej doniesień o ich szkodliwym wpływie, dlatego nawet ich lepiej unikać lub używać w śladowych ilościach. Najlepiej trwale wyeliminować cukier z diety, organizm po pewnym czasie przyzwyczai się do braku słodkiego smaku.

Co to znaczy usunąć cukier z diety?

Wiele osób, słysząc, że musi usunąć „cukier z diety", myśli, że chodzi ogólnie o węglowodany. Jest to błędne rozumowanie, ponieważ węglowodany są nam potrzebne do prawidłowego funkcjonowania, a tym, co powinniśmy wyeliminować, jest cukier stołowy oraz produkty zawierające cukier w składzie, np. słodycze, produkty przetworzone, słodzone sosy, napoje czy inne przekąski. Dieta powinna być jak najbardziej naturalna i pozbawiona produktów przetworzonych zawierających cukier dodany.

Czy można słodzić fruktozą?

Nie należy tego robić. O ile fruktoza pochodząca z owoców (dostarczana z błonnikiem, witaminami, antyoksydantami) jest nieszkodliwa, o tyle ta w formie słodzika jest produktem przetworzonym, który nie przyniesie naszemu organizmowi żadnych korzyści, a wręcz przeciwnie. Zbyt duże spożycie fruktozy może negatywnie wpływać na pracę wątroby oraz niepotrzebnie stymulować trzustkę do wzmożonej pracy pomiędzy posiłkami, co będzie skutkować nadmiernymi wyrzutami insuliny.

Czy można słodzić miodem zamiast cukrem?

Indeks glikemiczny miodu różni się w zależności od rodzaju tego produktu (szczególnie zawartości fruktozy). Picie napojów dosładzanych miodem pomiędzy posiłkami niepotrzebnie stymuluje trzustkę do dodatkowej pracy. Miód naturalny można jednak stosować jako sporadyczny dodatek do sosów sałatkowych na bazie oliwy lub marynat do mięsa.

Czy dozwolone są zamienniki słodyczy – zdrowe, ekologiczne i light?

Wszystko zależy od tego, co rozumiemy pod pojęciem zdrowych słodyczy. Na pewno powinno się całkowicie zrezygnować z wszelkich produktów typu „słodycze dla diabetyków", „słodycze słodzone fruktozą", „desery light" itp. Nazwy te w większości są jedynie chwytem marketingowym – a same produkty zawierają sztuczne słodziki, niepotrzebne konserwanty oraz cukier i zwykle nie różnią się znacząco od klasycznego batona czekoladowego. Często ich kaloryczność jest taka sama, a bywa nawet większa (np. z powodu sporej zawartości orzechów i czekolady). Inaczej przedstawia się sytuacja z domowymi słodyczami, takimi jak wypieki bez cukru, ciasta na mące gryczanej czy owocowe desery z orzechami. Takie produkty są dozwolone w diecie pod warunkiem, że zastępują posiłek, a nie tylko go wzbogacają, i są stosowane okazjonalnie. Pamiętajmy, że przez objadanie się się zdrowymi słodyczami również możemy przytyć albo nie chudnąć. Są również przypadki osób, które nie powinny w ogóle spożywać takich słodyczy i deserów. Niektórym tego rodzaju jedzenie po prostu nie służy. Metodę zamienników często wprowadzają osoby, które dopiero zaczynają swój „detoks cukrowy". Każdy, kto ją stosuje, powinien wybierać produkty, które w składzie mają jedynie naturalne składniki, zawierają orzechy czy suszone owoce. Powinno się unikać produktów słodzonych fruktozą, aspartamem czy innymi sztucznymi słodzikami. W niewielkich ilościach dopuszczalny jest ksylitol, erytrytol czy stewia.

Czy w insulinooporności można jeść mięso?

Mięso w insulinooporności jest dozwolone pod warunkiem, że nie spożywa się go w nadmiarze i że jego źródłem nie są produkty wysokoprzetworzone. Lepiej unikać parówek, kabanosów, kiełbas i gotowych dań mięsnych, np. kotletów. Takie produkty zawierają bardzo dużo cukru i sztucznych dodatków (składniki te są wyszczególnione na etykiecie – czytajmy więc uważnie etykiety i wybierajmy produkty dobrej jakości). Spożywanie produktów nafaszerowanych chemią obciąża mocno wątrobę oraz utrudnia proces detoksykacji i zdrowienia. Ponieważ bardzo dużo mięs jest przepełnionych sztucznymi dodatkami i hormonami, zaleca się wybieranie mięsa ze sprawdzonego źródła.

Co jeść w trakcie grypy jelitowej? Kiedyś jadło się suchary, krakersy, biszkopty... a teraz?

Grypa jelitowa często uniemożliwia stosowanie diety odpowiedniej dla insulinoopornych i trzeba się z tym pogodzić. Najpierw należy wyleczyć grypę, a następnie wrócić na właściwe tory żywieniowe.

Dieta osoby zmagającej się z grypą jelitową powinna obfitować w produkty osłabiające perystaltykę jelit:

- napoje garbnikowe (mocna gorzka herbata, napar z suszonych czarnych jagód, kakao gorzkie na wodzie, czerwone wino wytrawne),
- warzywa i owoce bogate w błonnik rozpuszczalny, czyli pektyny, które mają zdolność absorbowania wody, dzięki czemu działają leczniczo podczas biegunek (marchew, dynia, tarte jabłko, banany),

- ryż (najlepiej jaśminowy) lub kasze (np. jęczmienna) w postaci kleiku – ryż z jabłkiem, ryż z warzywami takimi jak marchew, pietruszka, seler.

Należy pamiętać o wypijaniu odpowiedniej ilości płynów (2–3 litry na dobę). Polecanymi napojami, oprócz tych garbnikowych, są: niegazowana woda mineralna, a także napar z rumianku czy mięty.

Czy w insulinooporności można stosować dietę wegetariańską lub wegańską?

Diety roślinne przynoszą wiele korzyści dla zdrowia oraz wspomagają leczenie licznych chorób, w tym cukrzycy, zaburzeń metabolicznych, dny moczanowej, chorób serca, zaburzeń lipidowych, a także nowotworów. Jednak są to diety trudne i jeśli ktoś nieumiejętnie z nich korzysta, może doprowadzić do wystąpienia w swoim organizmie niedoborów (szczególnie witaminy B_{12} oraz białka). Warto na początku skonsultować z lekarzem, czy nie ma przeciwwskazań do stosowania diety roślinnej, a następnie udać się do doświadczonego w dietach roślinnych dietetyka, który pomoże postawić pierwsze kroki. Osoby na diecie wegańskiej czy wegetariańskiej, które nie do końca dobrze komponują swoje posiłki, często przejadają się węglowodanami i „zdrowymi wegańskimi słodyczami", przez co nie osiągają zamierzonych efektów diety. Dieta wegetariańska powinna składać się z naturalnych, niskoprzetworzonych produktów spożywczych. Mrożone parówki sojowe czy ser wegański niekoniecznie się do nich zaliczają ;)

Aby pokryć zapotrzebowanie na białko, należy spożywać około 1½ szklanki ugotowanych ziaren roślin strączkowych dziennie. Produkty używane w codziennym jadłospisie powinny odznaczać się niskim indeksem i ładunkiem glikemicznym. Bardzo ważnym składnikiem diet roślinnych są algi morskie, będące najlepszym źródłem żelaza, wapnia, białka, jodu i kwasów omega-3. Nie zaleca się jednak suplementacji kelpem – wodorostem zawierającym bardzo duże ilości jodu. Dobrym źródłem kwasów omega-3 są orzechy włoskie, świeżo mielone siemię lniane, produkty sojowe, zielone warzywa liściaste i olej rzepakowy. Należy zadbać o spożycie tych produktów i o zmniejszenie w diecie ilości kwasów tłuszczowych omega-6, które mają działanie prozapalne. W dietach roślinnych istotne miejsce zajmują również zielone warzywa ze względu na wysoką zawartość białka, żelaza, kwasu foliowego i innych składników. W związku z tym, że u osób na diecie wegańskiej lub wegetariańskiej występuje zmniejszone wytwarzanie kwasu żołądkowego, osoby te powinny stosować suplementację witaminy B_{12} oraz D i raz do roku badać poziom cyjankobalaminy i homocysteiny.

Dlaczego nie powinno się stosować diet niskowęglowodanowych?

Pod pojęciem diety niskowęglowodanowej kryje się bardzo wiele modeli żywieniowych, których długofalowe skutki wciąż pozostają częściowo nieznane, przez co trudno wyrokować o bezpieczeństwie stosowania tego typu diet. Dowiedziono, że zbyt mała podaż węglowodanów w diecie może negatywnie wpłynąć na pracę tarczycy poprzez osłabienie konwersji hormonu T4 do T3. Diet niskowęglowodanowych nie rekomenduje żadna z uznanych światowych i krajowych organizacji naukowych.

Bardzo dużo osób z grup wsparcia dla insulinoopornych dostrzegło co prawda szybką zmianę po stosowaniu takich diet – wyraźny spadek masy ciała (spowodowany m.in. ograniczeniem liczby kalorii w diecie) w dość krótkim czasie oraz poprawę w wynikach badań – niestety nie był to efekt trwały. Po kilku miesiącach pojawiał się „efekt odbicia" i pacjenci zauważali pogorszenie samopoczucia, nasilenie objawów insulinooporności, znaczne pogorszenie wyników i szybki przyrost masy ciała. Oto kolejny dowód na to, że należy zachować szczególną ostrożność w doborze modelu żywieniowego.

Jak radzić sobie z dietą przy pracy w systemie zmianowym?

Przede wszystkim należy ustalić sobie plan. Warto rozpisać na kartce, w jakich godzinach pracujemy, w jakie dni i ile czasu. Tak naprawdę wystarczy każdego dnia odpowiednio dopasowywać godziny posiłków do swojego trybu życia. Właściwe planowanie posiłków nie jest równoznaczne z jedzeniem każdego dnia o tej samej porze, a jedynie z zachowaniem odpowiedniego rozkładu przerw pomiędzy posiłkami. Pierwszy posiłek powinien być spożywany po 2 godzinach od przebudzenia (chyba że po przebudzeniu mamy niski poziom glukozy, wtedy posiłek bezpieczniej jest zjeść szybciej). Kolejne posiłki należy jeść co 3–4 godziny (w zależności od indywidualnych wskazań), a ostatni posiłek powinno się zjadać około 3 godzin przed snem.

Czy warto korzystać z pomocy dietetyka?

Jeśli nie radzimy sobie samodzielnie, to jak najbardziej tak. Dobry dietetyk pomoże nam dostrzec błędy żywieniowe i zaleci odpowiednią dietę. Konsultacje z dietetykiem są szczególnie wskazane w przypadku diet trudnych lub eliminacyjnych, związanych z ryzykiem wystąpienia większych niedoborów – diet stosowanych w licznych alergiach i celiakii, w przypadku diety wegańskiej i wegetariańskiej, diety wprowadzanej u dzieci i młodzieży, diety w jednostkach chorobowych, np. przy refluksie, stanach zapalnych dwunastnicy, jelita, po operacjach żołądka itd. W wielu przypadkach przy odrobinie motywacji do samokształcenia jesteśmy w stanie sami odpowiednio skomponować swój jadłospis. Jeśli zapamiętamy, co możemy jeść, a czego lepiej unikać, jeśli będziemy pamiętać o regularności posiłków oraz o wykonywaniu okresowo badań kontrolnych, poradzimy sobie z dietą samodzielnie. Jednak wymaga to chęci zwiększania swojej wiedzy w zakresie zdrowego żywienia.

Dlaczego powinno się czytać etykiety na produktach spożywczych i jak to robić?

Kolejność umieszczonych na etykiecie składników nie jest przypadkowa – zgodnie z obowiązującym prawem żywnościowym producent musi zachować kolejność od składnika, którego jest najwięcej, do takiego, którego jest najmniej. Podczas zakupów wybierajmy produkty naturalne, o niskim stopniu przetworzenia, czyli o jak najkrótszym składzie, bez zbędnych konserwantów. Porównujmy wartość odżywczą poszczególnych produktów i analizujmy ilość kalorii, białka, tłuszczu, cukru i błonnika w 100 gramach lub mililitrach – na tej podstawie szukajmy jak najlepszych produktów. Na etykietach produktów znajdziemy także informację o ilości cukrów. Pojęcie to obejmuje zarówno cukry proste zawarte naturalnie w produktach (np. laktozę – cukier mleczny, czy fruktozę – główny cukier w owocach), jak i cukry dodane, przez co zawartość cukrów na etykiecie nie jest tożsama z ilością cukru dodanego podczas procesu produkcyjnego.

Substancje słodzące, których powinnyśmy unikać w składzie:

- cukier brązowy
- cukier buraczany
- cukier inwertowany
- cukier kokosowy
- cukier owocowy
- cukier puder
- cukier trzcinowy
- cukier trzcinowy nierafinowany
- dekstroza
- dekstryny
- ekstrakt jabłkowy
- ekstrakt słodowy
- ekstrakt słodowy jęczmienny
- ekstrakt słodu jęczmiennego
- fruktoza
- glukoza
- inwert
- karmel

- laktoza
- maltodekstryny
- maltotrioza
- maltoza
- melasa buraczana
- melasa karobowa
- melasa trzcinowa
- miód naturalny
- miód sztuczny
- mleko skondensowane
- sacharoza
- skondensowana słodka serwatka
- słód jęczmienny
- syrop cukrowy
- syrop cukru brązowego
- syrop cukru inwertowanego
- syrop daktylowy
- syrop glukozowo-fruktozowy
- syrop glukozowy
- syrop klonowy
- syrop kukurydziany
- syrop maltozowy
- syrop ryżowy
- syrop sacharozowy
- syrop skrobiowy
- syrop z agawy
- syrop z buraków cukrowych
- zagęszczony sok jabłkowy
- zagęszczony sok winogronowy

Jak walczyć ze stresem i nie podjadać?

Stres niemal na co dzień towarzyszy nam w życiu. Bywa jednak bardzo niebezpieczny dla naszego zdrowia. Ten krótkotrwały nie jest szkodliwy, potrafi wręcz motywować. Jednak ten przewlekły wywołuje czasem spore spustoszenie w naszym organizmie. Przede wszystkim przyczynia się do zwiększenia stanu zapalnego, a to może wpływać na rozwój chorób metabolicznych, zaburzeń hormonalnych, a nawet nowotworów. Osoby żyjące w chronicznym stresie częściej zapadają na choroby serca, nadciśnienie tętnicze, cukrzycę, insulinooporność, otyłość oraz choroby endokrynologiczne. Osoby nadmiernie zestresowane mają podwyższone stężenie kortyzolu, a to również może przyczyniać się do nadmiernego tycia.

Warto eliminować sytuacje, które są przyczyną przewlekłego stresu, i przyjąć taki styl życia, który pomoże nam zachować spokój. W przypadku nieradzenia sobie z przyczyną stresu warto zasięgnąć rady i pomocy specjalisty. Rozmowa z psychologiem doda nam siły i motywacji do dokonywania zmian. W sytuacjach poważniejszych odpowiednie leczenie zleci psychiatra. Jednak warto pamiętać, że leczenie farmakologiczne w wielu przypadkach nie jest konieczne. Warto dbać o zdrowie psychiczne „domowymi" sposobami :)

Oto kilka sposobów na rozładowanie napięcia i walkę ze stresem:

- relaksacyjna kąpiel z aromatycznymi olejkami,
- odcięcie się na jakiś czas od mediów społecznościowych, telefonu, komputera i oddanie się przyjemnej lekturze lub obejrzenie ulubionego filmu,
- spotkania z przyjaciółmi, rodziną i znajomymi,
- aktywność fizyczna – aktywność taka ma wpływ zarówno na zdrowie fizyczne i zmniejszenie insulinooporności, jak i na zdrowie psychiczne,
- trening Schultza i Jacobsona,
- masaże relaksacyjne,
- joga i medytacja,
- ulubione hobby (krzyżówki, puzzle, gry planszowe, majsterkowanie itp.),
- zdrowa dieta (uregulowanie za pomocą diety huśtawki glukozowo-insulinowej może usunąć wahania nastroju),
- akceptacja siebie, swojego ciała – polub siebie, bo jesteś super!

Wymienione tu sposoby to tylko przykłady. Szukaj swojego złotego środka, który pomoże ci się zrelaksować, odprężyć i wyeliminować nadmierne napięcie. Pamiętaj, że przewlekły stres będzie tylko nasilał insulinooporność!

Dlaczego dieta w ciąży jest taka ważna?

Odpowiednia dieta w ciąży nie tylko warunkuje prawidłowy rozwój płodu i zaspokaja potrzeby pokarmowe i energetyczne matki i dziecka, lecz także przyczynia się do zachowania właściwej masy ciała matki, a tym samym pozwala uniknąć rozmaitych problemów zdrowotnych. Udowodniono, że otyłość ciężarnych zwiększa ryzyko wystąpienia otyłości, cukrzycy typu 2 i wad rozwojowych u dziecka, a także zwiększa prawdopodobieństwo pojawienia się powikłań ciążowych w postaci przedwczesnego porodu, chorób serca, cukrzycy ciążowej, nadciśnienia i rzucawki (wcześniej stanu przedrzucawkowego). Nadmiar tkanki tłuszczowej stanowi ponadto duży problem chirurgiczny w przypadku konieczności wykonania cięcia cesarskiego oraz jest podstawowym elementem programowania metabolicznego. Programowanie to jest zbiorem czynników z okresów prenatalnego i wczesnego dzieciństwa, które mają wpływ na metabolizm w całym życiu. Przyjmuje się, że programowanie to dokonuje się w ciągu tysiąca pierwszych dni życia dziecka. W przedziale tym wyróżnia się dodatkowo tzw. momenty krytyczne dla programowania metabolicznego, czyli okresy najintensywniejszego wzrostu i dojrzewania dziecka. (Więcej informacji o diecie w ciąży zawiera książka Magdaleny Makarowskiej *Jedz pysznie w ciąży*)

Insulinooporność u dzieci. Jak leczyć i zadbać o dietę?

Profilaktyka zdrowotna powinna zaczynać się jak najwcześniej. Mówi się, że metabolizm dziecka jest programowany już w łonie matki. Dlatego rodzice powinni dbać o prawidłową dietę dzieci w zasadzie od poczęcia. Dzieci z nadmierną masą ciała to nie są „słodkie pulpeciki". To niestety potencjalni otyli dorośli. Ogromna część dzieci, które w pierwszych latach miały problemy z nadwagą, będzie już zawsze zmagać się z nadwyżkowymi kilogramami. Nie skazujmy naszych dzieci na życie przepełnione walką o prawidłową masę ciała oraz ciągłe bieganie po lekarzach.

Nawyki żywieniowe kształtujemy od najmłodszych lat. Jeśli nauczymy dziecko jeść zdrowe, niskoprzetworzone produkty, chętniej będzie je wybierało w późniejszych latach. Pamiętajmy też, że dzieci biorą przykład z nas – rodziców. Jeśli będziemy odżywiać się zdrowo, dzieci będą nas w tym naśladować.

Podsumowując: w diecie dziecka nie powinno być słodyczy, dań typu fast food, produktów przetworzonych przepełnionych niezdrowymi tłuszczami trans oraz konserwantami. Unikaj też soczków, napojów gazowanych i energetycznych. Dzieci do skończenia 1. roku życia nie powinny w ogóle pić soków, a w późniejszych latach udział tych napojów w diecie powinien być bardzo ograniczony.

Z badań wynika, że dzieci, które spożywają zbyt duże ilości produktów zawierających cukier oraz konserwanty, charakteryzują się nie tylko zwiększoną masą ciała, lecz także nadpobudliwością, problemami z koncentracją i nauką w szkole. Wielu rodziców zauważa, że zachowanie ich dzieci bardzo zmienia się na korzyść, gdy wprowadzają zmiany żywieniowe i uczą dzieci zdrowo się odżywiać, pić wodę zamiast słodkich napojów oraz gdy dbają o codzienną aktywność fizyczną.

Dlaczego tyję, skoro trzymam dietę i ćwiczę?

Redukcja masy ciała następuje wtedy, kiedy osiągamy ujemny bilans energetyczny w wyniku spożywania ilości kalorii niezaspokajających w pełni całkowitego zapotrzebowania energetycznego naszego organizmu lub wskutek znacznej aktywności fizycznej. Najlepszym sposobem na zweryfikowanie swojego bilansu energetycznego jest prowadzenie dzienniczka żywieniowego, w którym zapisujemy, co jedliśmy przez cały dzień, w jakich ilościach i o jakiej porze. Analiza zapisków (najrozsądniej jest obliczyć kaloryczność posiłków spożytych danego dnia) daje rozeznanie, czy nasze żywienie jest odpowiednie – czy nie jemy za mało albo za dużo, zbyt często albo za rzadko, czy w naszym menu nie dominują produkty niezalecane („zdrowe" desery czy przekąski fit).

Często zapominamy, że dodatkowa łyżka jogurtu też ma kalorie, a jeśli połkniemy tu łyżeczkę, tu kęs, tam kawałek, to tych bonusów żywieniowych zbierze się całkiem sporo. Warto przyjrzeć się krytycznym okiem swojemu postępowaniu, żeby ocenić, czy rzeczywiście nie popełniamy tego rodzaju błędów. Prowadzenie dzienniczka żywieniowego ujawnia skalę drobnych grzeszków typu łyżeczka dżemu, nie do końca dozwolony chlebek czy „zdrowy deser". Może się okazać, że drobna modyfikacja diety, np. zmniejszenie racji żywieniowej, przyniesie poprawę.

Inną sprawą jest aktywność fizyczna. Jeśli uprawiasz sport, to czy nie przesadzasz? Trzy godziny dziennie na siłowni nie przyspieszą chudnięcia, wręcz przeciwnie – mogą wywołać tycie. Warto też zwrócić uwagę na niektóre leki. Na przykład tabletki antykoncepcyjne, leki antydepresyjne czy przeciwpadaczkowe mogą nasilać łaknienie, a w efekcie prowadzić do wzrostu masy ciała. Podobnie działa nadmiar stresu.

Jeśli wszystkie powyższe kwestie cię nie dotyczą, może po prostu trzeba się uzbroić w cierpliwość. Zastanów się, od kiedy stosujesz dietę i uprawiasz sport. Organizm potrzebuje czasu, żeby zaadaptować się do nowych warunków. Dwa tygodnie to czasami za mało, żeby zobaczyć efekty. Nie licz też, że schudniesz 10 kg w miesiąc. Zdrowe odchudzanie jest powolne, ale trwałe. Jeśli schudniesz szybko, waga szybko też wróci do wcześniejszego poziomu (efekt jo-jo). Bywa i tak, że przez jakiś czas chudniemy, a po kilku tygodniach waga staje w miejscu. Ten trudny okres warto przeczekać. Czasami jest to skutek wspomnianej adaptacji organizmu do zmian i jednocześnie sygnał, żeby wprowadzić kolejne zmiany w diecie. (Unikaj jednak nadmiernego cięcia kaloryczności posiłków! Nie jest sztuką dojść do jedzenia liścia sałaty dziennie; sztuką jest utrzymanie kaloryczności i jakości diety na właściwym poziomie). A może przyczyna leży w tym, że już osiągnęłaś lub osiągnąłęś swoją najlepszą wagę i organizm po prostu broni się przed nadmierną redukcją masy ciała? Pamiętaj, że niedowaga jest równie niebezpieczna dla zdrowia, co nadmierny poziom tkanki tłuszczowej.

Naucz się cierpliwości i pamiętaj, że w insulinooporności proces obniżania masy ciała trwa dłużej. Jeśli twoje kłopoty nie znikają mimo przestrzegania wszystkich zaleceń, wybierz się do endokrynologa, ponieważ problem może leżeć w zaburzeniach hormonalnych, np. w chorobach tarczycy. W takiej sytuacji potrzebna będzie dokładniejsza diagnostyka.

3. SPORT W INSULINOOPORNOŚCI

Jaki trening jest najlepszy dla osób z insulinoopornością?

Przede wszystkim wybierz taki rodzaj treningu, który będzie sprawiał ci przyjemność oraz który będziesz wykonywać regularnie. Szczególnie poleca się treningi ogólnokondycyjne o umiarkowanej intensywności (spacery, nordic walking, pływanie, jazda na rowerze itp.). Ponieważ podczas stosowania diety redukcyjnej występuje ryzyko spadku masy mięśniowej, zaleca się dodatkowo trening siłowy o niskiej lub umiarkowanej intensywności (do 40–60% tętna maksymalnego u osób początkujących i do 60–75% tętna maksymalnego u osób ćwiczących; trening nie powinien przekraczać 85% tętna maksymalnego). Warto też pamiętać o tym, żeby każdego dnia przejść około 10 tysięcy kroków! Badania pokazały, że taka ilość ruchu chroni przed rozwojem cukrzycy.

Jak intensywnie i jak często trenować?

Bądź aktywna lub aktywny codziennie przez minimum 30 minut. Wysiłek powinien utrzymywać się na poziomie 60–85% tętna maksymalnego u osób ćwiczących i 40–75% tętna maksymalnego u osób początkujących (osoby całkiem początkujące lub otyłe powinny trzymać się 40–60% tętna maksymalnego i stopniowo zwiększać intensywność do około 75% tętna maksymalnego). Nie przekraczaj założonego poziomu intensywności, ponieważ wyjście poza tę wartość niesie ze sobą ryzyko przejściowego zaburzenia działania insuliny i glukozy, stresu oksydacyjnego, zaburzenia pracy innych hormonów oraz hipoglikemii, co może wiązać się z brakiem efektów treningowych, pogorszeniem samopoczucia, wzrostem poziomu tkanki tłuszczowej oraz pogorszeniem wyników badań.

Intensywność treningu warto sprawdzać metodą „ćwicz i mów": jeśli ćwiczysz w taki sposób, że możesz rozmawiać, to ćwiczysz prawidłowo, jeśli zaś mówienie sprawia ci trudność, to trzeba zmniejszyć intensywność treningu.

Optymalna liczba sesji treningowych zależy od rodzaju treningu. Pamiętaj o regeneracji. Z tego, że należy być aktywnym każdego dnia, nie wynika, że codziennie trzeba wykonywać pełny trening. Między dniami treningowymi warto spacerować, wykonywać nordic walking albo spokojne ćwiczenia, takie jak joga czy pilates.

Jakie rodzaje aktywności fizycznej są zalecane?

Wybierz takie dyscypliny, które sprawiają ci przyjemność i które możesz wykonywać w wolnym czasie. Zalecane są ćwiczenia ogólnokondycyjne – spacery, marszobiegi, nordic walking, bieganie, pływanie, jazda na rowerze, orbitrek, gimnastyka, fitness, taniec, joga, pilates, jazda na rolkach, jazda na łyżwach i wiele innych dostosowanych do upodobań, możliwości i umiejętności danej osoby. Trening, tak jak dieta, powinien być dobrany indywidualnie. Sprawdzaj, jak działa na ciebie dany rodzaj ćwiczeń. Jeśli po jakimś treningu nie czujesz się dobrze, pogarszają się twoje wyniki badań czy tyjesz, jest to dla sygnał, żeby spróbować czegoś innego, zmniejszyć intensywność lub częstotli-wość, a nawet na jakiś czas zrezygnować z treningów i skupić się np. na spokojnych spacerach.

Jakie rodzaje aktywności fizycznej są niewskazane?

Odradza się sporty ekstremalne (powodują nadmierne wydzielanie kortyzolu i adrenaliny), sporty wymagające znacznego wysiłku (maratony, ultramaratony, ciężkie wspinaczki górskie itd.) oraz zbyt częste i zbyt intensywne treningi siłowe.

Jakie ćwiczenia wykonywać, żeby pozbyć się brzucha i boczków?

Nie ma ćwiczeń, które odchudziłyby konkretne partie ciała. Są zestawy ćwiczeń, które wzmacniają określone partie mięśniowe, ale same w sobie nie odchudzają. Żeby schudnąć, należy połączyć stosowanie diety i aktywności fizycznej. Chudniemy „całościowo", a nie tylko w jednym miejscu.

Kiedy najlepiej ćwiczyć – rano, w ciągu dnia czy wieczorem?

Jest to w dużej mierze kwestia indywidualna, chociaż zasadniczo odradza się trenowanie rano ze względu na większe ryzyko hipoglikemii. Najlepiej ćwiczyć w ciągu dnia oraz wieczorem, kiedy jesteśmy już po kilku posiłkach. Należy jednak uważać na treningi o zbyt późnych porach, ponieważ mogą one prowadzić do zaburzeń snu.

Czy osoby z insulinoopornością mogą trenować na czczo?

W niektórych źródłach pojawia się informacja, że najlepiej trenować rano, godzinę przed posiłkiem. Jest to jednak zalecenie ogólne, nieuwzględniające poszczególnych jednostek chorobowych. W wypadku osób z hipoglikemią, która często towarzyszy insulinooporności, trenowanie na czczo jest wręcz niewskazane ze względu na ryzyko spadku cukru. Osobom z insulinoopornością poleca się w związku z tym treningi poposiłkowe.

Co może trenować osoba z BMI powyżej 30?

Osoby otyłe oraz zmagające się z różnymi chorobami przed rozpoczęciem jakichkolwiek ćwiczeń powinny spotkać się ze swoim lekarzem prowadzącym. Zawsze sugeruję konsultację z ortopedą lub fizjoterapeutą, który oceni stan stawów i postawę.

Otyłość powoduje niestety przesunięcie środka ciężkości. Trudniej wtedy zadbać o prawidłową postawę, a nadmierna masa ciała dodatkowo obciąża stawy i kręgosłup, przez co łatwiej o kontuzje i bóle podczas ćwiczeń. Osobom otyłym na początek polecam sporty, które najmniej obciążają stawy, np. spacery, nordic walking, jazda na rowerze, pływanie, aqua aerobic. Nordic walking jest szczególnie korzystny, ponieważ odciąża stawy oraz wymusza prawidłową postawę, której trudniej pilnować podczas klasycznych spacerów. Wraz ze spadkiem masy ciała i poprawą kondycji można próbować innych dyscyplin.

Czy osoba z nadwagą i insulinoopornością może trenować crossfit?

Przed rozpoczęciem jakichkolwiek treningów należy przede wszystkim skonsultować się z lekarzem. Jeśli nie ma ogólnych przeciwwskazań do uprawiania sportu, należy się dowiedzieć, czy trening tak intensywny jak crossfit jest wskazany. Przy hipoglikemii, często towarzyszącej insulinooporności, należałoby zachować ostrożność. Nagły spadek cukru może być niebezpieczny dla zdrowia, może też wpływać na późniejsze samopoczucie (zawroty głowy, drżenie rąk, bóle głowy, omdlenia itp.). Dodatkowo trzeba też wziąć pod uwagę, że wyjątkowo intensywne treningi mogą prowadzić do zaburzeń hormonalnych oraz zwiększenia stanu zapalnego organizmu, co jest częstą przyczyną tycia mimo ćwiczeń. Na koniec trzeba uwzględnić stopień wytrenowania. Jeśli dana osoba jest mniej sprawna, ponieważ prowadziła siedzący tryb życia, trening crossfitu może okazać się zbyt intensywny, co niestety może odbić się niekorzystnie na zdrowiu oraz doprowadzić do utraty motywacji. Przy nadwadze czy otyłości dochodzą obciążenia stawów i zwiększone ryzyko kontuzji, dlatego lepiej na początku wybierać treningi, które te stawy odciążą, np. nordic walking, pływanie, spacery czy jazda na rowerze.

Czy osoby z insulinoopornością mogą trenować na siłowni?

Przeciwwskazań jako takich nie ma, nie powinien być to jednak trening zbyt intensywny ani zbyt forsujący. Trening siłowy powinien być raczej uzupełnieniem treningu ogólnokondycyjnego, chroniąc przed zanikiem tkanki mięśniowej.

Należy też pamiętać o odpowiednim dopasowaniu intensywności oraz częstotliwości ćwiczeń. Niestety źle dobrany trening może przyczynić się do pogorszenia stanu zdrowia (pacjenci często skarżą się na przyrost tkanki tłuszczowej lub brak efektów w redukcji masy ciała, pogorszenie samopoczucia, nasilenie zaburzeń hormonalnych czy hipoglikemii). W typowych przypadkach zalecam, żeby trening siłowy wykonywać nie częściej niż dwa razy w tygodniu i aby nie trwał on dłużej niż 30–40 minut. Osobiście polecam trening z wykorzystaniem masy własnego ciała. W pozostałe dni wystarczą dłuższe marsze lub nordic walking, basen, jazda na rowerze. Intensywność treningu, określana na podstawie tętna maksymalnego, nie powinna przekraczać 70–85% jego wartości, a u osób, które dopiero zaczynają ćwiczyć, 40–60%.

Nie mam czasu na chodzenie do klubu fitness. Jakie ćwiczenia mogę wykonywać w domu?

W internecie i telewizji można znaleźć mnóstwo programów treningowych. Pamiętaj jednak o dopasowaniu ćwiczeń do swoich możliwości, np. wybierz poziom początkujący zamiast zaawansowanego. Warto najpierw obejrzeć dany program od początku do końca i sprawdzić, czy jako całość ci się podoba, czy wszystkie ćwiczenia jesteś w stanie wykonać. Trening domowy niesie ze sobą pewne niebezpieczeństwo: ponieważ nikt nie weryfikuje, czy ćwiczysz poprawnie, łatwiej o kontuzje lub brak efektów treningowych. W klubie fitness zawsze jest instruktor, który może skorygować twoją postawę, skontrolować sposób, w jaki ćwiczysz. Śmiało możesz za to wybierać aktywność na świeżym powietrzu: spacery, jazda na rowerze, siłownie plenerowe, nordic walking, jazda na rolkach, marszobiegi itd.

Nie mam czasu na żadne treningi. Co mogę w tej sytuacji zrobić?

Lepszy jest jakikolwiek ruch niż żaden. Jeśli naprawdę nie masz czasu ćwiczyć i nie jest to tylko wymówka albo zwykła niechęć do ćwiczeń, szukaj każdego możliwego sposobu, żeby się ruszać, np. zamiast podjeżdżać do sklepu samochodem, idź pieszo, wysiądź dwa przystanki przed punktem docelowym i dojdź na miejsce, w komunikacji miejskiej staraj się stać, a nie siedzieć, w domu unikaj ciągłego leżenia na kanapie, staraj się coś robić: krzątać się po domu, sprzątać, gotować, kopać w ogródku, wybieraj schody zamiast windy itd.

Wykonuję pracę siedzącą. Czy mogę jakoś ćwiczyć w pracy?

Jak najbardziej. W miarę możliwości warto przynajmniej co godzinę oderwać się od biurka na 5 minut. Pretekstem może być chęć skorzystania z toalety, ale można też wstać i wykonać kilka prostych ćwiczeń (jeśli oczywiście pozwoli ci szef, ubiór służbowy i współpracownicy). Możesz również ćwiczyć przy biurku: wykonywać spięcia mięśni brzucha, pośladków, ud, możesz rozciągać mięśnie kręgosłupa i klatki piersiowej, przeciągając się. Sporo ćwiczeń do wykonywania w pracy oraz przy biurku można znaleźć w internecie.

Dlaczego warto trenować nordic walking?

Nordic walking angażuje więcej mięśni niż zwykły spacer. Intensywnie pracują mięśnie pleców, barków, brzucha i nóg. Spacer uruchamia około 30% mięśni, a nordic walking aż 90%.

Kijki do nordic walkingu odciążają stawy i ułatwiają zachowanie prawidłowej postawy ciała, dlatego są szczególnie polecane osobom po kontuzjach i cierpiącym na problemy ze stawami czy z kręgosłupem, a także ludziom otyłym, w wypadku których istnieje duże ryzyko przeciążenia stawów.

Nordic walking spala więcej kalorii niż zwykły spacer. Godzina spaceru to około 250 spalonych kcal, a godzina nordic walkingu – około 400 kcal.

Pomaga rozluźnić mięśnie karku i barków, co szczególnie przydaje się osobom zestresowanym i spiętym oraz pracującym przy biurku.

Korzyści jest dużo więcej, a wśród nich również możliwość trenowania w grupie i swobodnej rozmowy – tzw. nordic plotking :). Nordic walking jest idealnym rozwiązaniem dla insulinoopornych, nie tylko dla początkujących, lecz także tych, którzy mają dobrą kondycję.

Co jeść przed treningiem i po treningu?

Jeśli dopiero zaczynasz trenować i nie jesteś zbyt aktywna lub aktywny, nie musisz zwiększać swoich racji pokarmowych ani dokładać dodatkowych posiłków czy zwiększać ich kaloryczności. Jeśli jednak trenujesz intensywnie, a w związku z tym spalasz dużo kalorii, zjedzenie niewielkiego posiłku przed treningiem, np. w postaci pełnoziarnistej kanapki z warzywami i hummusem, a po treningu pełnowartościowego posiłku zawierającego węglowodany złożone, białko i tłuszcz, byłoby wskazane. Pamiętaj również o wypiciu odpowiedniej ilości wody w celu nawodnienia organizmu po treningu.

W przypadku treningów wyczynowych (które w insulinooporności czasem się odradza) konieczna jest konsultacja z dietetykiem sportowym, który indywidualnie pomoże dobrać dietę do danej aktywności fizycznej.

Czy mogę spożywać odżywki białkowe i suplementy dla sportowców?

Większość ćwiczących nie potrzebuje dodatkowych „wspomagaczy". Osoby z insulinoopornością powinny ćwiczyć w sposób umiarkowany, spokojny. Jeśli ćwiczysz rekreacyjnie, dodatkowe suplementy i odżywki białkowe nie są potrzebne, a mogą być wręcz niewskazane. Powinniśmy dążyć do tego, żeby wszelkie niedobory uzupełniać za pomocą diety.

Produkty dla sportowców przygotowane są z myślą o ludziach, którzy ze względu na wyczynowy charakter treningu nie są w stanie zaspokoić swoich potrzeb w diecie. Zawierają one sporo węglowodanów prostych, których zażywanie może przyczynić się u insulinoopornych do nadmiernych wyrzutów insuliny oraz szybkich spadków cukru (hipoglikemii). Również nadmiar białka może mieć niekorzystny wpływ na nasze zdrowie.

Liczne wątpliwości medyczne budzą także tzw. spalacze tłuszczu, lepiej się więc ich wystrzegać.

4. FARMAKOTERAPIA W INSULINOOPORNOŚCI

Kiedy powinno się włączyć leki?

To, w którym momencie lekarz włączy leczenie farmakologiczne, jest decyzją indywidualną. Nie ma czegoś takiego jak wartość graniczna konkretnego parametru, od której należy wdrożyć stosowanie farmaceutyków. Niektórzy lekarze zalecają najpierw leczenie wyłącznie dietą i aktywnością fizyczną, żeby sprawdzić, jak pacjent radzi sobie bez leków, i jeśli są efekty, często nie przepisują preparatów leczniczych albo przepisują jedynie niewielkie dawki. U niektórych pacjentów konieczne jest wprowadzenie leczenia farmakologicznego od samego początku, niezależnie od diety i trybu życia. Wszystko zależy od lekarza i danego pacjenta. Nie powinniśmy się kierować cudzymi zaleceniami, ponieważ każdy z nas jest inny.

Co to jest metformina?

Jest to doustny lek hipoglikemizujący, poprawiający tolerancję glukozy u osób chorujących na cukrzycę typu 2 poprzez zmniejszanie wytwarzania glukozy w wątrobie, zwiększanie wrażliwości tkanek na insulinę (metformina zwiększa obwodowy wychwyt i tkankowe zużycie glukozy) oraz hamowanie wchłaniania glukozy. Lek ten nie jest metabolizowany w wątrobie i w niezmienionej postaci jest wydalany przez nerki. Metformina należy do nielicznych doustnych leków przeciwcukrzycowych dopuszczonych obecnie w Polsce do stosowania u młodocianych chorych w różnych stanach chorobowych przebiegających z insulinoopornością.

Metformina stosowana jest w takich jednostkach chorobowych jak niepowikłana cukrzyca typu 2 – zwłaszcza u osób otyłych, u których za pomocą ściśle przestrzeganej diety i ćwiczeń fizycznych nie można uzyskać właściwej kontroli glikemii – czy nieprawidłowa tolerancja glukozy (stan przedcukrzycowy), gdy tak jak wyżej za pomocą ściśle przestrzeganej diety i ćwiczeń fizycznych nie można uzyskać normoglikemii. Wykorzystuje się ją także w leczeniu zespołu policystycznych jajników.

Dostępne w Polsce preparaty zawierające metforminę:

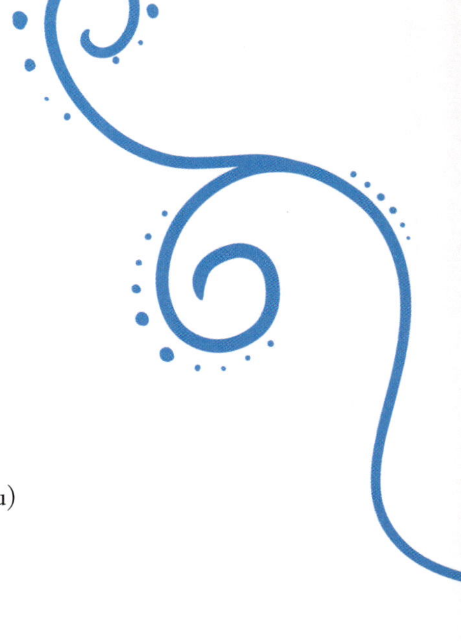

- Avamina (tabletki powlekane)
- Etform 500 (tabletki powlekane)
- Etform 850 (tabletki powlekane)
- Formetic (tabletki powlekane)
- Glucophage 500 (tabletki powlekane)
- Glucophage 850 (tabletki powlekane)
- Glucophage 1000 (tabletki powlekane)
- Glucophage XR (tabletki o przedłużonym uwalnianiu)
- Metfogamma 500 (tabletki powlekane)
- Metfogamma 850 (tabletki powlekane)
- Metfogamma 1000 (tabletki powlekane)
- Metformax 500 (tabletki)
- Metformax 850 (tabletki)
- Metformax 1000 (tabletki powlekane)
- Metformax SR 500 (tabletki o przedłużonym uwalnianiu)
- Metformin Bluefish (tabletki powlekane)
- Metformin Galena (tabletki)
- Metformin Vitabalans (tabletki powlekane)
- Metifor (tabletki)
- Siofor 500 (tabletki powlekane)
- Siofor 850 (tabletki powlekane)
- Siofor 1000 (tabletki powlekane)

Jaka jest maksymalna dawka metforminy?

Dawkę ustala lekarz na podstawie wyników badań pacjenta, jego samopoczucia, wagi i wieku. Maksymalna dopuszczalna dawka to 3000 mg.

W jakich jednostkach chorobowych metformina może pomóc?

Wśród chorób leczonych metforminą znajdują się: cukrzyca typu 2, insulinooporność, PCOS i otyłość. W badaniach wykazano, że leczenie metforminą ciężarnych z PCOS znacząco obniża odsetek poronień i nadciśnienia ciążowego, a także nieco zmniejsza częstość występowania stanu przedrzucawkowego.

Czy są jakieś przeciwwskazania do stosowania metforminy?

Tak, przeciwwskazania istnieją. Znajdują się wśród nich: nadwrażliwość na którykolwiek składnik preparatu, choroby i niewydolność nerek (w charakterystyce leków zarejestrowanych w Polsce określono, że należy unikać stosowania metforminy u osób z klirensem kreatyniny <60 ml/min), stany będące potencjalnym zagrożeniem dla czynności nerek (odwodnienie, ciężkie zakażenia, wstrząs, donaczyniowe podanie środków cieniujących zawierających jod, kwasica ketonowa i stan przedśpiączkowy w cukrzycy), niewydolność wątroby, ostre zatrucie alkoholem, alkoholizm, ostre lub przewlekłe choroby mogące być przyczyną niedotlenienia tkanek (świeży zawał serca, niewydolność serca, niewydolność oddechowa, wstrząs), karmienie piersią (chociaż wiele danych wskazuje, że metformina tylko w niewielkim stopniu przenika do mleka matki i nie stanowi zagrożenia dla dziecka, jej stosowanie lepiej skonsultować z lekarzem).

Metforminę trzeba odstawić przed badaniami radiologicznymi z użyciem dożylnych środków kontrastujących zawierających jod, ponieważ mogą one spowodować niewydolność nerek. Podawanie można wznowić najwcześniej 48 godzin po badaniu, potwierdziwszy najpierw prawidłową czynność nerek.

Preparatu z metforminą nie należy też przyjmować w ciągu 48 godzin poprzedzających planowany zabieg chirurgiczny ze znieczuleniem ogólnym, rdzeniowym bądź zewnątrzoponowym. Leczenie można wznowić nie wcześniej niż 48 godzin po zabiegu i odzyskaniu zdolności doustnego przyjmowania pokarmów oraz wyłącznie po wznowieniu prawidłowej czynności nerek.

Powinno się rozważyć przerwanie leczenia metforminą, gdy stężenie mleczanów w surowicy krwi przekroczy 3 mmol/l, a także w przypadku robienia głodówki lub przy skrajnie niskokalorycznej diecie.

Czy można przyjmować metforminę w ciąży i podczas karmienia piersią?

Stosowanie metforminy w ciąży i podczas karmienia piersią nie jest sprawą oczywistą. Należy zacząć od tego, że w Polsce, w odróżnieniu od wielu innych krajów, przyjmowanie metforminy w ciąży i podczas karmienia piersią oficjalnie jest zakazane, a żadne towarzystwo naukowe takiej terapii nie rekomenduje. Metforminę w ciąży można u nas stosować jedynie, gdy zaleci to lekarz prowadzący, i w świetle prawa taka decyzja ma charakter eksperymentu medycznego. Wielu lekarzy z powodzeniem prowadzi w ten sposób pacjentki w ciąży oraz karmiące piersią.

Z badań naukowych wiadomo, że metformina jest substancją bezpieczną i korzystną szczególnie dla otyłych kobiet z insulinoopornością i PCOS. Naukowcy dowiedli, że metformina ogranicza nadmierny przyrost masy ciała w ciąży oraz ryzyko wystąpienia cukrzycy ciążowej (zwiększone zwłaszcza u insulinoopornych, jako że insulinooporność sprzed ciąży nakłada się tu na naturalną insulinooporność ciążową). Wiele badań klinicznych wskazuje, że stosowanie metforminy zmniejsza ryzyko poronień u pacjentek z PCOS. Z drugiej strony dostrzeżono zwiększoną częstość porodów przedwczesnych. Nie zaobserwowano natomiast wad rozwojowych u dzieci, których matki zażywały metforminę (co nie oznacza, że takie wady nie występują). Ponadto, chociaż metformina przenika do mleka matki, to jej stężenie u niemowląt jest niskie i nie powoduje żadnych wad rozwojowych ani skutków ubocznych. Nadmierna ostrożność dotycząca stosowania tego leku wynika zapewne z możliwości wystąpienia groźnych skutków ubocznych (kwasica, śpiączka), jednak tego rodzaju powikłania należą do wyjątkowo rzadkich.

Podsumowując, kwestia stosowania metforminy w ciąży powinna podlegać indywidualnej ocenie lekarza prowadzącego. Z pewnością u kobiet ze znaczną insulinoopornością, wysokimi wartościami androgenów i nawracającymi poronieniami wielu lekarzy zdecyduje się na podtrzymanie leczenia metforminą. Decyzji takiej nie powinno się w żadnym razie automatycznie powielać w każdej ciąży, ale też nie powinno się z dnia na dzień odstawiać preparatu, gdy pacjentka zajdzie w ciążę, z obawy przed poronieniem. Należy to robić powoli.

Jeśli chodzi o stosowanie metforminy podczas karmienia piersią, to zgodnie z zaleceniami farmaceuty (Magdalena Stolarczyk, autorka bloga Farmaceuta-Radzi.pl) lek powinno się przyjąć bezpośrednio po karmieniu piersią i z kolejnym karmieniem poczekać mniej więcej 2½ godziny w przypadku tabletek o natychmiastowym uwalnianiu, a około 5 godzin w przypadku stosowania metforminy w postaci tabletek o przedłużonym uwalnianiu. Metforminę zalicza się jednak do grupy leków bezpiecznych w czasie laktacji, więc drobne odstępstwa od tego schematu są dopuszczalne.

Czy zażywanie metforminy w ciąży może zagrozić zdrowiu maluszka?

Metformina należy w Polsce do kategorii B, a więc jest uznawana za lek stosunkowo bezpieczny, który nie wykazuje działania teratogennego, czyli nie wywołuje wad rozwojowych u dzieci. Trzeba jednak pamiętać, że nie przeprowadza się badań na kobietach ciężarnych ze względu na ryzyko śmierci płodu (obserwacje prowadzone są głównie na pacjentkach z PCOS, które zaszły w ciążę podczas stosowania metforminy).

Czy przy zażywaniu metforminy mogą wystąpić jakieś niepożądane skutki?

Najpoważniejszym skutkiem ubocznym jest kwasica mleczanowa. Jest to bardzo rzadkie, ale groźne powikłanie metaboliczne, bezpośrednio zagrażające życiu. Czynnikami sprzyjającymi rozwojowi kwasicy są:

- źle kontrolowana cukrzyca,
- kwasica ketonowa,
- długotrwałe głodzenie,
- nadmierne spożywanie alkoholu,
- niewydolność wątroby,
- niedotlenienie tkanek z jakiegokolwiek powodu.

Częstymi skutkami ubocznymi stosowania metforminy są nudności, wymioty, biegunka, bóle brzucha i utrata apetytu. Objawy te pojawiają się raczej na początku leczenia i w większości przypadków z czasem ustępują samoistnie. Dość rzadko występują reakcje skórne (rumień, pokrzywka, świąd), a także zmniejszenie wchłaniania witaminy B_{12} oraz jej stężenia w surowicy.

Przed rozpoczęciem stosowania metforminy powinno się oznaczyć poziom kreatyniny w surowicy krwi oraz wykonać próby wątrobowe. Pacjenci mający problemy z nerkami oraz poważne zaburzenia pracy wątroby nie powinni stosować metforminy, chyba że lekarz zdecyduje inaczej. Podczas leczenia warto co jakiś czas kontrolować zarówno stan wątroby, jak i nerek.

Jak sobie radzić ze skutkami ubocznymi zażywania metforminy?

Metformina, mimo że jest środkiem skutecznym i pomocnym w leczeniu wielu chorób, ma pewne działania uboczne. Najczęściej sprowadzają się one do zaburzeń ze strony przewodu pokarmowego: bólu brzucha, wzdęć, zgagi, mdłości, biegunki, metalicznego posmaku w ustach itd. Jeśli dolegliwości nie ustępują po kilku dniach brania leku, należy skonsultować to ze swoim lekarzem (nie wolno rezygnować z leczenia na własną rękę!). Czasami pomaga zmiana preparatu (np. z Metformaxu na Glucophage czy z Sioforu na Avaminę), czasami należy zmniejszyć dawkę i stopniowo ją zwiększać aż do dawki docelowej. Pomaga również przyjmowanie leku w 2–3 porcjach w trakcie posiłku, a nie przed. W trakcie występowania niepożądanych objawów ze strony układu pokarmowego, na przykład biegunki, należy po konsultacji lekarskiej rozważyć suplementację odpowiednio dobranym probiotykiem oraz modyfikację diety. Ponadto przy długotrwałym leczeniu może dojść do niedoboru witaminy B_{12}, więc należy co jakiś czas kontrolować jej poziom. Zdarza się niestety i tak, że skutki uboczne uniemożliwiają stosowanie leku.

Czy w insulinooporności w ogóle można pić alkohol?

Temat spożycia alkoholu u osób z insulinoopornością budzi wiele emocji. Należy tu pamiętać o kilku ważnych rzeczach:

- Alkohol zwiększa ryzyko hipoglikemii.
- 1 g alkoholu to aż 7 kcal. Jeśli zależy nam na redukcji lub utrzymaniu masy ciała, alkohol będzie naszym wrogiem w osiągnięciu celu.
- Na pewno należy unikać kolorowych drinków, słodkich likierów czy „deserów alkoholowych", ponieważ są to bomby kaloryczne.
- Jeśli pacjent nie zażywa leków, może okazjonalnie wypić nieco wytrawnego wina. Jego niewielkie ilości nie powinny stanowić zagrożenia.
- Wiele badań wykazało, że alkohol ma niekorzystny wpływ na gospodarkę węglowodanową oraz zwiększa ryzyko rozwoju insulinooporności.

Czy można spożywać alkohol przy zażywaniu metforminy?

Kategorycznie zabrania się przyjmowania metforminy i alkoholu. Spożywanie alkoholu w czasie leczenia metforminą potęguje działanie leku i zwiększa ryzyko wystąpienia kwasicy mleczanowej, która jest ciężkim stanem zagrażającym życiu i zdrowiu.

Czy insulinooporność wyklucza stosowanie pewnych leków?

Takie kwestie należy konsultować z lekarzem (czasem decyduje się on na wdrożenie leczenia mimo pewnych przeciwwskazań, uwzględniając konsekwencje zdrowotne niezastosowania leku), no i trzeba czytać ulotki. Wiele osób poza insulinoopornością ma inne choroby i dolegliwości. Szczegółowe zalecenia odnośnie terapii farmakologicznej będą zależały od rodzaju chorób współwystępujących – czy to będzie nadciśnienie, czy na przykład problemy z wątrobą. Należy tu zwrócić uwagę na wzajemne interakcje między lekami, które mogą być przeciwwskazaniem do stosowania niektórych preparatów.

Zwykle nie zakazuje się stosowania leków przeciwbólowych, ale ich rodzaj powinien określić lekarz. Antykoncepcja często jest konieczna, jeśli nie chcemy zajść w ciążę, może jednak nasilać insulinooporność; ponadto niektórych tabletek antykoncepcyjnych nie należy przyjmować np. przy zakrzepicy, nadciśnieniu czy cukrzycy.

Czy można stosować suplementy diety, suplementy dla diabetyków, naturalne herbatki itp.?

Naturalne herbatki ziołowe i owocowe na pewno są dobrym pomysłem, natomiast suplementy już niekoniecznie. Inaczej niż w przypadku leków, suplementy nie muszą być badane pod kątem skuteczności działania. Większość z nich oddziałuje na pacjentów jedynie jako placebo, a w związku z brakiem badań naprawdę trudno stwierdzić, które mają rzeczywisty wpływ na zdrowie. W dodatku należy pamiętać, że suplementy „dla diabetyków" niekoniecznie muszą być dobre dla nas. Insulinooporni nie są diabetykami, więc na przykład nie powinni dodatkowo pobudzać trzustki, co jest zadaniem części leków przeznaczonych dla chorych na cukrzycę. Składniki czynne niektórych suplementów pozyskuje się z roślin wykorzystywanych w kuchni, takich jak imbir, cynamon, stewia, czarnuszka, karczoch czy morwa, więc zamiast wydawać pieniądze w aptece, warto zajrzeć do domowej spiżarni.

	Aronia czarno-owocowa	Kwasy omega-3	Morwa biała	Żeń-szeń	Czosnek	Zielona herbata	Czerwone wino	Wapń i produkty mleczne	Magnez	Selen i Cynk
Ciśnienie tętnicze krwi	↓	↓		↓	↓	↓		↓	↓	
Profil lipidowy	TCh↓ LDL↓ TG↓	TCh↓ LDL↓ HDL↑ IG↓	LDL↓ HDL↑ TG↓	LDL↓ TG↓	TCh↓ TG↓	TCh↓ LDL↓ HDL↑	HDL↑	LDL↓ TG↓	HDL↑ TG↓	TCh↓ HDL↑ TG↓
Poziom glukozy	↓		↓	↓	↓	↓				
Tolerancja glukozy		↑	↑	↑			↑			↑
Insulino-oporność		↓	↓	↓	↓			↓	↓	↓
Działanie antyoksy-dacyjne	+ polifenole i antocyjany	+	+ antocyjany, kwercetyna	+ ginseno-zydy		+ katechi-ny	+			
Masa ciała		↓		↓	↓	↓	↓			

↑ - wzrost wybranego parametru, ↓ - spadek wybranego parametru, + - działanie antyoksydacyjne wymienionego związku (opracowanie własne)

Źródło: Sicińska P. i in., *Zastosowanie różnych suplementów diety w zespole metabolicznym*, „Postępy Higieny i Medycyny Doświadczalnej".

Czy insulinooporni powinni przyjmować witaminę D?

Witamina D, oprócz tego, że ułatwia wchłanianie wapnia z przewodu pokarmowego, wpływa korzystnie na wiele innych procesów zachodzących w organizmie. Wywiera m.in. wpływ zarówno na działanie, jak i na wydzielanie insuliny, zmniejszając insulinooporność. W Polsce odpowiednie warunki do powstawania witaminy D_3 w skórze występują w okresie od kwietnia do września. Osoby o jasnej karnacji powinny w tym czasie codziennie wystawiać na działanie słońca co najmniej 18% powierzchni ciała (np. przedramiona i podudzia) przez 15 minut pomiędzy godziną 10 a 15, bez używania filtrów ochronnych. W okresie od października do marca nie ma odpowiednich warunków atmosferycznych do tworzenia witaminy D_3 w skórze i potrzebna jest suplementacja.

Zalecane dawki suplementacyjne witaminy D_3 u dorosłych wynoszą 800–2000 IU/dobę zależnie od masy ciała. W przypadku niewystarczającej syntezy skórnej witaminy D_3 oraz u osób w podeszłym wieku dawki suplementacyjne należy stosować przez cały rok, natomiast u osób otyłych (BMI ≥30 kg/m^2) zaleca się całoroczne stosowanie dawek 1600–4000 IU/dobę (zależnie od stopnia otyłości).

W przypadku stwierdzenia niedoboru witaminy D_3 konieczne jest zastosowanie dawek leczniczych D_3 pod nadzorem lekarza.

Największe średnie dobowe dawki doustne witaminy D, które prawdopodobnie nie powodują działań niepożądanych:

Dawka	Grupa pacjentów
1000 IU/dobę (25 µg/dobę)	Noworodki i niemowlęta
2000 IU/dobę (50 µg/dobę)	Dzieci w wieku 1–10 lat
4000 IU/dobę (100 µg/dobę)	Dzieci i nastolatki w wieku 11–18 lat
4000 IU/dobę (100 µg/dobę)	Dorośli i osoby w wieku podeszłym
4000 IU/dobę (100 µg/dobę)	Kobiety w ciąży i karmiące piersią
10 000 IU/dobę (250 µg/dobę)	Otyli dorośli i osoby w wieku podeszłym z otyłością

A co z preparatami zawierającymi dobre bakterie? Czy można je stosować?

Warto dbać o mikroflorę naszych jelit, a preparaty probiotyczne mogą nam w tym pomóc. Wskazane są zwłaszcza preparaty zawierające szczepy bakterii *Lactobacillus* i *Bifidobacterium* – coraz więcej badań klinicznych dowodzi, że przyczyniają się one do zmniejszenia insulinooporności. Probiotyki okazują się również bardzo przydatne, kiedy zmagamy się z biegunką wywołaną zażywaniem metforminy.

5. DIAGNOSTYKA

Diagnostyka insulinooporności opiera się przede wszystkim na oznaczeniu poziomu insuliny i glukozy na czczo oraz wykonaniu tzw. krzywej insulinowej i glukozowej, czyli testu doustnego obciążenia glukozą (ang. *Oral Glucose Tolerance Test*, OGTT). Test OGTT polega na ocenie poziomu glukozy i insuliny na czczo oraz po godzinie i dwóch godzinach od podania roztworu zawierającego 75 g glukozy. Na obecność insulinooporności wskazują wysokie stężenia insuliny we krwi, w wyniku których nie następuje odpowiednie obniżenie stężeń glukozy. Przydatnym badaniem jest oznaczenie stężenia peptydu C oraz hemoglobiny glikowanej.

Badania laboratoryjne insulinooporności

a) **Bezpośrednie:**

- metoda klamry metabolicznej (złoty standard)
- test tolerancji insuliny
- test supresji endogennej insuliny

b) **Pośrednie:**

- HOMA-IR
- Quicki (*Quantitative Insulin Sensitivity Check Index*)*
- współczynnik insulinemia/glikemia
- wskaźnik Matsudy
- dożylny test tolerancji glukozy
- podwójny test dożylnego obciążenia glukozą
- metoda Bergmana
- doustny test obciążenia glukozą (test OGTT)

* Wskaźnik ten oblicza się według wzoru: 1/(log insulinemii na czczo [μU/ml] + log glikemii na czczo [mmol/l]). O insulinooporności świadczy wartość <0,34.

Jak najprościej zdiagnozować insulinooporność?

Podstawowym i najprostszym badaniem jest oznaczenie poziomu insuliny i glukozy na czczo. Kłopot w tym, że normy, zwłaszcza w wypadku insuliny, nie są jednoznacznie określone. W odniesieniu do stężenia insuliny we krwi często uznaje się w laboratoriach za prawidłowy wynik zakresie 3–25 mU/ml. W rzeczywistości **już wynik powyżej 10 mU/ml na czczo może wskazywać na insulinooporność** – potwierdza to chociażby wskaźnik HOMA-IR.

Należy też pamiętać, że poziom insuliny zwiększa się fizjologicznie wraz z wiekiem, dlatego ważna jest indywidualna interpretacja wyników badań. 10 mU/ml u 12-latki trzeba inaczej zinterpretować niż ten sam wynik u 65-latki. W tym drugim przypadku najprawdopodobniej wszystko jest w porządku, ale u dziecka niekoniecznie.

Dużo prościej wygląda sytuacja w przypadku glukozy. Tutaj mamy jasno określone normy diagnostyczne, które przedstawiają się następująco:

Poziom glukozy na czczo:

- 70–99 mg% (mg/dL) – wynik prawidłowy
- 100–125 mg% (mg/dL) – nietolerancja glukozy (stan przedcukrzycowy)
- >126 mg% (mg/dL) – cukrzyca

Co to jest „krzywa glukozowo-insulinowa"?

Wśród pacjentów przyjęło się określenie „krzywa glukozowo-insulinowa". To nic innego jak znany od dawna test obciążenia glukozą (OGTT), który stosuje się w diagnostyce cukrzycy. Obecnie znajduje on też wykorzystanie w diagnostyce insulinooporności i innych zaburzeń metabolicznych, takich jak hipoglikemia, hiperinsulinemia czy nietolerancja glukozy.

Test polega na oznaczeniu jednego dnia poniższych wskaźników:

- glukoza i insulina na czczo
- glukoza i insulina po 1 godz. od obciążenia glukozą 75 g
- glukoza i insulina po 2 godz. od obciążenia glukozą 75 g

„Obciążenie glukozą" to inaczej wypicie roztworu zawierającego 75 g glukozy.

Normy dla glukozy po obciążeniu przedstawiają się następująco:

Poziom glukozy po 1 godzinie:
- < 140 mg% (mg/dL) – wynik prawidłowy
- 140–200 mg% (mg/dL) – nietolerancja glukozy (stan przedcukrzycowy)
- > 200 mg% (mg/dL) – cukrzyca

Poziom glukozy po 2 godzinach:
- < 140 mg% (mg/dL) – wynik prawidłowy
- 140–200 mg% (mg/dL) – nietolerancja glukozy (stan przedcukrzycowy)
- > 200 mg% (mg/dL) – cukrzyca

Problem jest z insuliną, ponieważ w jej wypadku nie ma jasno określonych norm po obciążeniu glukozą. Przyjmuje się, że wynik trzycyfrowy wyraźnie wskazuje na hiperinsulinemię i insulinooporność, natomiast wynik dwucyfrowy jest dyskusyjny. W amerykańskiej książce *The Insulin-Resistance Diet* Cheryle R. Hart i Mary Key Grossman pojawiają się następujące normy dla insuliny:

- < 10 mU/ml na czczo
- < 50 mU/ml po 1 godz.
- < 30 mU/ml po 2 godz.
- < 10 mU/ml po 3 godz.

Jednak bezpośrednie przeniesienie tych norm – wyznaczonych w odniesieniu do populacji amerykańskiej – na rodzimy grunt nie jest jednoznaczne. W polskiej literaturze (Szurkowska, Szybiński) spotykamy się z normami, których wartości pozostają zależne od BMI i mieszczą się w następujących zakresach:

Norma insuliny we krwi zależnie od BMI
- BMI < 25: insulina na czczo 2,0–12,0, po 2 godz. 5,0–60,0 mU/ml
- BMI 25–30: insulina na czczo 3,0–15,0, po 2 godz. 0,6–91,0 mU/ml
- BMI > 30: insulina na czczo 4,0–22,0, po 2 godz. 12,0–114,0 mU/ml

Badania wykazały, że u osób z prawidłową masą ciała insulina wzrasta czterokrotnie po dwóch godzinach w stosunku do wyniku na czczo. Wartość ta proporcjonalnie podnosi się wraz ze wzrostem parametrów BMI.

Powinniśmy **dążyć do osiągnięcia prawidłowych wyników osób o prawidłowej masie ciała.** Temat norm dla insuliny na pewno wymaga jeszcze dokładniejszych badań.

Istotnym miernikiem insulinooporności jest wskaźnik **HOMA-IR**, który oblicza się według wzoru:

HOMA-IR = insulinemia na czczo (mU/ml) × glikemia na czczo (mmol/l) / 22,5

Można też skorzystać z kalkulatora na stronie:
http://www.insulinoopornosc.com/kalkulator-homa-ir/

Insulinooporność występuje, gdy HOMA-IR przekracza wartość 2. Niektóre źródła podają jednak, że insulinooporność zaczyna się, gdy HOMA-IR ma wartość >1; jeśli więc HOMA-IR w naszym wypadku ma wartość 1–2, warto skonsultować swoje wyniki i niepokojące objawy z lekarzem (powyższe informacje zamieszczone w części 5. Vademecum pochodzą z mojej książki *Insulinooporność – zdrowa dieta i zdrowe życie*).

Jakie są prawidłowe wyniki glukozy?

Prawidłowy wynik glukozy na czczo powinien wynosić między 70 a 100 mg, a po posiłku/badaniu OGTT między 70 mg a 140 mg. Wynik poniżej 70 mg może świadczyć o zbyt niskim poziomie cukru.

Kiedy diagnozuje się cukrzycę?

Gdy dwukrotnie wynik glukozy na czczo (pobrany z żyły w laboratorium, a nie za pomocą glukometru!) przekroczy 125 mg, a glukoza po 2 godzinach wynosi powyżej 200 mg.

Kiedy diagnozuje się stan przedcukrzycowy?

Gdy wynik glukozy na czczo (pobrany z żyły w laboratorium, a nie za pomocą glukometru!) mieści się w granicach 100–125 mg, a po 2 godzinach między 140 mg a 200 mg.

Kiedy wykonywać badania kontrolne?

Badania kontrolne zleca lekarz i to on określa, kiedy należy je wykonać. Test obciążenia glukozą OGTT to bardzo inwazyjne badanie i jeśli lekarz nie zaleci inaczej, nie powinniśmy go robić częściej niż raz na 1–2 lata. Pozostałe badania wykonujemy w zależności od zaleceń lekarza. I tak na przykład u osób z insulinoopornością cierpiących na zaburzenia pracy tarczycy badania kontrolne (TSH, ft3 i ft4) należy przeprowadzać co 4–6 tygodni. U pozostałych osób TSH warto sprawdzać raz w roku. W przypadku współwystępowania innych chorób, takich jak choroba Hashimoto lub PCOS, częstotliwość przeprowadzania odpowiednich badań – oznaczania poziomu przeciwciał czy wykonywania USG tarczycy w wypadku Hashimoto oraz wykonywania USG jajników czy badania poziomu hormonów w przypadku PCOS – należy konsultować ze swoim lekarzem prowadzącym.

Jak przygotować się do testu obciążenia glukozą (OGTT)?

Przygotowując się do badania OGTT, trzeba zwrócić uwagę na kilka spraw:

- Przez trzy dni przed wykonaniem badań nie należy stosować żadnych diet niskokalorycznych i niskowęglowodanowych (ze względu na ryzyko zaburzeń węglowodanowych i zafałszowania wyniku).
- Przez trzy dni przed wykonaniem badań należy stosować dietę bogatą w węglowodany (jeść więcej pełnoziarnistego pieczywa, kasz, ryżu, owoców, warzyw).
- Przez trzy dni przed wykonaniem testu nie powinno się pić alkoholu, palić papierosów, pić kawy, herbaty ani napojów kofeinowych.
- Jeśli lekarz nie zaleci inaczej, przed badaniem nie należy przyjmować jakichkolwiek leków.
- Jeśli intensywnie trenujemy, na kilka dni przed badaniem dobrze jest nieco sobie odpuścić, a dzień przed badaniem nie powinno się w ogóle trenować.
- Przed wykonywanym rano badaniem, a także w jego trakcie nie wolno niczego jeść ani pić (ostatni posiłek powinno się zjeść 8–10 godzin przed badaniem).
- Test powinien być wykonany rano, ponieważ reakcja na podaną dawkę glukozy będzie inna rano, inna zaś po południu, a normy są wyznaczane w odniesieniu do porannych odczytów laboratoryjnych.
- Nie robi się badania w trakcie infekcji lub antybiotykoterapii – wyniki nie będą miarodajne.

Ja przebiega badanie OGTT i co można podczas niego robić?

- Podczas dwugodzinnego badania nie powinno się opuszczać laboratorium (można wziąć komputer, książkę, telefon).
- Roztwór należy wypić bez jakichkolwiek dodatków, np. soku z cytryny.
- Jeśli badany ma skłonność do hipoglikemii, to dobrze by było, żeby podczas badania towarzyszył mu ktoś, kto ewentualnie szybko wezwie personel medyczny.
- W laboratorium krew jest pobierana z żyły, strzykawką, a nie za pomocą glukometru. Glukometr służy do samokontroli i ze względu na pewną granicę błędu nie jest narzędziem diagnostycznym.
- W przypadku zwymiotowania roztworu badanie jest nieważne i należy je powtórzyć w czasie wyznaczonym przez lekarza.

Czy przed badaniem należy odstawić metforminę?

Przed badaniem insuliny i glukozy oraz krzywej glukozowej i insulinowej należy na minimum 3–7 dni odstawić metforminę. O szczegółach decyduje tu lekarz prowadzący.

Czy przed badaniem można przyjmować Euthyrox?

Jeśli lekarz nie zaleci inaczej, przed badaniem nie należy przyjmować żadnych leków. Jeśli badamy hormony tarczycy, nie powinniśmy w dniu badania zażywać leków na tarczycę. Ostateczną decyzję w tej sprawie podejmuje jednak lekarz prowadzący.

Czy badanie krzywej insulinowej i glukozowej należy zrobić na czczo?

Tak, badanie musi być wykonane na czczo – bez jedzenia, picia i żucia gumy.

W jakim czasie należy wypić glukozę podczas badania krzywej insulinowej i glukozowej?

Roztwór z 75 g glukozy, który dostajemy zaraz po pobraniu krwi na czczo do badania insuliny i glukozy, należy wypić maksymalnie w ciągu 5 minut (najlepiej w ciągu 2–3 minut).

Czy dodawać cytrynę do glukozy albo popijać wodą?

Nie powinno się dodawać soku z cytryny ani popijać roztworu większą ilością wody, innymi płynami lub spożywać czegokolwiek. Można napić się odrobiny wody, jeśli pojawiają się mdłości, ale najlepiej przez cały czas badania nic nie pić. Pamiętaj, że dodatek soku z cytryny może fałszować wyniki badań.

Czy podczas badania krzywej mogę iść do domu albo na zakupy?

Nie. Badanie trwa zwykle 2–3 godziny i przez ten czas należy pozostać w poczekalni. Nie można iść na spacer, po zakupy ani jechać do domu, ponieważ może to zafałszować wynik badania.

Co się stanie, jeśli zwymiotuję podczas badania?

Badanie jest wtedy nieważne i należy je powtórzyć w terminie określonym przez lekarza.

Jakie jeszcze badania warto zrobić poza krzywą glukozową i insulinową?

Wśród polecanych badań znajdują się:

- profil lipidowy (HDL, LDL, cholesterol całkowity, trójglicerydy),
- CRP (badanie wykrywa stan zapalny w organizmie; w insulinooporności wynik może być podwyższony),

- oznaczenie poziomu witaminy D_3, B_{12}, ferrytyny (w insulinooporności mogą występować niedobory różnych witamin, a podczas leczenia metforminą często dochodzi do niedoboru witaminy B_{12}, dlatego warto kontrolować jej poziom i ewentualnie zadbać o suplementację),
- morfologia,
- badanie moczu,
- ciśnienie tętnicze krwi,
- próby wątrobowe (ASPAT, ALAT, GGTP, bilirubina),
- oznaczenie poziomu kreatyniny (szczególnie przed rozpoczęciem leczenia metforminą; problemy z nerkami mogą być przeciwwskazaniem do stosowania metforminy),
- określenie stężenia peptydu C,
- oznaczenie poziomu hemoglobiny glikowanej,
- TSH (u osób z insulinoopornością często występują zaburzenia pracy tarczycy),
- indywidualny profil hormonalny (ważny w diagnostyce PCOS, hiperkortyzolemii itd. – endokrynolog wskaże, jakie badania hormonalne i w jakich dniach cyklu należy wykonać).

Co to jest peptyd C i czemu służy badanie jego stężenia?

Peptyd C powstaje w komórkach beta trzustki z przekształcania proinsuliny w insulinę, następnie jest wydzielany do układu krążenia. Jest to fragment łańcucha proinsuliny, czyli cząsteczki, z której w wyniku odcięcia peptydu C powstaje insulina. Jako że peptydu C jest we krwi tyle samo co insuliny, jego stężenie odzwierciedla stężenie insuliny wytwarzanej przez organizm.

Badanie stężenia peptydu C wykorzystuje się do diagnostyki zmniejszonego stężenia glukozy we krwi (hipoglikemii) na czczo, do rozpoznawania guzów produkujących insulinę (tzw. insulinoma) oraz do oceny oporności na insulinę i zdolności komórek beta trzustki do produkcji insuliny. Wysokie stężenie peptydu C obserwujemy również po stosowaniu leków hipoglikemizujących, takich jak pochodne sulfonylomocznika.

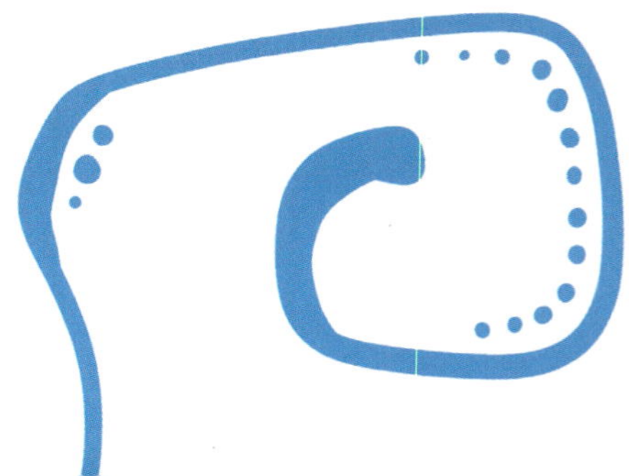

Co to jest hemoglobina glikowana?

Hemoglobina glikowana (HbA1c) odzwierciedla średnie stężenie glukozy we krwi w ciągu ostatnich 3 miesięcy poprzedzających badanie i jako taka jest przede wszystkim wskaźnikiem wyrównania glikemii u chorych na cukrzycę. Poziom HbA1c jest tym wyższy, im większe było średnie stężenie glukozy w ciągu 3 miesięcy poprzedzających badanie. Za ponad połowę wartości HbA1c odpowiadają stężenia glukozy we krwi z ostatniego miesiąca przed pomiarem.

Hemoglobina glikowana (HbA1c)	Średnie stężenie glukozy w osoczu (mg/dl)
5	97 (76–120)
6	126 (100–152)
7	154 (123–185)
8	183 (147–217)
9	212 (170–249)
10	240 (193–282)
11	269 (217–314)
12	298 (240–347)

Czy powinno się korzystać z glukometru?

Glukometru, czyli urządzenia, które pokazuje wyniki glukozy, można używać w celu samokontroli, pamiętając jednocześnie, że nie jest to narzędzie diagnostyczne. Glukometr nie jest dokładny i jego wskazania różnią się od wyników badań laboratoryjnych. Co istotne, u osób z insulinoopornością poziom cukru we krwi często jest prawidłowy, u nich więc stosowanie na co dzień glukometru nie ma głębszego sensu. Powinny go używać te osoby, u których poziom glukozy bywa podwyższony (hiperglikemia) albo zbyt niski (hipoglikemia).

U jakiego lekarza leczyć insulinooporność – u endokrynologa, ginekologa, diabetologa czy lekarza rodzinnego?

Najczęściej insulinooporność wykrywa endokrynolog, ale zdiagnozować i leczyć może nas też inny lekarz, jeśli ma wiedzę i doświadczenie w tym zakresie. Może to być lekarz rodzinny, diabetolog, ginekolog czy nawet kardiolog. Ponieważ insulinooporność nierzadko towarzyszy innym zaburzeniom hormonalnym, najczęściej stykają się z nią endokrynolodzy, i dzięki temu są mocno wyczuleni na związane z nią kwestie, ale na przykład ginekolodzy dobrze orientują się w tych zagadnieniach, ponieważ sporo pacjentek z PCOS ma również insulinooporność, a diabetolodzy, leczący cukrzycę, mają sporą wiedzę na temat insulinooporności, ponieważ pojawia się u nich coraz więcej pacjentów ze stanem przedcukrzycowym. Lekarz rodzinny ma za zadanie całościowo ocenić stan zdrowia pacjenta i albo rozpocząć leczenie, albo skierować go do innego specjalisty.

INSULINOOPORNOŚĆ NA DIECIE

Magdalena Makarowska

Pamiętaj o tym, że przepisy są po to, aby je „łamać", modyfikować i zmieniać według swojego gustu i smaku. Są inspiracją, a nie wyrocznią! Moim założeniem zaś jest ułatwienie ci życia, a nie jego komplikowanie, dlatego przepisy możesz upraszczać, a dania przyprawiać tak, jak lubisz. Ostatecznie danie ma smakować tobie :) Ważne, żeby modyfikując przepis, kierować się wartościami indeksu glikemicznego i wytycznymi zawartymi w Vademecum.

Przepisy na śniadania są bardzo urozmaicone, tak że wzorując się na nich, nie będziesz się nudzić, ale możesz też ułatwić sobie życie i upiec dowolny chleb lub kupić dobrej jakości razowiec, i zrobić pasty czy pieczoną wędlinę.

Jadłospis jest pomyślany na 4 miesiące. Tradycyjnie poszczególne przepisy na śniadania, obiady i kolacje są przewidziane tak, aby móc gotować na dwa dni, dzięki czemu nie trzeba każdego dnia spędzać w kuchni zbyt dużo czasu. Wystarczy przygotować posiłki według przepisów i rozdzielić każde z dań na dwie porcje, a w przypadku gdy danie jest przewidziane na jedną porcję (najczęściej dotyczy to drugich śniadań i podwieczorków) – po prostu przygotować codziennie świeży posiłek.

Dieta ma orientacyjną kaloryczność około 1500 kcal, ale od ilości kalorii o wiele ważniejsza jest jakość produktów.

Zasady gotowania dla osób z insulinoopornością:

- Gotuj samodzielnie z prostych, dostępnych produktów. Piecz mięso, rób pasty do chleba itd. Nie kupuj gotowców!
- Wybieraj produkty dobrej jakości – pieczywo z małych piekarni ze znanym składem, dobre jogurty naturalne z probiotykami, do których samodzielnie dodasz owoce o niskim IG i nasiona oleiste.
- Czytaj etykiety.

Połączenia idealne, pozwalające uniknąć szybkiego wzrostu poziomu glukozy we krwi:

KOKTAJLE

- **woda/mleko roślinne/jogurt** +
- **owoce o niskim IG** – owoce jagodowe, awokado +
- **nasiona** – pestki dyni, słonecznika, migdały, orzechy laskowe, włoskie, chia, sezam, mak +
- **warzywa liściaste** – szpinak, jarmuż, natka pietruszki

SAŁATKI

- **warzywa liściaste** – szpinak, roszponka, jarmuż, rukola, sałata lodowa i inne +
- **warzywa cebulowe** – dymka, czerwona cebula, szalotka, por +
- **warzywa świeże, gotowane lub pieczone** +
- **mięso/ryba/jajko/nasiona strączkowe** (ciecierzyca/fasolka, soczewica/tofu)
- **nasiona** – orzechy, pestki +
- **sos** – oliwa/jogurt + musztarda + zioła

KASZE

- **grube kasze** – gryczana, jęczmienna, pęczak, komosa ryżowa, ryż dziki, brązowy nieoczyszczony, amarantus +
- **warzywa liściaste** +
- **warzywa gotowane na parze, pieczone, surowe** +
- **nasiona** – pestki, orzechy +
- **sos** – oliwa + zioła

MIĘSO/ NASIONA ROŚLIN STRĄCZKOWYCH/ TOFU +

- **warzywa liściaste** +
- **warzywa surowe, gotowane, pieczone**

ZDROWE DESERY

- **owoce jagodowe i inne z niskim IG** – świeże lub mrożone (nie musy!) +
- **jogurt/mleko roślinne** – kokosowe, migdałowe, ryżowe +
- **nasiona** – orzechy, pestki, sezam, mak, chia, kokos +
- **gorzkie kakao** +
- **awokado**

Najcenniejsze składniki codziennej diety insulinoopornych:

- owoce czerwone z witaminą C
- zielone warzywa antyoksydacyjne
- nieprażone nasiona i pestki bogate w minerały
- warzywa obniżające poziom glukozy, nasiona strączkowe o niskim IG
- zdrowe kwasy omega-3

Produkty, które bezwzględnie muszą zniknąć z KUCHNI:

- produkty z DODATKIEM CUKRU RAFINOWANEGO i pochodnych (syropy, słody, soki zagęszczone, soki owocowe, napoje, słodycze, suszone owoce)
- produkty z BIAŁEJ MĄKI PSZENNEJ, BIAŁEGO RYŻU I ZIAREN OCZYSZCZONYCH
- produkty zawierające TŁUSZCZE NASYCONE TRANS (margaryny, oleje roślinne rafinowane utwardzone, wypieki cukiernicze)
- produkty SMAŻONE W GŁĘBOKIM TŁUSZCZU – frytki, chipsy, pączki, mięso
- produkty TYPU LIGHT – które zamiast tłuszczu zawierają bardzo dużo cukru i słodzików obciążających wątrobę
- produkty MIĘSNE WYSOKOPRZETWORZONE zawierające konserwanty (azotyny), wzmacniacze smaku, fosforany i inne (kiełbasy, parówki, wędliny ze sklepu)

Z twojego życia zaś powinny zniknąć produkty ALKOHOLOWE i NIKOTYNOWE!

Jak podejść do diety:

Dieta musi być ilościowo dopasowana do potrzeb oraz uwzględniać zapotrzebowanie kaloryczne danej osoby oraz zapotrzebowanie na białka/tłuszcze, węglowodany zależnie od wieku, stanu zdrowia, aktywności fizycznej!

Ilości białka i węglowodanów należy dobrać indywidualnie, nie wolno jednak zapominać, że **130 g węglowodanów** (tyle dostarcza np. 100 g chleba razowego + 100 g ugotowanej kaszy gryczanej + 100 g dozwolonego owocu) na dzień to absolutne minimum niezbędne do prawidłowej pracy mózgu, dlatego nie powinniśmy schodzić poniżej tej ilości. Konkretne zapotrzebowanie wylicza się na podstawie wieku, wagi oraz trybu życia. Przeważnie wynosi ono około 2–4 g węglowodanów na 1 kg masy ciała. U sportowców te wartości są znacznie większe. Zamiast więc eliminować węglowodany z diety, należy je odpowiednio rozłożyć w ciągu dnia. Podana niżej dieta zawiera około 160 g węglowodanów, każdy powinien jednak dopasować te ilości do siebie, zarówno jeśli chodzi o ilość, jak i o częstotliwość spożywania w ciągu dnia.

Założeniem tego poradnika jest podanie zbioru przepisów na potrawy, które urozmaicą dietę osób z insulinoopornością, a jednocześnie mogą stać się drogowskazem na cztery miesiące.

Potraktuj ten plan żywieniowy jak **książkę kucharską** i **indywidualnie** dobieraj sobie ilości i częstość posiłków oraz dobieraj ilość białka i węglowodanów do swojego zapotrzebowania.

Najważniejsze ograniczenia

W diecie na drugie śniadania lub podwieczorki proponowane są koktajle na bazie owoców, orzechów, napojów roślinnych oraz soki warzywne. Nie są one jednak wskazane dla wszystkich.

Na początku walki z nadwagą, przy wysokich parametrach insuliny na czczo, zazwyczaj odradza się jedzenie zbyt dużej ilości owoców (szczególnie ze średnim i wysokim IG) a zaleca się spożywanie 4 posiłków mniej więcej co 4 godziny, niemniej jednak każdy powinien stosować się w tej kwestii do zaleceń swojego specjalisty (endokrynologa, dietetyka).

Jeśli taki plan będzie dla ciebie odpowiedni, możesz zrezygnować z drugiego śniadania lub opierać się tylko na owocach o niskim IG – czyli tych z grupy owoców jagodowych, z których możesz robić koktajle z dodatkiem orzechów lub nasion oleistych – natomiast owoce typu mango, ananas, pomarańcza wprowadzić dopiero w kolejnej fazie diety.

Rozkład kaloryczności posiłków na diecie 1500 kcal

- śniadanie (kanapki, kasza): **300 g – 300 kcal**
- drugie śniadanie (jogurt z dodatkami lub koktajle/zupy): **300 ml – 250 kcal**
- obiad (mięso + warzywa z kaszą): **200 g + 300 g – 400 kcal**
- podwieczorek (jogurt z dodatkami lub koktajle/zupy): **300 ml – 250 kcal**
- kolacja (potrawki, zupy): **300 g/ml – 300 kcal**

UWAGA! To kaloryczność bazowa, minimalna, nie powinna być mniejsza, ale może być większa zgodnie z indywidualnym zapotrzebowaniem. Ponieważ poszczególni insulinooporni różnią się stanem zdrowia, ogólne zalecenia dietetyczne należy dostosować do swojego przypadku, a poniższe przepisy traktować dość elastycznie. Zarówno ilości węglowodanów w postaci zdrowych kasz, jak i białka roślinnego oraz zwierzęcego (mięsa i ryb) powinno się dobierać samodzielnie, kierując się wskazaniami medycznymi. Rozkład węglowodanów powinien być także dopasowany indywidualnie, dlatego do danego przepisu należy dodać tyle, ile zalecił specjalista, pod opieką którego się pozostaje.

TYDZIEŃ I

Dzień 1 - 2

śniadanie: Sandwicz z łososiem i chrzanowym serkiem - 1 porcja

- 2 kromki razowego chleba
- 30 g białego twarożku wymieszanego z koperkiem i łyżeczką naturalnego chrzanu
- 20 g wędzonego łososia W WERSJI WEGE 20 g pasty z soczewicy z natką pietruszki (zmiel 1 szklankę ugotowanej soczewicy z podduszoną 1 cebulą i połową pęczka posiekanej natki. Dopraw solą i pieprzem)
- 1 garść liści rukoli

Do tego dodaj około 200–300 g pokrojonych sezonowych warzyw – pomidorki, ogórki kiszone, szczypiorek, rzodkiewka. Skrop je łyżką oleju lnianego, i przypraw pieprzem.

II śniadanie: Koktajl słoneczny z ananasem - 300 ml

idealny posiłek okołotreningowy

- 100-150 g świeżego ananasa
- 150 ml napoju (kokosowego migdałowego)
- 1 łyżka orzechów nerkowca
- kilka listków świeżej mięty

Składniki zmiksuj w blenderze na gładkie smoothie.

obiad: Kotlet de volaille z grzybami - 2 porcje

- 2 duże filety z kurczaka lub sznycle z indyka – około 300 g
- 10 szt. grzybów/boczniaków
- 2 plastry chudej szynki podwędzanej, np. szwarcwaldzkiej
- 1 cebula

- 1 ząbek czosnku
- 2 łyżki musztardy Dijon
- 1 łyżka oleju
- sól kłodawska, pieprz
- koperek, czubryca zielona, czosnek
- 2 łyżeczki błonnika owsianego, kilka łyżek jogurtu – opcjonalnie

Filety rozbij na płasko, posmaruj musztardą, oprósz pieprzem, wetrzyj czosnek oraz zioła i włóż na około 2 godziny lub na noc do lodówki.

farsz:

Umyte grzyby zetrzyj na tarce o dużych oczkach i przełóż na patelnię. Dodaj łyżkę oleju i posiekaną cebulę i smaż około 10 minut aż do redukcji wydzielonego sosu. Dopraw do smaku solą i pieprzem.

Nałóż na filety z kurczaka 1 plaster szynki i farsz z pieczarek i zwiń w roladki. Ułóż je na dnie naczynia żaroodpornego. Włóż do piekarnika nagrzanego na 180°C. Piecz 30–45 minut. Powstały sos możesz zlać na patelnię teflonową, dodać jogurt i przyprawy i zagęścić 2 łyżeczkami błonnika owsianego.

Roladki pokrój na plastry i polej gotowym sosem.

Podaj z surówką z ogórkiem kiszonym, jabłkiem i marchewką z olejem lnianym lub rzepakowym tłoczonym na zimno – 300 g.

Do tego bukiet warzyw gotowanych na parze: brokuły, kalafior, marchewka, posypane ziołami i posiekanymi migdałami; możesz zjeść dowolną ilość warzyw.

podwieczorek: Zupa z wędzonej papryki z bazyliowym pesto – 2 porcje

- 2 czerwone papryki
- 1 czerwona cebula
- 4 świeże, dojrzałe pomidory bez skórki lub puszka krojonych pomidorów
- 2 łyżki bazyliowego pesto
- wędzona papryka, sól morska, pieprz

- 2 łyżki oliwy
- 600 ml bulionu warzywnego

Pokrój papryki i cebulę, przypraw solą i pieprzem i podsmaż na łyżce oliwy. Przełóż do garnka, zalej bulionem, dodaj pokrojone pomidory, doprowadź do wrzenia, gotuj 20 minut i zmiksuj. Na koniec dodaj wędzoną paprykę do smaku. Przed podaniem przypraw łyżeczką bazyliowego pesto.

kolacja: Sałatka z kurczaka z grejpfrutowym dressingiem – 2 porcje

- 150 g fileta z kurczaka lub indyka W WERSJI WEGE użyj 150 g wędzonego tofu pokrojonego w plastry i podsmażonego na rumiano
- **marynata:** 1 łyżka musztardy+1 łyżka soku z limonki+1 łyżka oleju rzepakowego lub oliwy z oliwek – wymieszaj.

- 50 g sera pleśniowego
- 1 melon
- mix sałat z rukolą
- 10 pomidorków koktajlowych
- 3 łyżki ziaren granatu
- 3 łyżki płatków migdałowych uprażonych na patelni
- **dressing:** 3 łyżki soku ze świeżego grejpfruta+1 łyżka listków mięty+1 łyżka listków melisy+1 łyżka listków bazylii+1 łyżka oliwy

Filet z kurczaka lub indyka podziel na mniejsze części i zamarynuj przez około 2 godziny (najlepiej zostaw na noc).

Następnie filet przełóż na patelnię wraz z marynatą i poddus pod przykryciem około 5 minut.

Melon pokrój w kawałki. Do miski przełóż sałatę z rukolą. Na to wyłóż kawałki kurczaka, dodaj pokruszony ser i posyp ziarnami granatu. Dołóż pokrojone na ćwiartki pomidorki koktajlowe. Całość polej przygotowanym dressingiem grejpfrutowym i posyp uprażonymi płatkami migdałowymi.

Dzień 3-4

śniadanie: Placuszki gryczano-cieciorkowe z pastą z makreli i szczypiorku – 2 porcje

placuszki:
- 1 jajko
- ½ szklanki napoju roślinnego (ryżowego, owsianego) lub gęstego jogurtu greckiego
- 3-4 łyżki mąki gryczanej
- 3-4 łyżki mąki z ciecierzycy
- ⅓ łyżeczki nasion czarnuszki
- 1 łyżeczka oliwy
- sól kłodawska, pieprz czarny, rozmaryn lub tymianek

Jajko rozmiksuj około 30 sekund, dodaj napój roślinny lub jogurt, szczyptę pieprzu, soli, obie mąki i olej i ponownie zmiksuj na gładką masę.

Dodaj zioła – szczyptę rozmarynu lub tymianku i czarnuszkę. Wymieszaj łyżką.

Na blachę wyłożoną papierem do pieczenia i posmarowaną oliwą wylewaj łyżką porcje ciasta na tyle daleko od siebie, aby placki się nie skleiły.

Piecz około 15 minut w 180°C.

pasta z makreli na zielono – 2 porcje
- 150 g mięsa bez ości z makreli wędzonej LUB W WERSJI WEGE tofu wędzonego
- 2 jajka ugotowane na twardo
- 1 ogórek kiszony
- 2–4 łyżki posiekanego szczypiorku
- 1 szalotka
- 2 łyżki gęstego jogurtu greckiego
- sól kłodawska, pieprz, łyżeczka musztardy Dijon

Makrelę rozdrobnij widelcem, wymieszaj z jogurtem i musztardą oraz drobno posiekanym jajkiem i ponownie ugnieć na pastę.

Dodaj szczypiorek, sól, pieprz oraz drobno posiekany ogórek i szalotkę, wymieszaj.

Na placki układaj porcję pasty i listki rukoli.

II śniadanie: Jogurt z mango i borówkami z siemieniem lnianym – 1 porcja

idealny posiłek okołotreningowy

- 50 g pokrojonego mango
- 100 g borówek/jagód
- 150 ml jogurtu naturalnego
- 1 łyżeczka nasion siemienia lub chia
- 1 łyżka posiekanych orzechów włoskich lub laskowych
- 2 łyżki posiekanej mięty lub bazylii

Wymieszaj jogurt z nasionami siemienia lub chia.

Mango wymieszaj z posiekanymi ziołami.

Na dno pucharka wyłóż mango, na to jogurt z siemieniem a na wierzchu ułóż borówki/jagody i posyp orzechami.

obiad: Polędwiczki z sezamem na szpinaku – 2 porcje

- **marynata:** 2 łyżki jogurtu greckiego+sok z ½ limonki+szczypta tymianku, suszonej papryki i kolendry, pieprzu i soli – dokładnie wymieszaj.

- 300 g polędwiczek z kurczaka lub filet pokrojony w paski LUB W WERSJI WEGE plastry bakłażana
- 2 łyżki sezamu
- 4 suszone pomidory posiekane w paski
- 2 łyżki mleka
- 2 łyżki sezamu
- świeża bazylia
- 1 cebula
- 2 łyżki jogurtu greckiego
- 250 g świeżego szpinaku
- 50 g sera feta
- 2 ząbki czosnku
- sól kłodawska, pieprz czarny

Polędwiczki umyj i zanurz w marynacie na około 1 godzinę lub na całą noc.

Następnie odsącz z marynaty, obtocz w sezamie i przełóż na papier do pieczenia. Piecz w piekarniku nagrzanym do 180°C przez około 30 minut.

W tym czasie na oliwie zeszklij posiekaną cebulę. Dodaj posiekany czosnek i suszone pomidorki, dodaj jogurt i duś około 1 minutę. Następnie dodaj szpinak, przypraw solą i pieprzem, duś około 5 minut pod przykryciem, podlewając odrobiną mleka. Na koniec dodaj pokruszoną fetę.

Na talerz wyłóż sos szpinakowy, a na wierzch filety w sezamie. Posyp świeżą bazylią.

podwieczorek: Green monster z jarmużem – 300 ml

- 150 ml wody
- 100 g zielonego ogórka bez skórki
- ½ szklanki posiekanego jarmużu blanszowanego
- ½ szklanki surowego szpinaku
- sok z ½ cytryny
- 1 łyżka startego imbiru
- 1 łodyga posiekanego selera naciowego

Wszystkie składniki zmiksuj w blenderze.

kolacja: Sałatka caprese z grillowanym bakłażanem, olejem lnianym i oliwkami – 2 porcje

idealne danie na imprezę

- 1 duża miska szpinaku, rukoli, ulubionej sałaty lub mieszanki sałat
- 1 mały bakłażan (około 150 g)
- 1 kulka mozzarelli
- 4 dojrzałe pomidory
- 4 łyżki pokrojonych oliwek
- świeża bazylia
- 2 łyżki oleju lnianego
- 1 łyżka oliwy
- sól kłodawska, pieprz, czosnek granulowany, pesto bazyliowe

Bakłażana pokrój w cienkie plastry, posól i odstaw na kilka minut, następnie spłucz gorycz i wysusz na ręczniku. Ponownie posól, dodaj pieprz i czosnek i posmaruj delikatnie plasterki oliwą.

Grilluj około 2 minuty na rumiano.

Na talerz wyłóż sałaty, na to naprzemiennie plastry pomidora, mozzarelli i bakłażana przekładane listkami bazylii. Polej olejem lnianym wymieszanym z łyżeczką bazyliowego pesto.

Posyp oliwkami.

Dzień 5–6

śniadanie: Placki z siemienia z pastą jajeczną – 2 porcje

- ½ szklanki siemienia lnianego
- 1 szklanka ciepłej wody
- duża szczypta soli kłodawskiej
- 1 łyżeczka maku lub czarnego sezamu
- 1 łyżka miksu przypraw: suszony czosnek niedźwiedzi, papryka w płatkach, suszona cebulka – do wyboru
- 2 łyżki otrąb owsianych

½ szklanki siemienia zalej 1 szklanką wody, odstaw na 30 minut, następnie dodaj szczyptę soli, 2 łyżki otrąb i łyżeczkę maku i zmiksuj blenderem.

Wlej porcje ciasta w formie placków na blachę i piecz około 20 minut w 180°C.

pasta jajeczna:

- 2 jajka
- 3 łyżki posiekanego szczypiorku
- 2 łyżeczki jogurtu greckiego
- 1 łyżeczka musztardy
- 2 łyżki kiełków cebuli, rzodkiewki lub rzeżuchy
- 4 pomidorki koktajlowe
- sól kłodawska, pieprz
- do posypania: sezam czarny lub czarnuszka

Ugotuj jajka ma twardo. Rozgnieć jeszcze ciepłe jajka z jogurtem, musztardą i przyprawami na gładką pastę, dodaj posiekany szczypiorek.

Posmaruj upieczone placki pastą, posyp czarnuszką lub sezamem i udekoruj kiełkami oraz pomidorami.

II śniadanie: Sałatka z mango i miętą – 300 g

idealny posiłek okołotreningowy

- 150 g jogurtu greckiego
- 50 g mango
- 50 g grejpfruta/pomelo
- 50 g kiwi
- świeża mięta
- 1 łyżka posiekanych orzechów włoskich/laskowych

Owoce pokrój i posyp miętą i orzechami, podawaj z jogurtem.

obiad: Kuskus z kalafiora z kurczakiem – 2 porcje

- 300 g kalafiora
- 1 kawałek pora
- 300 g mięsa z kurczaka lub indyka LUB W WERSJI WEGE tofu
- 1 papryczka chili
- 1 kawałek imbiru
- 2 ząbki czosnku
- sól kłodawska, pieprz, curry
- natka pietruszki
- 2 łyżki oliwy
- mleko

Kurczaka/indyka/tofu pokrój i przypraw solą, pieprzem i curry.

Na oliwie smaż do zeszklenia posiekany kawałek chili, imbir i czosnek (około 1 minutę), dodaj kurczaka i pora i duś około 10 minut.

W tym czasie zblanszuj cząstki kalafiora w gotującej wodzie z mlekiem i solą około 5 minut. Odsącz z płynu. Następnie rozdrobnij kalafiora widelcem, przypraw solą i pieprzem oraz posiekaną natką. Podaj z ciepłym kurczakiem curry.

podwieczorek: Jogurt z pieprzem i koperkiem z warzywami sezonowymi

Do jogurtu naturalnego dodaj dużą szczyptę pieprzu, 1 łyżkę posiekanego koperku i wymieszaj. Podawaj jako sos do 250 g pokrojonych w słupki warzyw: papryki, rzodkiewki, selera naciowego, marchewki.

kolacja: Zapiekany bakłażan z pomidorkami i mozzarellą – 2 porcje

idealne danie na imprezę

- 1 bakłażan
- 1 cukinia
- 1 szalotka
- 1 mozzarella
- 4 świeże pomidory
- sól kłodawska, pieprz, tymianek, suszona bazylia
- 1 łyżka oliwy
- 1 łyżka startego parmezanu

Na ½ łyżki oliwy smaż do zeszklenia posiekaną szalotkę (około 1 minutę), dodaj pokrojone i obrane pomidory, sól, pieprz, łyżeczkę suszonej bazylii i duś około 5 minut.

W tym czasie bakłażana i cukinię pokrój na plastry o grubości około ½ cm.

Przypraw solą i pieprzem i ułóż na patelni grillowej lub zwykłej posmarowanej oliwą.

Smaż około 1 minutę.

Do foremek do zapiekania przełóż porcję pomidorów duszonych, na to ułóż plastry bakłażana, cukiniii mozzarelli, zalej pozostałym sosem i posyp parmezanem oraz tymiankiem.

Przykryj foremkę papierem lub folią i zapiekaj w 190°C przez około 15 minut.

Dzień 7

śniadanie: Sandwicz z tatarem z łososia z cytrynową nutą – 1 porcja

- 2 kromki razowego chleba
- 50 g surowego fileta z łososia lub pstrąga łososiowego bez ości LUB W WERSJI WEGE awokado skropione limonką
- 2 łyżki soku z cytryny
- 2 łyżki posiekanego koperku
- 1 łyżka kaparów
- sól kłodawska, pieprz

Łososia/awokado posiekaj drobno, dopraw sokiem z cytryny, dodaj koperek, posiekane kapary i wymieszaj. Przypraw solą i pieprzem.

Kromki grilluj na suchej patelni lub w tosterze. Podawaj tatar z podpieczonym chlebem.

II śniadanie: Jogurt z sałatką jabłkowo-cynamonową – 300 ml (1 porcja)

idealny posiłek okołotreningowy

- 200 ml jogurtu
- 100 g kwaśnego jabłka
- szczypta cynamonu i imbiru
- 1 łyżeczka siemienia lnianego
- 1 łyżka posiekanych migdałów
- świeża mięta

Pokrojone jabłko wymieszaj z przyprawami, a jogurt z siemieniem.

Do pucharka przełóż połowę kawałków jabłka, posyp migdałami, na to dodaj jogurt i resztę jabłek. Udekoruj miętą.

obiad: Polędwiczka pieczona z warzywami i sałatką szpinakową - 2 porcje

- 300 g polędwiczki wieprzowej, wołowej lub cielęciny LUB W WERSJI WEGE bakłażan
- 1 mała cukinia
- 100 g batata
- 1 czerwona cebula
- 1 czerwona papryka
- 6 boczniaków lub pieczarek
- 1-2 ząbki czosnku
- 1 łyżka oleju rzepakowego nierafinowanego lub oliwy
- sól kłodawska, pieprz, suszony rozmaryn, czosnek granulowany

Warzywa pokrój w kostkę (czosnek zostaw w łupince), polej olejem, posyp solą, czosnkiem granulowanym, pieprzem i szczyptą rozmarynu, wymieszaj.

Polędwiczkę posyp solą i pieprzem, obsmaż po 2 minuty z każdej strony.

Przełóż do formy żaroodpornej, polej resztą oleju z patelni i wstaw do piekarnika na 20 minut w temperaturze 180°C.

Na oddzielną blachę wyłóż pokrojone warzywa razem z czosnkiem w łupinkach i piecz razem z mięsem na najwyższej półce piekarnika.

W czasie kiedy warzywa i mięso się pieką, przygotuj dressing do sałatki.

Warzywa wyłóż na talerze, mięso pokrój w plastry, czosnek wyciśnij z łupinek i posmaruj nim mięso – opcjonalnie.

Podawaj z **sałatką szpinakową**:

- 1 duża miska szpinaku – około 100 g
- 2 łyżeczki pokruszonych orzechów lub pestek słonecznika
- 6 suszonych pomidorów
- 6 pomidorków koktajlowych lub 1 duży pomidor
- **dressing ziołowy:** 2 łyżki oleju lnianego+2 łyżki posiekanej bazylii lub 1 łyżeczka bazyliowego pesto+2 łyżeczki soku z cytryny+sok z ćwiartki pomarańczy – wszystkie składniki zmiksuj na sos.

Szpinak wymieszaj z pokrojonymi pomidorami suszonymi i świeżymi, polej dressingiem i posyp orzechami/pestkami.

podwieczorek: Sok pomidorowy z zieleniną – 300 ml

- 1 szklanka soku pomidorowego
- 3 łyżki posiekanej natki
- 1 łodyga selera naciowego

Zmiksuj sok z zieleniną i selerem.

kolacja: Sałatka z quinoa i tymiankowym indykiem – 2 porcje

idealne danie na imprezę

- ½ szklanki komosy ryżowej
- 150 g filetu z indyka
- 100 g pieczarek lub grzybów leśnych
- 1 szalotka
- 1 cukinia
- 200 g fasolki szparagowej zielonej
- 2 łyżeczki oleju lnianego
- 1 łyżka oliwy
- 1 łyżka orzechów włoskich
- sól kłodawska, pieprz, tymianek, cząber
- natka pietruszki do posypania

Kaszę wypłucz dokładnie i ugotuj w lekko osolonej wodzie.

Fasolkę pokrój i gotuj na parze lub w gorącej wodzie około 20 minut.

Filet pokrój na mniejsze kawałki, dopraw tymiankiem, cząbrem, solą i pieprzem, wymieszaj. Skrop oliwą i odstaw na kilka minut.

Cukinię zetrzyj na wstążki, posyp pieprzem.

Na patelnię wlej oliwę, dodaj kawałki mięsa, szalotkę i pieczarki i podduś pod przykryciem około 5–10 minut. Przypraw do smaku.

Dorzuć ugotowaną fasolkę, wstążki cukinii, odsączoną komosę i wymieszaj.

Ciepłe danie wyłóż na talerz, każdą porcję polej łyżeczką oleju lnianego, posyp połową orzechów i posiekaną natką.

TYDZIEŃ II

Dzień 1 – 2

śniadanie: Frittata z cukinią i serem feta/kozim – 1 porcja

- 2 jajka
- 1 szklanka pokrojonej cukinii
- 1 szalotka lub 1 mała biała cebula lub ½ szklanki pokrojonego w talarki pora
- 30 g sera feta lub koziego
- 2 suszone pomidory z oleju
- 1 pęczek szczypiorku lub natki pietruszki
- 1 łyżka oliwy lub masła klarowanego lub oleju rzepakowego nierafinowanego
- sól kłodawska, pieprz, oregano, cząber lub czubryca zielona, czosnek świeży lub granulowany

Jajka roztrzep widelcem, dodaj szczyptę soli oraz pieprzu i posiekaną natkę lub szczypiorek.

Na patelnię wlej oliwę lub masło, dodaj pokrojoną w piórka cebulę lub pora, posyp szczyptą soli i duś około 1 minutę.

Dodaj pokrojoną w drobną kostkę cukinię, dużą szczyptę oregano, czubrycy, świeży lub granulowany czosnek, posiekane suszone pomidory i smaż około 2 minuty, mieszając.

Na warzywa wlej masę jajeczną z zieleniną, na wierzchu pokrusz ser i smaż na małym ogniu pod przykryciem, aż jajka się zetną.

Frittatę podawaj z pokrojonymi pomidorami, papryką, listkami bazylii, ogórkiem kiszonym (około 300 g). Warzywa polej olejem lnianym.

II śniadanie: Sałatka z komosy i grejpfruta 300 g – 1 porcja

idealny posiłek okołotreningowy

- ½ szklanki ugotowanej komosy
- 1 grejpfrut
- świeża mięta
- 1 łyżka orzechów nerkowca lub włoskich

Komosę wymieszaj z cząstkami grejpfruta, miętą i orzechami.

obiad: Halibut z cytrynowym sosem jogurtowym na sałacie – 2 porcje

- 300 g filetu bez ości z halibuta lub innej ulubionej ryby LUB W WERSJI WEGE 300 g ugotowanego selera owiniętego liśćmi nori
- skórka otarta i sok wyciśnięty z 1 limonki
- 1 cytryna
- 2 łyżki jogurtu greckiego
- kilka listków świeżej mięty
- 2 łyżki oliwy z oliwek
- mix sałat z rukolą lub sałata lodowa
- pomidorki koktajlowe
- 2 ząbki czosnku
- 1 łyżka musztardy
- sól kłodawska, pieprz czarny

Filet podziel na 2 części, skrop sokiem z limonki, przypraw pieprzem i solą i smaż na patelni grillowej na łyżce oleju po około 3 minuty z każdej strony. Podobnie zrób z selerem. Obok ułóż gałązkę ponacinanych pomidorków posypanych wyciśniętym czosnkiem i smaż. Po usmażeniu zostaw na ciepłej patelni pod przykryciem.

W tym czasie sok z połowy cytryny wymieszaj ze startą skórką limonki, dodaj jogurt, wyciśnięty czosnek, musztardę, miętę i łyżkę oliwy. Zmiksuj. Przypraw solą i pieprzem.

Na talerz wyłóż sałaty, usmażone pomidorki i rybę/selera i polej sosem cytrynowym.

podwieczorek: Zupa energetyczna – 4 porcje

- 2 marchewki
- 2 pietruszki
- ½ selera
- 1 brokuł
- 1 łodyga selera naciowego
- 1 kawałek pora
- 2 łyżeczki curry
- 1 łyżka oleju rzepakowego
- szczypta soli kłodawskiej, pieprz czarny, liść laurowy i ziele angielskie

- natka pietruszki do posypania
- 1 kawałek świeżego imbiru

Pora pokrój w drobne talarki, posól i zeszklij na oleju w rondelku. Dolej 1 litr wody i wrzuć pokrojone w talarki warzywa (oprócz brokuła). Dodaj liść laurowy, ziele angielskie, curry i gotuj około 30 minut. Następnie dołóż różyczki brokuła i gotuj kolejne 5 minut. Na koniec posyp pieprzem, startym imbirem i natką pietruszki.

kolacja: Sałatka koktajlowa z krewetkami – 2 porcje

idealne danie na imprezę

- 10 krewetek rozmrożonych, oczyszczonych lub 100 g filetu z drobiu LUB W WERSJI WEGE tofu
- sok wyciśnięty z 1 limonki
- 6 rzodkiewek
- 1 miska rukoli
- 1 kawałek chili
- 1 ząbek czosnku
- 1 łodyga selera naciowego
- 4 łyżki posiekanej natki pietruszki lub świeżej kolendry
- 2 łyżeczki masła klarowanego
- sól kłodawska, pieprz, 1 kawałek imbiru

Krewetki polej sokiem z limonki, dodaj ulubioną ilość posiekanego chili, łyżeczkę startego imbiru, sól, pieprz, wyciśnięty ząbek czosnku. Odstaw na 15 minut do zamarynowania.

Selera posiekaj w drobne plasterki.

Na patelnię wlej masło klarowane, wrzuć krewetki i seler i smaż około 3 minut.

Rukolę wymieszaj z selerem, pokrojonymi rzodkiewkami.

Do sałaty dodaj krewetki, selera i wymieszaj. Posyp natką pietruszki lub kolendrą.

Dzień 3-4

śniadanie: Śledź z pestkami dyni - 2 porcje

- 4 filety ze śledzia z wody około 400 g LUB W WERSJI WEGE boczniaki
- 2 łyżki pestek dyni
- 2 łyżki pestek słonecznika
- 1 cebula
- 1 łyżka oleju lnianego
- **marynata:** ½ szklanki octu winnego+1 szklanka wody+2 liście laurowe+2 ziela angielskie – zagotuj i wystudź.

Śledzia wymocz, żeby nie był słony, odsącz/boczniaka posól.

Pokrój na kawałki, dodaj pokrojoną w piórka cebulę, włóż do marynaty na noc. Odsącz.

Pestki upraż, wymieszaj ze śledziem i cebulą odsączonymi z marynaty, polej 1 łyżką oleju lnianego i wymieszaj.

Podawaj z 2 kromkami chleba razowego upieczonego na grzanki lub z tostera.

II śniadanie: Warstwowy deser malinowy z nutą cynamonu - 300 ml

idealny posiłek okołotreningowy

- 150 ml jogurtu greckiego
- 150 g malin mrożonych lub świeżych
- 1 łyżeczka chia lub siemienia lnianego
- szczypta cynamonu
- świeża bazylia
- 1 łyżka pokruszonych płatków migdałowych lub orzechów nerkowca

Jogurt wymieszaj z orzechami i posiekaną łyżką bazylii.

Maliny wsyp do miseczki, dodaj siemię lub chia, cynamon i wymieszaj.

Do szklanki wyłóż połowę malin, na to warstwę jogurtu wymieszanego orzechami i posiekaną bazylią, na to wyłóż resztę malin. Udekoruj listkami bazylii.

obiad: Imbirowy kurczak w jogurcie – 2 porcje

- 300 g filetu z kurczaka lub indyka LUB W WERSJI WEGE tofu
- 1 cukinia
- 1 cebula
- 3 łyżki koncentratu pomidorowego
- 2 łyżki oliwy
- świeża kolendra
- suszona kolendra, kurkuma
- **marynata:** 100 ml jogurtu greckiego+2 ząbki czosnku+świeży posiekany imbir (1 cm)+szczypta płatków chili+sok z limonki+kurkuma+suszona kolendra+mielony kumin – składniki wymieszaj.

Kurczaka/tofu pokrój w kostkę i zamarynuj przez noc.

Cebulę pokrój w piórka, smaż na oliwie około 1 minutę. Dodaj suszoną kolendrę, kurkumę, pokrojoną w kostkę cukinię i duś około 1 minutę. Dodaj kurczaka z marynatą, koncentrat i duś około 15 minut. Przed podaniem posyp świeżą kolendrą.

podwieczorek: Rubinowy koktajl młodości – 300 ml

- 1 burak
- 1 cytryna
- 2 marchewki
- 1 łodyga selera
- świeża natka pietruszki

Z podanych składników wyciśnij sok.

kolacja: Gulasz warzywny z kiszonej kapusty - 2 porcje

- 300 g kiszonej kapusty
- 1 mała czerwona papryka
- 1 mała żółta papryka
- 4 pomidory pokrojone bez skórki
- 1 cebula
- 2 ząbki czosnku
- 150 ml bulionu warzywnego
- 2 łyżeczki oliwy lub oleju rzepakowego nierafinowanego
- kilka listków szałwii lub szałwia suszona, sól himalajska, pieprz, kminek lub majeranek
- świeża natka do posypania

Papryki pokrój w paski, cebulę w piórka, kapustę posiekaj.

Do rondla wlej olej, dodaj cebulę, sól, pieprz i smaż około 1 minutę, aż się zeszkli.

Dorzuć papryki i duś kolejne 3 minuty.

Wrzuć kapustę, dużą szczyptę kminku/majeranku, szałwię, wyciśnięty czosnek, dolej bulion i duś około 10 minut. Dodaj pomidory i duś jeszcze 5 minut. Przed podaniem posyp natką.

Dzień 5-6

śniadanie: Bułka ziarnista z pastą z pieczonej papryki i kiełkami - 4 szt.

- 2 jajka
- 2 łyżki mąki owsianej/żytniej/gryczanej
- 5 łyżek płatków owsianych/gryczanych/jęczmiennych
- 5 łyżek jogurtu greckiego
- 3 łyżki pestek dyni
- 2 łyżki pestek słonecznika
- 2 łyżki siemienia lnianego
- ⅓ łyżeczki soli kłodawskiej

Białka ubij z solą na sztywną pianę. Dodaj żółtka i lekko zmiksuj.

Dodaj jogurt, płatki, ziarna, mąkę. Wymieszaj delikatnie i odstaw na 15 minut.

Formuj dłonią bułeczki i wykładaj na blachę wyłożoną papierem do pieczenia. Piecz około 20 minut w 180°C.

Pasta z pieczonej papryki z miętą – 2 porcje

- 3 czerwone papryki (około 200 g)
- 2-3 ząbki czosnku w łupince
- 50 g sera feta/tofu/koziego
- 1 czerwona cebula
- 4 czubate łyżki orzechów włoskich lub pestek dyni, słonecznika – namocz 30 minut we wrzącej wodzie
- 4 łyżki świeżej lub suszonej mięty
- 2 łyżki oliwy
- sól kłodawska, pieprz, cząber lub czubryca zielona, oregano

Papryki pokrój w ćwiartki i oczyść z gniazd nasiennych. Przełóż do naczynia żaroodpornego, obok ułóż czosnek w łupinach, ćwiartki cebuli, posyp dużą szczyptą przypraw, soli, pieprzu i polej oliwą. Piecz (razem z bułkami) około 35 minut w 180°C.

Upieczone papryki przełóż do miski blendera, dodaj wyciśnięty z łupinek czosnek, cebule, zlej pozostałą oliwę, wsyp odsączone orzechy lub pestki, świeżą lub suszoną miętę i zmiksuj blenderem.

Do gotowej pasty dodaj rozdrobniony ser i lekko wymieszaj. Przechowuj w lodówce.

2 kromki pieczywa posmaruj porcją pasty – około 10 g – i udekoruj kiełkami lub rzeżuchą.

II śniadanie: Batony marchewkowe – około 6 szt. (1 porcja = 2 szt.)

idealny posiłek okołotreningowy

- 1 szklanka marchewki i jabłka startych na dużych oczkach
- 2 jajka
- 2 łyżki oleju kokosowego lub innego roślinnego
- 2 łyżki suszonych jagód goji
- 2 łyżki płatków migdałowych
- 2 łyżki drobnych wiórków kokosowych

- 2 łyżki sezamu
- 2 łyżki otrąb owsianych
- 1 łyżka siemienia lnianego

Jajka roztrzep. Dodaj startą marchewkę i jabłko, suszone jagody goji, płatki, wiórki, otręby, sezam i mielone siemię oraz roztopiony olej.

Dokładnie wymieszaj i odstaw na 30 minut. Następnie przełóż do foremki wyłożonej papierem, ugnieć i upiecz – 40 minut w 180°C.

Odstaw do ostudzenia i pokrój na batony. Podawaj z jogurtem.

obiad: Ryba z pieca z warzywami – 2 porcje

- 300 g filetu z ulubionej ryby bez ości – łosoś dziki, pstrąg, sandacz, halibut LUB W WERSJI WEGE 300 g ugotowanej komosy
- 1 cytryna
- 1 cukinia
- 1 pomidor
- 2 czerwone papryki
- 10 szparagów – opcjonalnie
- 1 ząbek czosnku
- oliwa lub olej rzepakowy nierafinowany
- sól kłodawska, pieprz, cząber, rozmaryn
- ulubiona zielenina do posypania: koperek, natka lub kolendra

Na dno naczynia wlej łyżeczkę oliwy. Rybę skrop sokiem z cytryny, posyp solą, pieprzem, roztartym ząbkiem czosnku i szczyptą rozmarynu.

Do naczynia z oliwą włóż pokrojone w paski papryki, ćwiartki pomidorów i cukinię pokrojoną w grubą kostkę, przekrojone na pół szparagi (odetnij twarde końce). Wymieszaj, posyp solą, pieprzem i cząbrem.

Wstaw naczynie do piekarnika i zapiekaj około 20 minut w 200°C.

Do warzyw dosaj kawałek ryby/komosę, połóż na wierzchu plasterki cytryny i zapiekaj jeszcze 10 minut.

Po wyjęciu z piekarnika posyp zieleniną. Podawaj z surówką z kiszonych ogórków.

surówka z kiszonych ogórków – 2 porcje:

- 2 ogórki kiszone
- 1 marchewka
- 1 szalotka lub 1 mała czerwona cebula
- 1 cytryna
- 1 twarde jabłko
- 1 łyżka gęstego jogurtu greckiego
- sól kłodawska, pieprz
- koperek do posypania
- 1 łyżka oleju lnianego lub orzechowego

Warzywa i jabłko zetrzyj na tarce o grubych oczkach.

Wymieszaj składniki, dodaj jogurt, olej, po dużej szczypcie przypraw, skrop sokiem z cytryny i dokładnie wymieszaj. Posyp koperkiem.

podwieczorek: Koktajl chia fresca – 300 ml

- 100 ml soku z cytryny
- 50 ml soku z limonki
- 100 ml wody
- 1 łyżeczka chia lub siemienia lnianego
- świeża mięta

Soki wymieszaj z wodą, nasionami, ziołami. Odstaw, żeby koktajl się zagęścił. Przechowuj w lodówce.

kolacja: Zupa z boczniaków – 4 porcje

- 300 g grzybów boczniaków
- włoszczyzna: 1 marchewka, 1 seler, 1 por, 1 pietruszka
- 1-2 cebule
- 2 ząbki czosnku
- ziele angielskie, liść laurowy, po 1 łyżeczce majeranku, suszonego imbiru, papryki słodkiej, szczypta gałki muszkatołowej, lubczyku, sól kłodawska, pieprz

- 2-3 łyżki oleju rzepakowego
- 600 ml bulionu warzywnego

Grzyby umyj i pokrój w paski. Warzywa obierz i pokrój w słupki. Na oleju najpierw smaż posiekanego pora i cebulę 2 minuty, potem dodaj grzyby i pozostałe warzywa oraz wszystkie przyprawy i duś około 5 minut.

Zalej 600 ml bulionu i gotuj około 30 minut na małym ogniu.

Dzień 7

śniadanie: Grzanki z awokado i wędzonym łososiem – 2 porcje

- 2 kromki chleba razowego na zakwasie
- 2 plastry wędzonego łososia LUB W WERSJI WEGE tofu
- ½ awokado
- 1 ząbek czosnku
- 1 garść świeżej rukoli
- 2 łyżeczki bazyliowego pesto
- sok i skórka otarta z 1 cytryny
- 1 łyżeczka czarnego sezamu
- sól kłodawska, pieprz
- 1 łyżeczka oliwy
- 10 pomidorków koktajlowych

Wyciśnij ząbek czosnku, dodaj szczyptę soli, oliwę i rozetrzyj w moździerzu. Pieczywo pokrój na 4 kromki.

Posmaruj każdą kromkę mieszaniną czosnkowej oliwy i grilluj na rumiano.

Awokado przekrój i wyjmij miąższ. Pokrój w plastry, skrop sokiem i posyp skórką otartą z cytryny, aby nie czerniało, posyp solą i pieprzem.

Na każdą kromkę połóż 2 plasterki awokado, odrobinę pesto, listki rukoli, kawałek łososia/tofu, posyp sezamem.

Podawaj z pomidorkami koktajlowymi.

II śniadanie: Koktajl borówkowy z siemieniem lub chia - 300 ml

idealny posiłek okołotreningowy

- 150 g borówek
- 150 ml kefiru lub jogurtu
- 1 garść świeżej mięty
- 1 łyżeczka siemienia lnianego

Wszystkie składniki zblenduj.

obiad: Kurczak słodko-kwaśny z kiełkami - 2 porcje

- 300 g filetu z indyka lub kurczaka LUB W WERSJI WEGE 300 g bakłażana
- 1 por
- 1 marchewka
- 3 rodzaje papryki
- 2 łodygi selera naciowego
- 300 g świeżego ananasa
- 1 cm imbiru
- 2 szalotki
- 2-3 ząbki czosnku
- 1 dymka ze szczypiorkiem
- 1 opakowanie kiełków fasolki mung
- 2 łyżki sezamu
- 200 ml przecieru pomidorowego
- 2 łyżeczki octu lub sosu balsamicznego
- 2 łyżki oleju rzepakowego nierafinowanego
- sól kłodawska, pieprz

Pora i szalotki zeszklij na patelni na oleju, dodaj imbir, wyciśnięte 2–3 ząbki czosnku i smaż 1 minutę.

Rozdrobnij pół ananasa i przełóż na patelnię. Dodaj passatę pomidorową i duś około 6–10 minut.

Pokrój mięso na kawałki, paprykę w paski, marchewkę w słupki, a resztę ananasa w kostkę. Dodaj je do potrawy i wlej ocet balsamiczny. Przypraw solą i pieprzem i duś około 10 minut.

Przed podaniem posyp posiekaną dymką, świeżymi kiełkami fasolki mung i sezamem.

podwieczorek: Zupa z selera i gruszki – 2 porcje (po 300 ml)

- 1 seler korzeniowy (200 g)
- 1 cukinia (200 g)
- 1 por
- ½ szklanki napoju roślinnego (migdałowego, kokosowego)
- 1 gruszka
- 600 ml bulionu
- gałka muszkatołowa, pieprz czarny, sól kłodawska
- natka pietruszki lub koperek
- 1 łyżka płatków migdałowych
- 2 łyżki masła klarowanego lub oliwy

Cukinię i pora pokrój i duś na maśle klarowanym/oliwie około 5 minut. Dodaj obranego i pokrojonego selera i duś kolejne 5 minut.

Do garnka wlej bulion, wrzuć duszone warzywa i gotuj około 10 minut do miękkości.

Przypraw do smaku i zmiksuj na krem, dolewając napój roślinny. Dodaj pokrojoną gruszkę i gotuj jeszcze 5 minut.

Przed podaniem posyp migdałami i świeżą natką.

kolacja: Makaron warzywny z pastą z nerkowca – 2 porcje

- 2 marchewki
- 1 cukinia
- 1 por
- 1 pęczek szczypiorku
- ½ szklanki dowolnych kiełków (brokułu, rzodkiewki, cebuli, lucerny)
- 4-6 suszonych pomidorów
- 1 łyżka oliwy
- sól kłodawska, pieprz
- **sos orzechowy:** szklanka namoczonych przez noc i odsączonych nerkowców, 1 łyżka sezamu, 1 łyżka oleju rzepakowego, 1 ząbek czosnku, sól, pieprz, sok z limonki, 2 łyżeczki tahini, 1 łyżka uprażonych orzechów piniowych – wszystko razem zblenduj na gładko.

Warzywa pokrój w drobne paseczki lub zetrzyj we wstążki obieraczką. Przypraw solą i pieprzem i podduś na łyżce oliwy przez 2 minuty. Na talerzu polej sosem orzechowym i posyp pokrojonymi pomidorami, szczypiorkiem i kiełkami.

TYDZIEŃ III

Dzień 1 - 2

śniadanie: Sałatka z komosy i świeżych warzyw z nutą mięty - 2 porcje

idealne jako lunch box

- 1 szklanka komosy ryżowej
- 1 ogórek
- 1 łodyga selera naciowego
- 2 pomidory lub 15 pomidorków koktajlowych
- 2 łyżki pokruszonych migdałów
- 1 garść listków świeżej mięty
- 2 łyżki owoców goji
- 1 dymka ze szczypiorkiem
- rzodkiewki
- 1 łyżka oliwy extra virgin lub oleju lnianego
- sól kłodawska, pieprz
- 1 limonka

Komosę dokładnie wypłucz, zalej 2 szklankami lekko osolonej wody i gotuj 20 minut aż do wchłonięcia płynu. Odstaw do ostudzenia.

W tym czasie pokrój ogórka i pomidorki, selera w talarki, posiekaj szczypiorek, a rzodkiewki pokrój w ćwiartki.

Do wystudzonej komosy dodaj pokrojone warzywa, miętę, owoce goji, oliwę, przypraw solą i pieprzem i wymieszaj. Skrop sokiem i posyp skórką otartą z limonki i pokruszonymi migdałami.

II śniadanie: Jogurt warstwowy z płatkami owsianymi i kokosem - 300 ml

idealny posiłek okołotreningowy

- 200 ml jogurtu greckiego
- 1 łyżka wiórków kokosowych
- 1 limonka
- 100 g mango
- świeża mięta
- 1 łyżka płatków owsianych

Jogurt wymieszaj z wiórkami kokosowymi i skórką otartą z limonki.

Pokrój mango, skrop sokiem z limonki.

Do pucharka wyłóż mango, na to jogurt i 1 łyżkę płatków owsianych, udekoruj miętą.

obiad: Potrawka z soczystego kurczaka i ciecierzycy - 2 porcje

- 300 g mięsa z udek z kurczaka lub indyka LUB W WERSJI WEGE wędzonego tofu
- 1 czerwona papryka
- 1 szklanka ugotowanej ciecierzycy
- 2 łyżki kaparów lub oliwek
- 2 łyżeczki oliwy
- 1 garść świeżej bazylii
- 1 cytryna
- sól kłodawska, pieprz, musztarda Dijon, wędzona papryka

Mięso z udek/pokrojone tofu przypraw solą, pieprzem, papryką wędzoną, polej oliwą, dodaj pokrojoną paprykę i razem smaż około 10 minut (lub dłużej, żeby mięso było gotowe) na patelni grillowej, mieszając, żeby się nie przypaliło.

Do czystej miski wsyp odsączoną ciecierzycę, dodaj pokrojone kapary/oliwki, na to wyłóż zawartość patelni, pilnując, aby została na niej reszta oliwy ze smażenia. Wymieszaj lekko warzywa z ciecierzycą i kurczakiem.

Do ciepłego oleju pozostałego na patelni dodaj musztardę, szczyptę pieprzu i soli oraz 2 łyżki soku z cytryny i wymieszaj dokładnie drewnianą łyżką, aby nie porysować patelni.

Polej mięso z ciecierzycą ciepłym sosem, wymieszaj i posyp bazylią.

podwieczorek: Sałatka z tuńczykiem i jajkiem z sosem musztardowym – 2 porcje

idealne danie na imprezę

- 50 g tuńczyka LUB W WERSJI WEGE tofu wędzonego
- 2 jajka na twardo
- 6 liści sałaty lodowej
- szczypiorek
- 6 pomidorków koktajlowych
- 2 łyżki kaparów
- sól kłodawska, pieprz
- sos: 1 łyżeczka musztardy+3 łyżki oliwy+3 łyżki soku z limonki – wymieszaj.

Sałaty wymieszaj z posiekanymi pomidorkami, szczypiorkiem, dołóż kawałki tuńczyka i pokrojone jajka. Polej sosem i posyp kaparami, przypraw solą i pieprzem.

kolacja: Zupa grzybowa z pulpecikami z wołowiny – 2 porcje

- 400 ml bulionu warzywnego
- 100 g wołowiny LUB W WERSJI WEGE wędzonego tofu
- 250 g pieczarek lub grzybów leśnych
- 100 ml mleczka kokosowego
- 1 mała marchewka
- 1 łodyga selera naciowego
- 1 por
- sól kłodawska, pieprz
- 1 łyżka oliwy lub masła klarownego lub oleju rzepakowego
- 4 łyżki posiekanej natki pietruszki
- ½ szklanki pokruszonego makaronu ryżowego z brązowego ryżu/sojowego lub ½ szklanki ugotowanej kaszy pęczak

Mięso przypraw szczyptą soli, pieprzu i dokładnie wymieszaj z drobno posiekaną pietruszką.

Pora pokrój w talarki, wsyp na patelnię, wlej tłuszcz, dodaj szczyptę soli i duś około 2 minuty. Dodaj pokrojone grzyby, selera i marchewkę, przypraw pieprzem i duś kolejne 5 minut, mieszając drewnianą łopatką.

Przełóż zawartość patelni do rondelka, dolej bulion i gotuj około 5 minut.

Z przyprawionego mięsa ulep małe kuleczki i wrzuć do zupy, gotuj 10 minut.

Dodaj mleczko kokosowe, garść makaronu ryżowego i pogotuj jeszcze 2 minuty.

Dzień 3 - 4

śniadanie: Paprykowe muffinki z łososiem - 2 porcje (8 szt.)

idealne danie na imprezę

- 2 jajka
- 50 ml napoju roślinnego
- 2 czubate łyżki otrąb owsianych
- 4 plastry łososia po 50 g LUB W WERSJI WEGE 4 cm glonów nori
- 1 szklanka posiekanej kolorowej papryki
- 4 łyżki posiekanego szczypiorku
- 1 szklanka szpinaku
- sól kłodawska, pieprz

Papryki drobno pokrój w kosteczkę, szpinak posiekaj, przypraw solą i pieprzem.

Plastry łososia przekrój na połówki wzdłuż, żeby powstały długie wstążki.

Jajka roztrzep ze szczyptą soli i pieprzu, dolej napój roślinny, dodaj otręby i wymieszaj.

Do masy jajecznej dodaj szpinak, papryki i szczypior i ponownie wymieszaj.

Dno foremek na muffinki (najlepiej silikonowych) wyłóż plastrem łososia, na to wlej porcję masy jajecznej z warzywami. Wstaw foremki do piekarnika i piecz około 15 minut w 180°C.

Przed podaniem wyjmij z foremek. Podawaj z dowolnymi świeżymi warzywami.

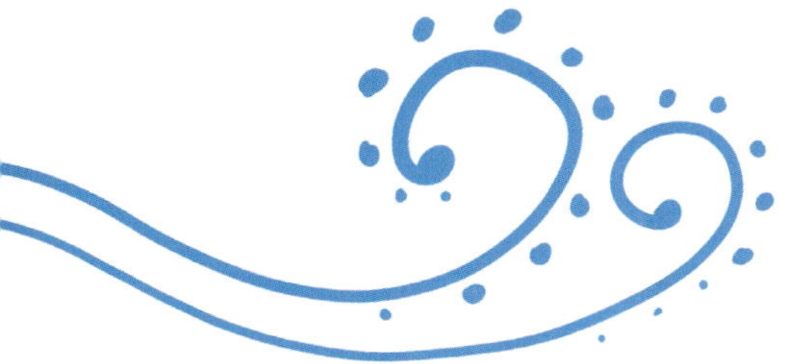

II śniadanie: Grecka sałatka z fetą – 2 porcje

idealne jako lunch box

- 30 g sera feta
- ½ łodygi selera naciowego
- 10 pomidorków koktajlowych
- 1 ogórek
- ½ cebuli czerwonej
- świeża bazylia
- **sos sałatkowy:** 3 łyżki oleju+1 łyżka świeżego lub suszonego oregano+2 ząbki czosnku+sól kłodawska+pieprz czarny+2 łyżki soku z limonki – wymieszaj.

Posiekaj selera, cebulę pokrój w piórka, ogórka w plasterki, pomidorki na połówki. Wymieszaj delikatnie z fetą i bazylią i polej sosem.

obiad: Sakiewki z warzywami – 2 porcje

- 4 plastry schabu lub indyka LUB W WERSJI WEGE 2 duże papryki
- 1 czerwona cebula
- 1 papryka
- 1 mała cukinia (około 50 g)
- 4 suszone pomidory
- 1 długi por
- 2 szklanki szpinaku
- sól kłodawska, pieprz, czubryca zielona
- 2 łyżki oleju rzepakowego lub oliwy

Pora pokrój w paski – będą potrzebne do związania roladki. Resztę warzyw drobno posiekaj.

Na patelnię wlej olej, dodaj posiekaną cebulę, około 2 cm pokrojonego drobno pora, posól i smaż około 1 minutę, aż się zeszkli.

Dodaj drobno posiekaną paprykę, cukinię i przypraw łyżeczką czubrycy. Duś około 3 minuty.

Na koniec dodaj pokrojone drobno posiekane pomidory, szpinak i duś kolejne 3 minuty pod przykryciem.

Plastry mięsa rozbij cienko, przypraw solą i pieprzem/jeśli zamiast mięsa używasz papryki do faszerowania, nałóż duszone warzywa do środka.

Na środek każdego kawałka wyłóż porcję farszu, zawiń w sakiewki i zwiąż grubym kawałkiem pora.

Roladki ułóż w naczyniu żaroodpornym i piecz pod przykryciem około 40 minut w 180°C.

Podawaj z surówką z białej kapusty.

Surówka z kapusty – 2 porcje:

- 1 miska posiekanej drobno białej kapusty
- 1 marchewka
- 1 jabłko
- 1 kawałek pora
- szczypiorek lub koperek
- sól kłodawska, pieprz, ocet jabłkowy, musztarda
- 2 łyżeczki oleju lnianego lub rzepakowego nierafinowanego
- 150 g jogurtu greckiego

Drobno posiekaną kapustę skrop łyżeczką octu jabłkowego i wygnieć, lekko przyciskając drewnianą częścią trzonka lub dłonią. Dodaj starte jabłko, marchewkę, posiekanego pora i wymieszaj.

Z jogurtu, 1 łyżeczki musztardy, pieprzu, soli i oleju przygotuj sos. Sos dodaj do warzyw i wymieszaj.

Posyp posiekanym koperkiem lub szczypiorkiem.

podwieczorek: Sałatka z mango i fety z nutą chili – 2 porcje

idealne danie na imprezę

- 1 miska ulubionej sałaty – rukoli, roszponki, lodowej
- 100 g mango
- 50 g sera feta
- 1 ogórek
- 1 limonka lub 1 cytryna
- 2 łyżki pokrojonych orzechów włoskich
- 1 garść świeżej mięty

- 1 łyżka oliwy lub oleju lnianego
- pieprz czarny

Mango i ogórka pokrój w kostkę, wymieszaj z sałatami.

Posyp pokruszoną fetą i posiekaną miętą, polej oliwą i posyp pieprzem i orzechami. Skrop sokiem z cytryny lub limonki.

kolacja: Zupa tajska z kurczakiem i kolendrą – 4 porcje

- 2 szklanki bulionu warzywnego
- 200 ml mleczka kokosowego
- 150 g fileta z kurczaka/indyka LUB W WERSJI WEGE 150 g naturalnego tofu
- 4 liście kafiru – opcjonalnie
- 1 por
- 1 papryczka chili
- kurkuma, kumin, papryka suszona, pieprz, sól kłodawska, świeży imbir, kilka ziarenek mielonej kolendry, ząbek czosnku
- warzywa: brokuły (około 100 g), fasolka szparagowa (50 g), 1 papryka żółta i 1 czerwona
- 1 pęczek kolendry/natki pietruszki
- sok z limonki
- 2 łyżki oliwy z oliwek lub oleju rzepakowego

Pora pokrój w talarki i smaż na oliwie do zeszklenia (około 1 minutę), dodaj pokrojoną papryczkę chili, kawałek startego imbiru, wyciśnięty czosnek i pokrojone mięso/tofu.

Wymieszaj, dodaj po szczypcie kuminu, papryki suszonej, mielonej kolendry i łyżeczkę kurkumy, sól i pieprz. Smaż jeszcze 5 minut.

Zalej bulionem, dodaj liście kafiru, pokrojone warzywa i gotuj 15–20 minut.

Dopraw sokiem z limonki, zagotuj i dolej mleczko kokosowe. Przed podaniem posyp obficie świeżą kolendrą/natką.

Dzień 5-6

śniadanie: Feta zapiekana na szpinaku – 2 porcje

- 200 g sera feta
- 1 paczka szpinaku 100 g
- 1 cebula
- 2 ząbki czosnku
- sól kłodawska, pieprz, zioła prowansalskie
- 4 pomidory dojrzałe
- 1 łyżka oliwy lub masła klarowanego

Na patelni rozgrzej oliwę, wrzuć posiekaną cebulę i czosnek, posyp solą i pieprzem i smaż około 2 minuty, aż się zeszkli.

Dodaj szpinak, wymieszaj, przykryj i duś około 2–3 minuty.

Wyłóż porcję szpinaku do foremki do zapiekania, na to połóż porcję fety, pokrojone w ćwiartki pomidorki, posyp ziołami i piecz około 15 minut w 180°C.

II śniadanie: Pomidory faszerowane hummusem – 2 porcje

idealne danie na imprezę

- 4 duże pomidory
- 1 szklanka ugotowanej cieciorki
- 2 ząbki czosnku
- świeża bazylia
- 2 łyżki tahini
- 1 limonka
- sól morska, pieprz czarny
- 2 łyżki oliwy

Cieciorkę zmiksuj na gładką masę z tahini, czosnkiem, oliwą i przypraw solą i pieprzem. Dopraw sokiem z limonki.

Z pomidorów wyjmij miąższ i zmieszaj go z masą z cieciorki i świeżą bazylią. Farszem napełnij pomidory. Podawaj na zimno.

obiad: Pulpeciki mięsno-warzywne z sosem tzatziki – 2 porcje

- 200 g mięsa mielonego wołowego lub z indyka LUB W WERSJI WEGE mielonej ugotowanej soczewicy brązowej
- 1 jajko
- 50 g czerwona papryka
- 50 g żółta papryka
- 1 łodyga selera naciowego
- 1 dymka
- 100 g cukinii
- 200 g pomidorków koktajlowych lub zwykłych
- 1 pęczek natki pietruszki
- 50 g sera feta
- 2 ząbki czosnku
- 10 oliwek
- papryka ostra i słodka, sól kłodawska, pieprz, tymianek
- 4 łyżki otrąb, sezamu lub czarnuszki
- sałata lodowa – do podania

Mięso/soczewicę przypraw solą, pieprzem, ostrą i słodką papryką, dodaj dużą szczyptę tymianku i wymieszaj.

Warzywa i oliwki drobniutko pokrój, zieleninę posiekaj, dodaj do mięsa. Dolej roztrzepane jajko i wymieszaj.

Dodaj pokruszoną fetę i wyciśnięty czosnek, delikatnie wymieszaj.

Formuj małe płaskie kotlety, obtaczaj w otrębach, sezamie lub czarnuszce.

Ułóż w piekarniku na blasze wyłożonej papierem do pieczenia i piecz 30 minut w 180°C.

sos tzatziki – 2 porcje:

- 200 ml jogurtu greckiego
- 1 mały ogórek
- kilka listków świeżej mięty
- kilka listków świeżej bazylii
- 1 pęczek szczypiorku
- 1 ząbek czosnku
- 1 cytryna
- sól kłodawska, pieprz, ostra papryka

Ogórka obierz i zetrzyj, odsącz z nadmiaru soku.

Do jogurtu dodaj ogórka, posiekany szczypiorek, bazylię i miętę, wyciśnięty ząbek czosnku, szczyptę soli, pieprzu, ostrej papryki i wymieszaj.

Na koniec dodaj skórkę otartą z cytryny i podawaj z pulpetami na sałacie.

podwieczorek: Koktajl limonkowo-bazyliowy – 300 ml

idealny koktajl okołotreningowy

- 1 limonka
- 1 łyżka orzechów nerkowca/włoskich
- 1 zielonkawy banan
- 100 ml napoju kokosowego
- 100 ml wody
- świeża bazylia

Wszystkie składniki zmiksuj na sok.

kolacja: Fasolka zielona z boczniakami – 2 porcje

- 300 g fasolki zielonej
- 1 czerwona cebula
- 200 g boczniaków
- 2 łyżki posiekanych orzechów włoskich lub uprażonych piniowych
- sól kłodawska, pieprz, papryka ostra i słodka
- 2 łyżeczki masła klarowanego lub oleju rzepakowego nierafinowanego

Boczniaki pokrój w paski, przypraw solą, pieprzem i papryką ostrą i słodką.

Na patelnię wrzuć pokrojoną w piórka cebulę osoloną szczyptą soli, dodaj grzyby i poddus razem około 3 minuty.

Fasolkę ugotuj al dente, dodaj do warzyw z patelni i wymieszaj razem, poddus jeszcze 3 minuty.

Na koniec posyp całość orzechami.

Dzień 7

śniadanie: Bruschetta z pesto z rukoli – 1 porcja

pesto z rukoli – 4 porcje

- 1 szklanka rukoli
- ⅓ szklanki ziaren ze słonecznika
- 2 ząbki czosnku
- 1 łyżka startego parmezanu – opcjonalnie
- 2 łyżki oleju lnianego lub oliwy
- ½ szklanki posiekanej natki pietruszki
- sól kłodawska, pieprz

Wszystkie składniki zmiksuj w blenderze. Pesto przełóż do słoiczka.

dodatki:

- 2 kromki bułki razowej lub graham upieczone w tosterze
- 2 duże pomidory
- 4 wstążki cukinii

- świeża bazylia
- sól kłodawska, pieprz

Pomidory pokrój w drobną kostkę, wymieszaj z pieprzem, solą i posiekaną bazylią.
Bułkę posmaruj pesto, na wierzch połóż plaster cukinii i pomidora.

II śniadanie: Jogurt kokosowy z truskawką – 300 ml

idealny koktajl okołotreningowy

- 150 ml jogurtu greckiego
- 1 łyżka siemienia lnianego
- 150 g truskawek świeżych lub mrożonych
- 1 łyżka wiórków kokosowych

Jogurt wymieszaj z wiórkami i siemieniem.
Wlej do pucharka, dodaj truskawki, posyp wiórkami.

obiad: Ryba w kokosowo-cytrynowej panierce z soczewicą i warzywami – 2 porcje

- 1 szklanka czarnej lub brązowej ugotowanej soczewicy (200 g)
- 300 g ryby – filet bez ości – halibut, dorsz, sandacz LUB W WERSJI WEGE 300 g bakłażana lub batata
- 1 jajko
- 3 łyżki drobnych wiórków kokosowych lub sezamu
- 2 papryki kolorowe
- 1 łodyga selera naciowego
- 1 cukinia
- 1 marchewka
- 1 por
- 1 cytryna
- 2 łyżki oliwy lub oleju rzepakowego nierafinowanego
- sól kłodawska, pieprz, czosnek granulowany, oregano, ostra papryka
- do posypania: szczypiorek

Rybę/bakłażana/batata pokrój w mniejsze porcje, skrop sokiem z cytryny i posyp skórką otartą z cytryny, natrzyj pieprzem i solą, odstaw na 5 minut.

Jajko roztrzep, rybę/warzywa w wersji wege zanurz w jajku i obtocz w wiórkach lub sezamie.

Pokrój warzywa w paski lub talarki, polej olejem i posyp solą, pieprzem, czosnkiem, oregano, ostrą papryką i dokładnie wymieszaj.

Na blachę wyłóż warzywa i piecz około 20 minut w 180°C. Następnie dołóż rybę i piecz jeszcze 10 minut.

Podawaj warzywa wymieszane z soczewicą, posypane świeżym szczypiorkiem.

Na wierzchu ułóż chrupiącą rybę w kokosowo-cytrynowej panierce.

podwieczorek: smoothie ananasowe z zieloną nutą – 300 ml

idealny koktajl okołotreningowy

- 100 g świeżego ananasa
- 4 łyżki posiekanej natki pietruszki
- 1 cytryna
- 1 łyżka dowolnych orzechów lub pestek
- 150 ml wody

Ananas zmiksuj z wodą i natką oraz sokiem wyciśniętym z cytryny.

kolacja: Papryka faszerowana brokułami i fetą – 2 porcje

idealne jako lunch box

- 4 papryki
- 150-200 g brokuła
- 50 g sera feta/koziego/sera twarogowego lub LUB W WERSJI WEGE tofu
- 1 kulka mozzarelli
- 4 suszone pomidory
- 1 kawałek pora
- 1 pęczek szczypiorku
- 1 łyżeczka sezamu
- sól kłodawska, pieprz, czubryca zielona lub cząber, czosnek granulowany, suszona natka pietruszki
- 1 łyżka oliwy lub oleju rzepakowego nierafinowanego

Od papryki odkrój górną część i wyjmij gniazda nasienne. Posyp w środku czubrycą zieloną i nakłuj papryki widelcem.

Na łyżce oleju smaż drobno posiekanego pora około 2 minuty, aż się zeszkli, a potem posyp solą, pieprzem, czosnkiem granulowanym. Dodaj pokrojonego drobno brokuła i duś jeszcze 2 minuty.

Wymieszaj zawartość patelni z pokruszoną mozzarellą, rozdrobnionym serem feta/twarogiem wędzonym, pokrojonymi suszonymi pomidorami i natką pietruszki, sezamem, posiekanym szczypiorkiem.

Nałóż farsz do papryk i wstaw do piekarnika w naczyniu żaroodpornym.

Piecz około 25 minut w 180°C.

TYDZIEŃ IV

Dzień 1 – 2

śniadanie: Pasta z fasoli z orzechami na razowej grzance

pasta z fasoli – 2 porcje:

- 1 szklanka ugotowanej fasoli czerwonej lub białej
- ½ łyżeczki majeranku
- 3 łyżki orzechów
- 1 łyżeczka tahini
- 2 łyżki oliwy
- 2 ząbki czosnku
- 2 garście rukoli

Wszystkie składniki zmiksuj na gładką pastę.

Do 1 porcji użyj 2 kromek razowego chleba z tostera, posmaruj pastą z fasoli.

II śniadanie: Warzywne smoothie – 300 ml

- 250 ml soku pomidorowego
- ½ szklanki startej marchewki

- 1 łodyga selera naciowego
- ½ szklanki szpinaku

Składniki zmiksuj na smoothie.

obiad: Polędwiczki zapiekane w kapuście kiszonej – 2 porcje

- 300 g polędwiczki wołowej lub z indyka LUB W WERSJI WEGE 300 g dużych pieczarek lub boczniaków
- 350 g kapusty kiszonej z kminkiem
- 1 por
- musztarda, pieprz, majeranek, kminek
- 1 łyżka oliwy lub oleju rzepakowego
- 1 szklanka bulionu warzywnego

Polędwiczki/grzyby przypraw pieprzem i posmaruj musztardą. Odstaw na 15 minut, aby się zamarynowały.

Kapustę posiekaj, pora drobno pokrój w talarki.

Wymieszaj kapustę z porem, dużą szczypta kminku, łyżką majeranku.

Na patelni obsmaż mięso po 3 minuty z obu stron.

Do naczynia włóż porcję warzyw, na to połóż mięso/grzyby, przykryj ponownie warzywami. Zalej bulionem i piecz około 30–40 minut w 180°C pod przykryciem.

podwieczorek: Komosa ryżowa z malinami – 300 g

idealny posiłek okołotreningowy

- 150 g ugotowanej komosy
- 150 g malin świeżych lub mrożonych
- świeża mięta
- 1 łyżka posiekanych migdałów

Komosę wymieszaj z malinami i miętą, posyp orzechami.

kolacja: Zupa dahl z soczewicą i kolendrą - 2 porcje

- 600 ml bulionu warzywnego
- ½ szklanki soczewicy czerwonej
- 1 czerwona cebula
- 1 por
- 1 żółta papryka
- 1 czerwona papryka
- 1 łodyga selera naciowego
- 1 cm imbiru
- 3 ząbki czosnku
- 4 pomidory
- 200 g pulpy pomidorowej lub koncentratu pomidorowego
- 2 ziela angielskie, 2 liście laurowe, szczypta cynamonu, szczypta papryki wędzonej, duża szczypta kuminu, ½ łyżeczki kurkumy suszonej lub startej, szczypta soli, szczypta pieprzu czarnego
- 2 łyżki oliwy lub oleju rzepakowego nierafinowanego
- 1 pęczek natki pietruszki lub kolendry

Na patelni rozgrzej olej, wrzuć pokrojoną cebulę i posiekanego pora i duś około 1 minutę.

Kolejno wsyp wszystkie przyprawy i wymieszaj drewnianą łyżką z cebulą i porem. Podsmaż (około 30 sekund) aby uwolnić aromaty.

Dorzuć pokrojone warzywa, wymieszaj i smaż jeszcze 1 minutę. Wlej bulion, dodaj soczewicę i gotuj około 10 minut. Dodaj pomidory lub koncentrat i gotuj kolejne 15 minut.

Przed podaniem posyp zieleniną.

Dzień 3-4

śniadanie: 2 kromki razowego chleba z pastą słonecznikową i kiszonymi ogórkami

pasta słonecznikowa:

- ½ szklanki nasion słonecznika
- 6 suszonych pomidorów
- 2 łyżki posiekanego szczypiorku

- 2 łyżki posiekanej pietruszki
- 1 ząbek czosnku

Słonecznik zalej gorącą wodą i odstaw na godzinę. Odcedź.

Przełóż nasiona do blendera, dodaj suszone pomidory, zieleninę, czosnek i zmiksuj na gładką masę.

- **dodatki:** ogórki kiszone, rzodkiewki, czerwona papryka, świeży ogórek

Posmaruj chleb pastą. Podawaj z ulubionymi warzywami.

II śniadanie: Jogurt z kiwi – 300 ml

- 200 ml jogurtu
- 100 g kiwi
- 1 łyżka pestek słonecznika
- świeża mięta

Jogurt wymieszaj z drobno pokrojonym kiwi, miętą i słonecznikiem.

obiad: Fasolka po bretońsku z tymiankiem w wersji fit – 2 porcje

- 4 plasterki szynki parmeńskiej lub innej podwędzanej bez konserwantów LUB W WERSJI WEGE wędzonego tofu
- 1 szklanka ugotowanej fasolki Jaś
- 1 duża cebula
- 5-6 szt boczniaków (200 g)
- 300 ml pulpy pomidorowej lub 4 pomidory bez skórki
- 300 ml bulionu warzywnego
- 1 mały koncentrat pomidorowy
- 1 czerwona papryka
- 2 ząbki czosnku
- tymianek suszony, sól kłodawska, pieprz, papryka słodka, ostra i wędzona, imbir suszony, pieprz ziołowy
- 2 łyżki oleju rzepakowego

Na patelni rozgrzej olej, wrzuć cebulę pokrojoną w kostkę, przypraw solą i pieprzem, dodaj pokrojone w paski boczniaki i szynkę i smaż około 2 minuty.

Dorzuć pokrojoną paprykę, pomidory, dużą szczyptę tymianku, imbir, 3 rodzaje papryki, pieprz ziołowy, wyciśnięty czosnek i podduś około 15 minut. Następnie dodaj koncentrat, fasolę Jaś, bulion i gotuj jeszcze 10 minut.

podwieczorek: Sałatka z gorgonzolą i gruszką z orzechami – 2 porcje

idealne danie na imprezę

- 6 liści sałaty lodowej
- 1 gruszka
- 1 limonka
- 40 g sera gorgonzola
- 2 łyżki orzechów włoskich
- 2 łyżki oliwy
- sól kłodawska, pieprz

Liście sałaty porwij, gruszkę pokrój w kostkę, skrop sokiem z limonki.

Sałatę wyłóż na talerz, na to połóż gruszkę. Posyp serem, orzechami, skrop oliwą i przypraw solą i pieprzem,

kolacja: Cebula faszerowana mięsem mielonym – 2 porcje

idealne jako lunch box

- 4 cebule lub kalarepki
- 100 g mielonego mięsa LUB W WERSJI WEGE ugotowanej soczewicy
- 1 pęczek natki pietruszki
- 1 ząbek czosnku
- sól kłodawska, pieprz, papryka ostra i słodka, majeranek
- 200 ml bulionu
- 1 łyżka oliwy

Cebulę/kalarepkę gotuj w bulionie 10 minut. Następnie wyjmij i wystudź.

Dodaj do mięsa mielonego/soczewicy wyciśnięty ząbek czosnku, dużą szczyptę soli, pieprzu, papryki ostrej i słodkiej oraz 1 łyżeczkę majeranku i wymieszaj z posiekaną natką pietruszki.

Odkrój górę od cebuli, wyjmij środek za pomocą noża i nałóż farsz. Przykryj cebulę ponownie odkrojoną górą i ułóż w naczyniu wysmarowanym oliwą.

Zalej bulionem i piecz około 30 minut w 185°C.

Dzień 5-6

śniadanie: Pomidory faszerowane pastą z łososia - 2 porcje

idealne danie na imprezę

- 4 pomidory (lub 2 papryki)
- 2 jajka ugotowane na twardo (najlepiej użyć jeszcze ciepłe)
- 20 g wędzonego łososia/makreli/pstrąga LUB W WERSJI WEGE awokado
- 2 łyżki jogurtu greckiego lub twarożku
- 1 łyżka chrzanu
- sól kłodawska, pieprz
- 2 łyżki posiekanego szczypiorku

Ciepłe jajka zmiksuj z jogurtem i chrzanem. Dodaj posiekany szczypiorek, drobno pokrojoną rybę i przypraw pieprzem i ewentualnie solą.

Z pomidorów wydrąż środek, nafaszeruj pastą z łososia/awokado.

Podawaj z 2 kromkami razowego chleba.

II śniadanie: Jogurt z truskawkami i mango – 300 ml

- 100 g mango
- 100 ml jogurtu naturalnego
- 100 g truskawek
- świeża mięta
- 1 łyżka orzechów
- 1 łyżeczka otrąb owsianych

Wymieszaj truskawki z mango, jogurtem, otrębami i garścią mięty.
Posyp orzechami i udekoruj świeżymi listkami mięty.

obiad: Roladki z indyka w szynce parmeńskiej z suszonymi pomidorami i szpinakiem na pieczonych warzywach – 2 porcje

- 300 g filetu z kurczaka LUB W WERSJI WEGE 6 długich plastrów grillowanego bakłażana
- 3 plastry szynki parmeńskiej przekrojone na 6 pasków LUB W WERSJI WEGE 6 pasków wędzonego tofu
- 6 cienkich plastrów cukinii
- 6 suszonych pomidorów
- 6 plasterków mozzarelli, sera halloumi lub kostek fety
- 12 listków szpinaku
- 12 listków bazylii
- 2 ząbki czosnku
- sól kłodawska, pieprz, czubryca zielona lub cząber, oregano, czosnek granulowany lub niedźwiedzi
- 400 g warzyw do pieczenia: kalafior, batat, cukinia, szparagi (opcjonalnie), czerwona cebula, seler, marchewka
- 2 łyżeczki oliwy

Warzywa podziel na małe kawałki lub plastry i polej oliwą. Posyp czosnkiem granulowanym, pieprzem i solą. Wymieszaj.

Filet pokrój w 6 plastrów, rozklep lekko tłuczkiem, natrzyj każdy kawałek wyciśniętym czosnkiem, pieprzem, oprósz czubrycą lub cząbrem i solą. W wersji wege na grillowanym bakłażanie układaj kolejno składniki oraz tofu i zawijaj w długi plaster cukinii.

Na każdy plaster wyłóż po 2 listki szpinaku, plaster sera, suszonego pomidora posypanego oregano, listki bazylii. Każdą roladkę zawiń w plaster cukinii i szynki parmeńskiej i zepnij wykałaczką.

Na dno naczynia żaroodpornego wyłóż przyprawione warzywa, na to roladki i piecz pod przykryciem przez 30 minut w 190°C. Następnie dopiekaj bez przykrycia jeszcze około 10–15 minut.

podwieczorek: Mini caprese – 300 g

idealne danie na imprezę

- 1 mozzarella
- 1 pomidor
- listki bazylii
- 1 łyżeczka oliwy
- sól kłodawska, pieprz

Plastry mozzarelli przekładaj listkami bazylii i plasterkami pomidora.

Polej oliwą, posyp solą i pieprzem.

kolacja: Zupa chińska z wołowiną – 2 porcje

- 150 g świeżej wołowiny LUB W WERSJI WEGE wędzonego tofu
- 1 czerwona cebula
- 300 g mrożonej mieszanki chińskiej z grzybami mung i pędami bambusa
- 200 ml pulpy/passaty pomidorowej lub pomidory bez skóry
- 400 ml bulionu warzywnego
- sól kłodawska, pieprz, ostra i słodka papryka, 2 łyżeczki curry, imbir, po 2 sztuki ziela angielskiego i liścia laurowego
- 1 łyżka oleju

Wołowinę zmiel/tofu pokrój, oprósz pieprzem, ostrą i słodką papryką i smaż na łyżce oleju z posiekaną czerwoną cebulą około 5 minut.

Dodaj warzywa, smaż razem około 4 minuty. Wymieszaj.

Zalej bulionem, dodaj ziele angielskie, liść laurowy, starty imbir i gotuj około 30 minut.

Na koniec dodaj pomidory, curry i sól do smaku i gotuj jeszcze 10 minut.

Dzień 7

śniadanie: Tymiankowe muffinki gryczane z serkiem kozim i rzeżuchą – 8 szt. (2 porcje)

idealne jako lunch box

- 2 jajka
- 6 łyżek płatków gryczanych
- 6 łyżek otrąb owsianych
- ½ łyżeczki proszku do pieczenia
- 1 szklanka jogurtu greckiego
- 100 g serka koziego/fety
- 4 łyżki rzeżuchy lub posiekanego szczypiorku
- sól kłodawska, pieprz czarny, tymianek

Białko ubij na sztywną pianę z ½ łyżeczki soli. Dodaj żółtko, miksuj, aż masa się połączy, następnie dodaj jogurt i wymieszaj.

Dodaj płatki, otręby, proszek do pieczenia, 1 łyżeczkę tymianku, pieprz i wymieszaj łyżką.

Wykładaj 1 czubatą łyżkę ciasta do formy na muffinki i piecz około 20 minut w 180°C.

Na wystudzone muffinki nakładaj porcję twarożku koziego/fety wymieszanego z posiekaną rzeżuchą lub szczypiorkiem.

II śniadanie: Faszerowane pomidory – 2 porcje

idealne danie na imprezę

- 4 duże mięsiste pomidory
- 50 g sera feta/mozzarella/pleśniowego

HOT:)

- 50 g komosy ryżowej ugotowanej
- 2 pomidory suszone w oliwie
- 1 pęczek świeżej kolendry
- 1 pęczek szczypiorku
- czubryca zielona
- 1 łyżeczka oliwy z oliwek

Wykrój miąższ z pomidorów i przełóż do miski.

Do pokrojonego miąższu dodaj posiekany szczypiorek, kolendrę, komosę i fetę w kostkach oraz posiekane suszone pomidory.

Przypraw czubrycą i farszem nadziej pomidory. Skrop oliwą i zapiekaj w piekarniku około 15 minut w 180°C.

obiad: Pulpeciki z grzybami w sosie porowym – 2 porcje

- 300 g mięsa wołowo-wieprzowego lub drobiowego LUB W WERSJI WEGE ugotowanej i zmielonej soczewicy brązowej
- 150 g grzybów lub pieczarek
- 1 jajko
- 1 cebula
- sól kłodawska, pieprz, papryka w płatkach, suszona natka pietruszki, suszona cebula w płatkach, gałka muszkatołowa
- 1 duży por
- 1 duża łyżka masła klarowanego
- 2 łyżki oleju rzepakowego nierafinowanego
- 200 ml gęstego mleczka kokosowego lub jogurtu greckiego

Mięso/soczewicę przypraw solą, pieprzem, łyżeczką papryki, cebuli, suszonej natki. Dodaj jajko i wymieszaj. Odstaw na 15 minut.

Posiekaj cebulę, przypraw solą i pieprzem i smaż do zeszklenia (około 1 minutę) na odrobinie oleju.

Dodaj drobno posiekane grzyby i duś jeszcze 5 minut.

Na dłoni kładź porcję mięsa/soczewicy, na środek nałóż porcję grzybów i formuj pulpeciki.

Obsmaż na małej ilości oleju po około 5 minut z każdej strony pod przykryciem, na małym ogniu.

Na drugiej patelni zeszklij na maśle posiekanego w talarki pora, przypraw solą, pieprzem i szczyptą gałki muszkatołowej. Po 2–3 minutach wlej mleczko kokosowe lub jogurt i duś jeszcze 3 minuty.

Pulpeciki podawaj polane sosem porowym.

podwieczorek: szklanka soku pomidorowego zmiksowanego ze szpinakiem – 300 ml

kolacja: Roladki z bakłażana w salsie pomidorowej – 2 porcje

- 2 małe bakłażany
- 50 g sera feta
- 1 ząbek czosnku
- 4 suszone pomidory
- 2 łyżki pokruszonych orzechów włoskich
- 4 łyżki posiekanej mięty lub bazylii
- sól kłodawska, pieprz
- 2 łyżki oliwy
- 2 duże pomidory
- 2 łyżki szczypiorku
- 1 łyżeczka oleju lnianego
- 4 łyżki posiekanej bazylii

Bakłażany pokrój w cienkie plastry, posól i odstaw na 10 minut.

Następnie wypłucz – to pozwoli usunąć gorycz.

Skrop oliwą, posyp solą, pieprzem i grilluj lub piecz około 10 minut, aby zmiękły i lekko się zrumieniły. Przygotuj farsz – fetę rozgnieć widelcem i wymieszaj z wyciśniętym czosnkiem, miętą i orzechami.

Na plaster bakłażana układaj paski suszonego pomidora, porcję farszu i zawijaj w roladki.

Pomidory pokrój w kostkę, dodaj szczypior, bazylię i polej olejem lnianym, posyp solą i pieprzem.

Roladki podawaj z salsą pomidorową.

TYDZIEŃ V

Dzień 1-2

śniadanie: Placuszki owsiano-selerowe z sosem jogurtowym na zielono - 2 porcje

idealne jako lunch box

- 1 seler korzeniowy
- ½ szklanki płatków owsianych lub gryczanych
- ½ szklanki posiekanego szczypiorku
- 1 jajko
- 1 ząbek czosnku
- 1 łyżka oliwy
- sól kłodawska, pieprz, czarnuszka
- **sos jogurtowy na zielono:** 200 ml jogurtu greckiego, ½ szklanki natki pietruszki, szczypta pieprzu, soli himalajskiej, ½ łyżeczki czubrycy zielonej – składniki zmiksuj w blenderze.

Selera zetrzyj na tarce o drobnych oczkach.

Płatki zalej wrzątkiem i odstaw na 10 minut. Następnie odcedź wodę.

Selera posól, dodaj pieprz, wyciśnięty czosnek, oliwę, płatki, roztrzepane jajko i dużą szczyptę czarnuszki, szczypiorek. Dokładnie wymieszaj.

Blachę wyłóż papierem do pieczenia, układaj porcje placków za pomocą łyżki i piecz około 20 minut w 180°C.

obiad: Szaszłyki po indyjsku

- 300 g fileta z indyka W WERSJI WEGE tofu
- 3 kolorowe papryki
- 1 bakłażan
- 10 pieczarek
- 1 czerwona cebula

- sól himalajska, pieprz, czosnek granulowany, 3 goździki, 1 kawałek chili, kminek lub kumin, cynamon, kardamon, 1 kawałek świeżego imbiru
- 2 łyżki oliwy

Warzywa pokrój w grubą kostkę, polej łyżką oliwy i posyp czosnkiem i solą.

W moździerzu rozgnieć goździki, szczyptę kuminu, cynamon, kawałek chili, kilka ziarenek kardamonu oraz starty imbir, wymieszaj z oliwą.

Mięso/tofu pokrój w kostkę i zamarynuj w przyprawach. Po 30 minutach nabij na patyczki mięso na przemian z warzywami. Grilluj szaszłyki po 3 minuty z każdej strony.

Podawaj z surówką.

surówka z marchewki i kalarepki – 2 porcje:

- 1 marchewka
- 1 kalarepka
- 4 łyżki natki pietruszki
- **sos z pomarańczy:** 3 łyżki soku z pomarańczy+2 łyżki soku z limonki+2 łyżki oliwy+szczypta soli kłodawskiej+szczypta pieprzu – składniki wymieszaj.

Warzywa pokrój obieraczką na wstążki. Wymieszaj z posiekaną natką.

Polej sosem.

podwieczorek: Sałatka z grejpfruta ze świeżym szpinakiem – 2 porcje

idealne danie na imprezę

- 2 szklanki liści szpinaku
- 1 grejpfrut
- 6 rzodkiewek
- 50 g sera feta lub lazur
- 2 łyżki orzeszków piniowych/włoskich/laskowych/pestek dyni
- **sos limonkowy:** 1 łyżeczka musztardy+1 łyżeczka skórki z limonki+2 łyżki soku z limonki+4 łyżki soku z pomarańczy+3 łyżki oliwy – wymieszaj.

Szpinak wymieszaj z pokrojonymi rzodkiewkami. Dodaj obranego na cząstki grejpfruta, polej sosem, posyp orzechami, a na końcu wkrusz ser.

kolacja: Zupa kalafiorowo-ogórkowa z koperkiem - 2 porcje

- 300 g kalafiora
- 2 duże ogórki kiszone
- 600 ml bulionu warzywnego
- 100 ml mleczka kokosowego lub dodatkowa porcja bulionu
- 1 por
- 1 marchewka
- 1 pietruszka
- sól kłodawska, pieprz, liść laurowy, ziele angielskie
- 2 łyżki oleju rzepakowego
- posiekany koperek do posypania

Do garnuszka wlej olej, wrzuć posiekanego pora, posól, posyp pieprzem i duś około 1 minutę.

Dodaj starte warzywa (oprócz ogórków), wymieszaj drewnianą łyżką i dodaj ziele angielskie i liść laurowy, wlej bulion i gotuj około 15 minut.

Dodaj starte ogórki wraz z sokiem, wlej mleczko i gotuj jeszcze 10 minut.

Przed podaniem posyp koperkiem.

Dzień 3-4

śniadanie: Pęczak z pomidorkami i zieleniną - 2 porcje

idealne jako lunch box

- 1 szklanka suchej kaszy pęczak
- 10 pomidorków koktajlowych
- 4 suszone pomidory
- 1 kawałek pora
- 2 ząbki czosnku
- 1 pęczek natki pietruszki
- 2 łyżeczki oliwy z suszonych pomidorów
- sól kłodawska, pieprz
- 2 łyżki pestek dyni lub pokruszonych orzechów włoskich/laskowych

Kaszę ugotuj al dente.

Na oliwie z pomidorów zeszklij posiekanego pora, posyp solą i pieprzem. Dodaj pomidorki koktajlowe, wyciśnięty czosnek i smaż jeszcze 2 minuty.

Do zawartości patelni wsyp ugotowaną kaszę, pokrojone suszone pomidory i wymieszaj. Dodaj posiekaną natkę i pestki.

II śniadanie: Mozzarella z guacamole – 300 ml

- 100 g mozzarelli
- 100 g awokado
- 1 pomidor
- 1 ząbek czosnku
- 1 limonka
- świeża bazylia
- 1 łyżka oliwy
- sól kłodawska, pieprz

Awokado pokrój w kosteczkę, skrop sokiem z limonki, dodaj wyciśnięty czosnek, sól, pieprz, liście bazylii i lekko rozgnieć widelcem.

Mozzarellę porwij w kawałki, wymieszaj z pomidorem pokrojonym w kostkę, na to wyłóż guacamole i skrop oliwą.

obiad: Kurczak pieczony z warzywami z woka – 2 porcje

- 300 g małych udek/pałek z kurczaka bez skóry LUB W WERSJI WEGE 300 g bakłażana
- 1 czerwona cebula
- 2 kolorowe papryki
- 2 łodygi selera naciowego
- 300 g brokuła
- 2 ząbki czosnku
- 1 cukinia
- 1 kawałek pora
- sól kłodawska, pieprz czarny, świeży imbir, czosnek granulowany
- 2 łyżki oliwy

- 1 łyżka sezamu
- do posypania: szczypiorek, natka pietruszki
- **marynata imbirowa:** ½ łyżeczki suszonego imbiru+sok z ½ limonki+1 łyżeczka kurkumy+wyciśnięty 1 ząbek czosnku+2 łyżki oliwy+szczypta soli, pieprzu+szczypta chili (opcjonalnie) – składniki wymieszaj.

Udka/pokrojonego bakłażana natrzyj marynatą, ułóż w naczyniu żaroodpornym i piecz 30 minut w 190°C.

Posiekaj drobno warzywa w paski, talarki lub plastry, posyp solą, pieprzem, czosnkiem i wymieszaj.

Rozgrzej wok, wlej oliwę, dodaj posiekany kawałek imbiru i wrzuć warzywa.

Smaż około 5 minut, ciągle mieszając, na koniec wsyp sezam i wymieszaj.

Podawaj warzywa z upieczonym kurczakiem. Posyp natką pietruszki lub szczypiorkiem.

podwieczorek: Sałatka z jarmużu, pieczonych buraków i fety – 2 porcje

idealne danie na imprezę

- 2 miseczki posiekanych liści jarmużu
- 1 mały burak (50 g)
- 1 szalotka lub 1 mała czerwona cebula
- 40 g sera feta lub koziego/lazur
- 2 łyżki orzechów włoskich
- sól kłodawska, pieprz
- 2 łyżki oleju rzepakowego nierafinowanego

Na patelnię wlej olej, dodaj posiekaną cebulę, plasterki buraka, przypraw solą i pieprzem i duś około 5 minut. Dodaj jarmuż, duś jeszcze 3 minuty.

Całość wyłóż na talerz, posyp fetą i orzechami.

kolacja: Placek z kalafiora z szynką i mozzarellą – 2 porcje

idealne danie na imprezę

- 2 szklanki startego na tarce kalafiora
- 1 jajko
- ½ kulki mozzarelli
- 2 łyżki mąki owsianej
- 1 pęczek szczypiorku
- sól kłodawska, pieprz

dodatki:

- 4 plastry szynki parmeńskiej bez konserwantów lub innej ulubionej LUB W WERSJI WEGE tofu
- ½ kulki mozzarelli
- 4 suszone pomidory
- zielone szparagi – opcjonalnie

Wymieszaj startego kalafiora z jajkiem, mąką, szczypiorkiem, startą mozzarellą, szczyptą soli i pieprzu i zagnieć dłonią w kulkę.

Wyłóż spód naczynia na tartę masą i piecz około 25 minut w 190°C.

Następnie posmaruj sosem pomidorowym, wyłóż warzywa, resztę mozzarelli i szynkę i zapiekaj jeszcze 10 minut.

Dzień 5–6

śniadanie: Kasza pęczak z warzywami i fetą – 2 porcje

idealne jako lunch box

- ½ szklanki kaszy pęczak
- 50 g sera feta lub koziego
- 1 czerwona papryka
- 4 łyżki posiekanej natki pietruszki
- 2 łyżki pestek dyni lub słonecznika
- 1 ogórek kiszony

- 2-4 suszone pomidory z oliwą z zalewy
- 1 miska szpinaku
- sól kłodawska

Kaszę ugotuj na sypko w lekko osolonej wodzie. Wystudź.

Dodaj posiekane suszone pomidory z odrobiną oliwy z zalewy.

Dorzuć pokrojone drobno warzywa, pestki, liście szpinaku, posiekaną natkę i wymieszaj.

Posyp fetą.

II śniadanie: Smoothie z kiwi – 300 g

idealny posiłek okołotreningowy

- 2 kiwi
- 200 ml napoju roślinnego lub jogurtu
- 1 zielonkawy banan
- 1 łyżka siemienia lnianego

Składniki zmiksuj na smoothie.

obiad: łosoś faszerowany szpinakiem – 2 porcje

- 2 kawałki łososia (300 g) LUB W WERSJI WEGE duże pieczarki grillowe
- 100 g szpinaku świeżego lub mrożonego
- 1 por duży
- 2 ząbki czosnku
- 2 łyżki oliwy
- sól kłodawska, pieprz, czubryca zielona
- 50 ml mleka
- 1 limonka
- 500 g warzyw: brokuły, kalafior, fasolka

Łososia/pieczarki skrop lekko limonką i natnij w środku każdy kawałek/każdą pieczarkę. Przypraw czubrycą, solą i pieprzem.

Zieloną część pora o długości około 15–20 cm sparz wrzątkiem. Białą część posiekaj.

Szpinak rozmroź i posiekaj. Białą część pora zeszklij na oliwie, dodaj szpinak, czosnek, czubrycę, sól, pieprz, mleko i duś około 5 minut, aż mleko wyparuje. Nafaszeruj rybę szpinakiem i zawiń sparzonym porem.

Zawiń w papier do pieczenia i piecz około 15 minut w 180°C. Podawaj z warzywami lub surówką.

podwieczorek: Pieczona dynia z granatem – 300 g

- 100 g dyni
- 100 g buraka
- 2 łyżki nasion granatu
- 1 szklanka jarmużu
- 1 łyżka kiełków
- 1 łyżka pestek dyni
- 2-3 łyżki posiekanej natki pietruszki
- 1 łyżka oliwy
- 150 ml jogurtu
- sól kłodawska, pieprz, curry, papryka suszona

Buraka i dynię pokrój w kosteczkę, przypraw solą, pieprzem i papryką, skrop oliwą.

Piecz około 20 minut w 200°C.

Jarmuż sparz wrzątkiem, dodaj warzywa, posyp pestkami dyni, kiełkami oraz nasionami granatu.

Jogurt wymieszaj z łyżeczką curry, solą i pieprzem oraz posiekaną natką.

kolacja: Sałatka z brokułami z pietruszkowym pesto – 2 porcje

idealne danie na imprezę

- 300 g brokuła
- 2 jajka ugotowane na twardo
- 1 pęczek szczypiorku
- 2 garście szpinaku
- 1 papryka
- 2 łyżki posiekanych oliwek

- 2 świeże pomidory
- sól kłodawska, pieprz
- **pesto pietruszkowe:** ½ szklanki prażonych migdałów bez skórki lub uprażonych orzeszków piniowych lub orzechów laskowych+sól+pieprz+1 ząbek czosnku+½ pęczka natki pietruszki+¼ szklanki oliwy+2 łyżki jogurtu greckiego – składniki zmiksuj.

Brokuły gotuj 5 minut w lekko osolonej wodzie.

Do miseczki włóż porcję szpinaku, wystudzone brokuły, posiekaną paprykę oraz ćwiartki pomidorów, dopraw do smaku i lekko wymieszaj.

Ułóż na wierzchu ćwiartki jajek, posyp szczypiorkiem i oliwkami i polej pesto.

Dzień 7

śniadanie: Razowe grzanki z pastą z twarogu i makreli

- 2 kromki razowego chleba – upiecz w tosterze.

pasta z twarogu i makreli – 100 g (2 porcje):

- 50 g mięsa z makreli bez ości LUB W WERSJI WEGE naturalne tofu ze szczyptą soli czarnej kala namak
- 50 g sera twarożkowego lub wędzonego twarogu
- 2 łyżki przecieru pomidorowego
- 2 łyżki jogurtu greckiego
- 4 łyżki posiekanego szczypiorku
- sól kłodawska, pieprz, ostra i słodka papryka
- 1 ogórek kiszony – pokrojony w plastry
- natka do posypania

Wymieszaj dokładnie twaróg z mięsem z ryby/tofu z solą czarną, jogurtem, przecierem i zmiksuj.

Przypraw solą, pieprzem, ostrą i słodką papryką. Dodaj posiekany szczypiorek, wymieszaj.

Posmaruj tosty pastą, udekoruj plastrami ogórka i natką pietruszki.

II śniadanie: Papryka faszerowana cieciorką - 2 porcje

idealne jako lunch box

- 2 duże lub 4 małe czerwone papryki
- 1 cebula
- 1 szklanka ugotowanej cieciorki
- 10 pieczarek
- 1 pomidor
- czubryca, pieprz czarny
- 1 łyżka oliwy

Usuń gniazda nasienne z papryk. Posiekaj cebulę, pieczarki i pomidora, dodaj ciecierzycę, przypraw do smaku i poddus wszystkie składniki 10 minut na małym ogniu na łyżeczce oliwy. Nafaszeruj papryki.

Papryki zapiecz z farszem około 30 minut w piekarniku nagrzanym do 180°C.

Podawaj z surówką z warzyw sezonowych.

obiad: Zrazy w sosie grzybowym z modrą kapustą - 2 porcje

- 4 plastry wołowiny lub indyka LUB W WERSJI WEGE 4 długie paski bakłażana
- 4 plastry szynki parmeńskiej bez konserwantów LUB W WERSJI WEGE 4 suszone pomidory
- 4 ogórki kiszone
- 1 czerwona cebula
- 1 kawałek pora
- natka pietruszki
- suszone pomidory
- 350 g grzybów leśnych (kurek, pieczarek, boczniaków)
- 300-400 ml bulionu warzywnego
- 100 ml gęstego mleczka kokosowego
- sól kłodawska, pieprz czarny świeżo zmielony, tymianek
- musztarda

Mięso rozbij tłuczkiem, posyp solą i pieprzem.

Każdy rozbity kawałek mięsa posmaruj musztardą, połóż plaster szynki, łyżkę posiekanej natki i ogórka i zawiń w roladkę. Żepnij wykałaczką. Jeśli używasz bakłażana, to zgrilluj go wcześniej, aby plastry zmiękły, a następnie jako nadzienia użyj zamiast szynki suszonych pomidorów.

Roladki ułóż na głębokiej patelni, dodaj posiekaną cebulę i pora, przypraw solą i pieprzem, zalej bulionem, dodaj tymianek i duś na małym ogniu około 30 minut.

Następnie dodaj pokrojone grzyby, mleczko kokosowe i duś jeszcze 10 minut.

Posyp świeżą natką. Podawaj z modrą kapustą.

modra kapusta – 2 porcje:

- 400 g czerwonej kapusty
- 1 czerwona cebula
- 2 ząbki czosnku
- szczypta cynamonu, sól kłodawska, pieprz czarny, szczypta startego imbiru, 1 płaska łyżeczka kminku
- sok z 1 limonki,
- 100 ml bulionu
- 50 ml octu jabłkowego
- 1 łyżka oleju

Kapustę drobno. posiekaj Na głębokiej patelni rozgrzej olej, wrzuć cebulę i kapustę i duś około 10 minut, mieszając. Przypraw do smaku solą, pieprzem i cynamonem. Dodaj rozgnieciony czosnek, szczyptę startego imbiru, sok z limonki, podlej bulionem i octem i duś. Na koniec dodaj uprażony na patelni kminek i wymieszaj.

podwieczorek: Zupa krem z brokuła – 2 porcje

- 400 g brokuła
- 100 g cukinii
- 1 kawałek pora
- 500 ml bulionu
- 50 ml mleczka kokosowego
- 50 g łososia wędzonego LUB W WERSJI WEGE 50 g wędzonego tofu
- sól kłodawska, pieprz, cząber
- 1 ząbek czosnku
- 1 łyżka oleju rzepakowego nierafinowanego lub oliwy
- 2 łyżki pestek dyni, słonecznika lub płatków migdałowych

Na oliwie smaż posiekanego pora około 3 minuty, aż się zeszkli, a następnie posyp solą i pieprzem.

Dodaj pokrojoną cukinię i czosnek, posiekanego brokuła i poddus około 3 minuty. Przypraw cząbrem i przełóż zawartość patelni do garnka z bulionem.

Gotuj około 15 minut, na koniec dodaj mleczko kokosowe i zmiksuj.

Dodaj do porcji kawałek łososia/tofu i posyp pestkami lub migdałami.

Kolacja: Jajecznica z pieczarkami – 1 porcja

- 2 jajka
- 50 g pieczarek
- 1 szklanka szpinaku
- szczypiorek
- 1 łyżka oliwy
- 1 cebula
- sól kłodawska, pieprz
- 2 pomidory

Na oliwie zeszklij cebulę, dodaj pokrojone pieczarki, sól, pieprz i duś około 5 minut.

Wbij jajka, dodaj szpinak i duś, aż jajka się zetną.

Posyp szczypiorkiem. Podawaj z pomidorami.

TYDZIEŃ VI

Dzień 1 – 2

śniadanie: Muffinki selerowe z szynką parmeńską – 1 porcja (4 szt.)

idealne jako lunch box

- 1 jajko
- 50 ml wody
- 6 łyżek mąki owsianej + ⅓ łyżeczki proszku do pieczenia
- 2 plastry szynki parmeńskiej bez konserwantów LUB W WERSJI WEGE 4 suszone pomidory
- 1 mały seler
- 1 ząbek czosnku

- 1 posiekany pęczek szczypiorku
- sól kłodawska, pieprz, gałka muszkatołowa
- 1 łyżka oliwy do smarowania
- otręby owsiane do posypania

Jajko ubij mikserem, dodaj mąkę, proszek, wodę i zmiksuj.

Dodaj startego na drobnych oczkach selera, posiekany szczypiorek, wyciśnięty czosnek, sól, pieprz, szczyptę gałki, pokrojoną szynkę lub pomidory suszone i wymieszaj łyżką.

Foremki nasmaruj oliwą, wysyp otrębami, wkładaj porcje ciasta i piecz około 15 minut w 180°C.

Podawaj ze świeżymi warzywami sezonowymi – około 300 g.

II śniadanie: Owoce jagodowe z migdałami - 300 g

- 200 g jogurtu naturalnego
- 100 g owoców jagodowych (maliny, borówki, truskawki, jeżyny, porzeczki)
- 1 łyżka posiekanej bazylii
- 1 łyżeczka otrąb owsianych
- 1 łyżka posiekanych migdałów
- 1 łyżeczka nasion granatu lub goji

Jogurt wymieszaj z otrębami.

Na wierzchu ułóż owoce jagodowe wymieszane z bazylią.

Posyp migdałami i nasionami granatu lub owocami goji.

obiad: Gulasz z pieczonymi warzywami i zielonym pieprzem - 2 porcje

- 300 g mięsa z indyka, wołowiny, dziczyzny LUB W WERSJI WEGE 300 g tofu lub ugotowanej soczewicy/komosy ryżowej
- 2 gałązki rozmarynu lub 1 łyżka suszonego rozmarynu
- 4 ziela angielskie
- 3 ząbki czosnku
- 3 cebule czerwone

- 1 batat
- 1 czerwona papryka
- 1 seler
- 1 szklanka soku jabłkowego tłoczonego
- 2 pietruszki
- sól kłodawska, pieprz zielony
- 1 łyżka oleju rzepakowego lub oliwy

Warzywa pokrój w plastry lub ćwiartki, przypraw solą i zielonym pieprzem.

Mięso/tofu pokrój w kostkę, przypraw solą i pieprzem i smaż aż do zarumienienia (około 5 minut).

Do naczynia żaroodpornego wyłóż warzywa, wymieszaj delikatnie z mięsem, zalej sokiem z jabłek, dodaj rozmaryn i ziele angielskie i piecz około 40 minut w 180°C.

podwieczorek: Szpinak z pomelo – 300 g

- 1 szklanka szpinaku
- 1 pomelo
- 5 pomidorków koktajlowych
- 1 garść świeżej mięty
- 1 łyżka pestek dyni
- 3 suszone pomidory w oliwie

Pomelo podziel na cząstki, wymieszaj ze szpinakiem, pomidorkami, miętą oraz posiekanymi suszonymi pomidorami.

Polej oliwą z pomidorów i posyp pestkami dyni.

kolacja: Sałatka z kurkami i fasolką szparagową – 2 porcje

idealne danie na imprezę

- 250 g fasolki szparagowej zielonej lub szparagów
- 100g świeżych kurek/minipieczarek
- 50 g szpinaku
- 150 g filetu z kurczaka/indyka LUB W WERSJI WEGE wędzonego tofu

- 1 łyżka sezamu
- 1 łyżka masła klarowanego lub oleju rzepakowego nierafinowanego
- sól kłodawska, pieprz czarny, czubryca czerwona lub mieszanka pieprzu i ostrej papryki
- ½ szklanki jogurtu greckiego

Filet/tofu pokrój w paseczki, obtocz w jogurcie z solą, czubrycą czerwoną i pieprzem.

Marynuj około 30 minut, następnie odsącz i obtocz w sezamie. Piecz w piekarniku około 15 minut w 180°C.

Na maśle/oleju podduś grzyby, lekko posól i oprósz pieprzem.

Szparagi lub fasolkę ugotuj na parze lub w osolonym wrzątku, dodaj do kurek i wymieszaj. Przypraw solą i pieprzem, przełóż do miseczki i połącz z kurczakiem/tofu i liśćmi szpinaku.

Dzień 3–4

śniadanie: Owsianka kokosowa z borówkami – 1 porcja

- 1 szklanka napoju roślinnego (kokosowego, migdałowego) lub mleka
- 3 łyżki płatków owsianych
- 1 łyżka wiórków kokosowych lekko uprażonych na patelni
- 1 łyżeczka nasion siemienia lnianego lub chia
- 200 g świeżych lub mrożonych borówek/jagód lub innych ulubionych owoców jagodowych
- 1 łyżka orzechów nerkowca/pekan lub włoskich

Do rondelka wlej mleko lub napój roślinny, wsyp płatki i nasiona chia lub siemię, orzechy, zagotuj i wyłącz palnik.

Dodaj owoce, delikatnie wymieszaj i odstaw pod przykryciem do lekkiego ostygnięcia. Posyp uprażonymi wiórkami.

II śniadanie: Koktajl warzywny – 300 ml

- 1 łodyga selera naciowego
- 200 ml soku z buraka
- 2 pomidory
- świeża natka
- 1 garść szpinaku

Składniki zmiksuj na sok.

obiad: Gołąbki bez zawijania w salsie pomidorowej – 2 porcje

- 200 g mięsa mielonego wołowego lub drobiowego LUB W WERSJI WEGE ugotowanej brązowej soczewicy
- 200 g posiekanej kapusty białej lub czerwonej
- 1 cebula
- sól kłodawska, pieprz, papryka ostra i słodka, oregano, majeranek
- 1 łyżka oliwy lub oleju rzepakowego nierafinowanego
- 300 ml pulpy pomidorowej lub świeżych pomidorów bez skórki
- 1 kawałek pora
- 50 ml mleczka kokosowego lub bulionu warzywnego
- świeża bazylia

Mięso mielone/soczewicę wymieszaj z posiekaną cebulą i drobno posiekaną kapustą. Przypraw solą, pieprzem, papryką ostrą i słodką i oregano. Uformuj małe pulpety.

Obsmaż je na łyżce oliwy z obu stron, a następnie ułóż w naczyniu żaroodpornym.

Smaż posiekanego pora około 2 minuty, aż się zeszkli, potem przypraw go solą i pieprzem, dodaj pulpę lub pomidory, przypraw majerankiem i podduś około 5 minut. Dodaj mleczko kokosowe lub bulion i ponownie podgrzej około 1 minuty.

Pulpeciki zalej sosem pomidorowym i zapiekaj około 20 minut w 180°C. Przed podaniem posyp świeżą bazylią.

podwieczorek: Sałatka z szynką i komosą – 300 g

idealne jako lunch box

- 4 liście sałaty lodowej
- 2 plastry szynki parmeńskiej LUB W WERSJI WEGE wędzonego tofu
- 1 łodyga selera naciowego
- 100 g ugotowanej komosy
- 50 g jabłka
- 1 łyżka oliwy
- jogurt
- 3 łyżki świeżej natki
- czubryca zielona (lub cząber+czosnek+suszona natka pietruszki)
- szczypiorek

Jabłko pokrój w kostkę, wymieszaj ze świeżą natką. Dodaj porwane liście sałaty, posiekanego i sparzonego wrzątkiem selera, skrop oliwą. Dodaj kawałki szynki/tofu i komosę.

Jogurt wymieszaj z 4 łyżkami posiekanego szczypiorku i 1 łyżeczką czubrycy. Polej sałatkę sosem.

kolacja: Zupa krem z pieczonych warzyw z bazyliowym pesto – 2 porcje

- 5 dojrzałych pomidorów
- 1 żółta papryka
- 1 czerwona cebula
- 1 mała główka czosnku w łupinkach
- 1 batat
- 1 cukinia
- 2 łyżki oliwy
- 1 ząbek czosnku
- 100 ml bulionu warzywnego
- świeży lub suszony tymianek, sól kłodawska, pieprz czarny, papryka wędzona lub ostra
- 2 łyżeczki pesto z bazylii

Pomidory natnij, batata obierz i pokrój w paski, cukinię ze skórką w plasterki, paprykę w kostkę.

Do miseczki wlej oliwę, wrzuć 1 ząbek czosnku roztarty z solą i pieprzem oraz listki tymianku. Dołóż warzywa, oprócz pomidorów, i obtocz w marynacie.

Na blasze wyłożonej papierem do pieczenia ułóż warzywa i pomidory oraz całą, przekrojoną na pół, główkę czosnku. Piecz w piekarniku nagrzanym do 200°C przez około 30 minut.

Po upieczeniu pomidory obierz ze skórki i wykrój twarde części. Przełóż je z resztą upieczonych warzyw i wyciśniętym z łupinek czosnkiem do garnuszka i zmiksuj, wlej gorący bulion, dodaj łyżeczkę papryki w proszku i gotuj 5 minut.

Podawaj z dodatkiem pesto.

Dzień 5-6

śniadanie: Placuszki warzywne z twarożkiem i łososiem – 2 porcje

idealne danie na imprezę

- 1 marchew lub 1 mały batat
- 1 cukinia
- 1 cebula
- 2 ząbki czosnku
- 1 mały seler
- 1 jajko
- 50 g sera feta
- 4 suszone pomidory z łyżką oliwy z zalewy
- 4 łyżki otrąb owsianych
- sól kłodawska, pieprz, szczypta tymianku
- **do podania:** łosoś wędzony/pstrąg wędzony, awokado, twarożek wymieszany z posiekanymi kaparami lub oliwkami, plasterki awokado

Warzywa zetrzyj na tarce lub w malakserze.

Dodaj jajko, otręby i po ½ łyżeczki przypraw i wymieszaj. Dodaj pokruszoną fetę, posiekane pomidory suszone z oliwą i ponownie połącz składniki.

Za pomocą łyżki wykładaj porcje placków na blachę wyłożoną papierem do pieczenia i piecz około 25 minut w 180°C.

Na gotowych plackach układaj porcję twarożku, rybę, awokado. Podawaj z sezonowymi warzywami: papryką, rzodkiewką, świeżymi pomidorami.

II śniadanie: Koktajl wiśniowy z migdałami – 300 ml

idealny koktajl okołotreningowy

- 200 ml jogurtu lub mleczka kokosowego
- 100 g świeżych lub mrożonych wiśni bez pestek
- 1 łyżka siemienia lnianego
- 1 łyżeczka otrąb

Składniki zmiksuj na smoothie.

obiad: Roladki z indyka z nadzieniem serowo-bazyliowym z delikatnym curry – 2 porcje

- 4 sznycle z indyka (300 g) LUB W WERSJI WEGE 4 długie plastry cukinii lekko zgrillowanej (do miękkości)
- 1 jajko
- 3 łyżki sezamu
- 50 g sera feta
- 50 g sera mozzarella
- 4 suszone pomidory z oliwy
- 1 garść świeżej bazylii
- sól kłodawska, pieprz, czosnek niedźwiedzi lub 1 ząbek świeżego czosnku

Sznycle rozbij, posyp solą, pieprzem.

W miseczce wymieszaj pokruszoną fetę ze startą mozzarellą, posiekanymi pomidorami, posiekaną bazylią, szczyptą pieprzu, czosnku niedźwiedziego lub wyciśniętego zwykłego.

Nakładaj porcję farszu na sznycel/plaster cukinii. Zawiń roladki. Obtaczaj delikatnie nadziane roladki w roztrzepanym jajku i panieruj w sezamie.

Ułóż na papierze do pieczenia i piecz około 15 minut (cukinia)/30 minut (mięso) w piekarniku nagrzanym do 180°C.

warzywne curry – 2 porcje:

- 2 kalarepki
- 1 cukinia

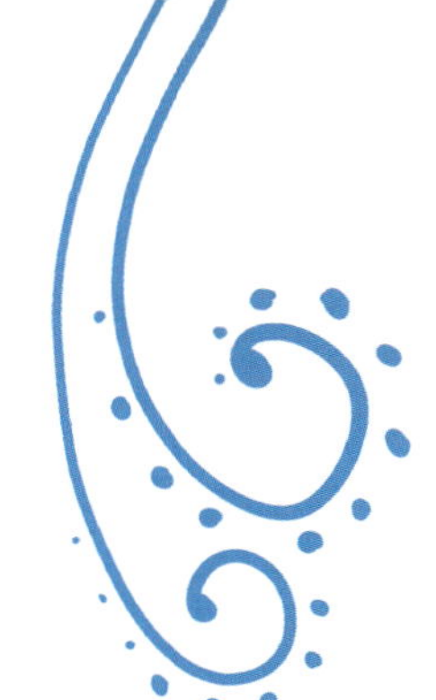

- 1 papryka czerwona
- 1 papryka żółta
- 10 rzodkiewek
- 1 seler naciowy
- szczypiorek
- 1 szalotka
- 100 ml mleczka kokosowego gęstego
- 100 ml bulionu warzywnego
- 1 pęczek szczypiorku
- ziarenka kuminu, świeży imbir, 2 ząbki czosnku, szczypta curry, kurkuma, sól kłodawska, pieprz
- 2 łyżeczki oliwy
- 1 limonka
- 6 pomidorków koktajlowych do dekoracji

Na oliwie na małym ogniu rozgrzej ziarna kuminu, dodaj curry, kurkumę, czosnek, starty imbir i posiekaną szalotkę i duś około 1 minutę.

Posyp solą, pieprzem, dodaj drobno pokrojone warzywa i bulion i duś razem około 10 minut.

Dodaj mleczko kokosowe, łyżeczkę otartej skórki z limonki i duś jeszcze 2 minuty.

Posyp szczypiorkiem. Podawaj z pokrojonymi pomidorkami.

podwieczorek: Sałatka z kozim serem i rukolą – 300 g

idealne danie na imprezę

- 1 szklanka rukoli
- 30 g sera koziego lub pleśniowego
- 1 pomidor
- 1 łyżka orzeszków piniowych uprażonych
- 1 łyżka rodzynek
- **sos miodowo-musztardowy:** 1 łyżeczka musztardy+1 łyżeczka miodu+1 łyżeczka soku z cytryny+pieprz – składniki wymieszaj.

Rodzynki zalej wrzątkiem, odsącz.

Do miseczki przełóż rukolę, dodaj pokrojonego pomidora, rodzynki.

Dodaj ser, polej sosem, na koniec posyp orzeszkami.

kolacja: Zapiekane pomidory faszerowane z grzybami – 2 porcje

- 4 duże pomidory
- 100 g mięsa mielonego drobiowego LUB W WERSJI WEGE 100 g ugotowanej i zmielonej sczewicy
- 50 g pieczarek lub grzybów leśnych
- 1 cebula
- 2 ząbki czosnku
- 1 pęczek szczypiorku
- sól kłodawska, pieprz, papryka ostra i słodka, cząber
- 1 łyżka oliwy lub oleju rzepakowego nierafinowanego

Od pomidorów odkrój górną część, wydrąż środki, posyp lekko cząbrem.

Mięso przypraw papryką ostrą i słodką, solą, pieprzem, dodaj wyciśnięty czosnek i posiekaną drobno cebulę, pieczarki lub grzyby i podduś na oliwie około 4 minuty.

Następnie dodaj posiekany szczypiorek i wymieszaj.

Nałóż farsz do pomidorów, przykryj je odkrojoną górną częścią i piecz 20 minut w 180°C.

Dzień 7

śniadanie: Kolorowe kanapki z pastą z makreli z zieloną cebulą – 2 porcje

- 2 kromki razowego chleba (60–80 g)

pasta z makreli z zieloną cebulą:

- 100 g makreli wędzonej bez ości LUB W WERSJI WEGE wędzonego tofu
- 2 jajka ugotowane na twardo
- 1 dymka
- 1 szalotka
- 2 łyżki jogurtu greckiego
- 1 łyżeczka chrzanu
- sól kłodawska, pieprz
- 1 łyżka oliwy lub oleju rzepakowego nierafinowanego

- 1 ogórek kiszony
- natka pietruszki

Na patelni podduś posiekaną szalotkę, przypraw solą i pieprzem (około 2 minuty).

Do blendera wrzuć jajka, rybę/tofu, zeszkloną cebulę i jogurt, przypraw pieprzem, dodaj chrzan i zmiksuj na pastę.

Dodaj drobno pokrojonego ogórka kiszonego, posiekaną dymkę i wymieszaj.

Przechowuj w lodowce do 5 dni. Posyp świeżą natką. Podawaj z pieczywem..

II śniadanie: Koktajl na zielono – 300 ml

- 1 kiwi
- 1 grejpfrut
- 1 łodyga selera naciowego
- cytryna
- 100 ml jogurtu

Do jogurtu dodaj obranego i podzielonego na cząstki grejpfruta, kiwi, posiekanego selera i sok z cytryny.

Składniki zmiksuj.

obiad: Polędwiczki grillowane na orzechowej fasolce – 2 porcje

- 400 g fasolki szparagowej
- 300 g polędwiczki wieprzowej lub indyka LUB W WERSJI WEGE 300 g bakłażana
- 1 duża cebula
- 2 łyżki prażonych orzeszków piniowych lub pestek z dyni
- 1 łyżka masła orzechowego
- 100 ml mleczka kokosowego lub bulionu warzywnego
- musztarda, sól kłodawska, pieprz, papryka ostra i słodka
- 2 łyżki oliwy
- do posypania: rukola, szczypiorek lub natka pietruszki

Mięso/bakłażana pokrojonego w plastry posyp solą, pieprzem, ostrą i słodką papryką. Natrzyj musztardą. Odstaw na 15 minut.

Fasolkę ugotuj al dente w lekko osolonej wodzie lub na parze.

Mięso/bakłażana obsmaż na rumiano z obu stron, następnie włóż do naczynia żaroodpornego i piecz około 20 minut w 180°C.

Na oliwie zeszklij posiekaną cebulę, przypraw solą i pieprzem, dodaj łyżkę masła orzechowego, mleczko kokosowe lub bulion i duś 2 minuty.

Dodaj fasolkę, podprażone orzeszki piniowe lub pestki dyni i duś razem kolejne 2 minuty.

Mięso pokrój w plastry. Posyp świeżą natką/szczypiorkiem lub rukolą. Podawaj z ciepłą fasolką w sosie orzechowym.

podwieczorek: Zupa pomidorowa z kaszą gryczaną – 2 porcje (po 300 ml)

- ½ szklanki kaszy gryczanej ugotowanej
- 1 por
- 1 cebula
- 1 papryka
- 3 pomidory świeże
- 300 ml przecieru pomidorowego
- sól himalajska, pieprz, papryka słodka, czosnek granulowany, liść laurowy, ziele angielskie
- 2 łyżki oliwy
- 300 ml bulionu warzywnego
- 2 łyżki pestek dyni
- 4 łyżki posiekanego szczypiorku

Do garnka wlej bulion, dodaj liść laurowy i ziele. Zagotuj.

Na oliwie smaż posiekaną cebulę i pora przez około 2 minuty, aż się zeszkli. Dodaj do wrzącego bulionu, gotuj 5 minut.

Następnie na pozostałej oliwie na patelni podsmaż pokrojone pomidory i paprykę. Przypraw je słodką papryką, czosnkiem, solą i pieprzem. Duś około 5 minut.

Dodaj do bulionu i gotuj 10 minut. Wyjmij liść i ziele, dolej przecier i zmiksuj na krem. Gotuj jeszcze 5 minut.

Posyp szczypiorkiem i pestkami dyni. Podawaj z kaszą gryczaną.

kolacja: Placki pieczone z warzyw i cukinii z sosem czosnkowym – 2 porcje

idealne jako lunch box

- 1 cukinia
- 1 korzeń pietruszki
- 350 g kalafiora
- 1 kawałek pora
- 2 ząbki czosnku
- 1 jajko
- 4 łyżki otrąb owsianych
- sól kłodawska, pieprz, cząber, papryka ostra i słodka, czarnuszka

Warzywa rozdrobnij w malakserze.

Dodaj roztrzepane jajko, otręby, przypraw solą, pieprzem, papryką ostrą i słodką i cząbrem. Dodaj łyżeczkę czarnuszki. Wymieszaj i odstaw na kilka minut.

Za pomocą łyżki układaj placki na blasze wyłożonej papierem do pieczenia i piecz około 20 minut w 180°C, aż się zarumienią.

sos czosnkowy:

- 200 ml jogurtu greckiego
- 1 pęczek szczypiorku
- sól kłodawska, pieprz, suszona papryka i cebulka w płatkach, cząber
- 1-2 ząbki czosnku

Wymieszaj jogurt grecki z wyciśniętym czosnkiem, cząbrem, płatkami suszonej papryki i cebuli, solą, pieprzem i posiekanym szczypiorkiem. Odstaw na 5 minut.

Przed podaniem polej placki sosem.

TYDZIEŃ VII

Dzień 1 – 2

śniadanie: Marchewkowa gryczanka z cynamonem i imbirem – 1 porcja

- 1 szklanka napoju roślinnego (kokosowego, migdałowego) lub mleka
- 3 łyżki płatków gryczanych
- 1 łyżeczka maku
- 100 g startej drobno marchewki
- szczypta soli kłodawskiej, cynamon, ½ cm świeżego imbiru
- 50 g pomelo
- 1 łyżka orzechów włoskich

Do rondelka wlej napój roślinny lub mleko, wsyp płatki, szczyptę soli, mak i zagotuj.

Wyłącz kuchenkę i zostaw do ostygnięcia.

Marchewkę wymieszaj ze startym imbirem, cynamonem.

Do wystudzonej gryczanki dodaj startą marchew z przyprawami i cząstki świeżego pomelo.

Posyp orzechami.

II śniadanie: Koktajl truskawkowy z owocami goji – 300 ml

- 150 ml jogurtu
- 150 g truskawek świeżych lub mrożonych
- świeża mięta
- 1 łyżka suszonych owoców goji
- czubata łyżka migdałów lub orzechów nerkowca

Jogurt zmiksuj z truskawkami i miętą. Na koniec dodaj owoce goji i lekko wymieszaj. Udekoruj listkami mięty.

obiad: Burgery z indyka na zielono na grillowanej cukinii – 2 porcje

- 1 duża cukinia lub 4 duże pieczarki portobello
- 250 g mielonego mięsa z indyka LUB W WERSJI WEGE 250 g mielonej, gotowanej brązowej soczewicy
- 4 łyżki otrąb owsianych
- 1 pęczek natki pietruszki
- 4 suszone pomidory
- czosnek niedźwiedzi, cebula i papryka w płatkach lub ulubione przyprawy, sól kłodawska, pieprz, cząber, 2 ząbki czosnku
- 2 łyżki oliwy
- 2 pomidory
- 4 liście sałaty lodowej
- 4 plastry czerwonej cebuli
- 2 łyżki sezamu

Cukinię pokrój na 4 grube plastry, przypraw dużą szczyptą suszonej cebuli, papryki, czosnku niedźwiedziego, soli, pieprzu i skrop oliwą. Jeśli używasz pieczarek – nie krój ich, tylko przypraw.

Mięso/soczewicę wymieszaj z posiekaną natką pietruszki, posiekanymi suszonymi pomidorami, otrębami, przypraw solą, pieprzem i dodaj wyciśnięty czosnek oraz cząber.

Wymieszaj dokładnie składniki i uformuj 4 płaskie kotlety wielkości plastrów cukinii lub pieczarek, obtocz w sezamie.

Na patelni grillowej ułóż cukinię/pieczarki i burgery i grilluj około 5 minut z obu stron, aż się zarumienią.

Na kawałek cukinii/pieczarkę układaj liść sałaty, burgera, plaster pomidora, krążek cebuli i ponownie pomidora, złącz wykałaczką.

Podawaj z surówką z białej kapusty „po chińsku".

surówka z kapusty „po chińsku":

- 300 g posiekanej białej kapusty
- 1 marchewka
- 1 mała czerwona papryka
- 1 cebula
- 1 kawałek pora

- 1 ząbek czosnku
- szczypiorek/natka pietruszki lub koperku – do posypania

zalewa:

- 30 ml octu jabłkowego
- 3 łyżki oleju rzepakowego nierafinowanego
- 2 łyżeczki ksylitolu
- duża szczypta soli, pieprz

Składniki zalewy wymieszaj w rondelku i zagotuj, aż ksylitol się rozpuści.

Warzywa drobno posiekaj, zetrzyj na tarce, czosnek wyciśnij. Zalej ciepłą zalewą i dokładnie wymieszaj, ugniatając warzywa.

Dodaj posiekaną zieleninę i odstaw na kilka minut, aby smaki się połączyły.

Surówka spokojnie może stać kilka dni w lodówce.

podwieczorek: Koreczki z mozzarellą i oliwkami – 300 g

idealne danie na imprezę

- 6 kuleczek mozzarelli mini lub pokrojona w kostkę 1 kulka mozzarelli normalnej wielkości
- 6 pomidorków koktajlowych
- 6 listków bazylii
- 6 oliwek czarnych lub zielonych
- oliwa, oregano, cząber, pieprz, sól himalajska

Mozzarellę skrop oliwą, przypraw oregano, cząbrem, solą i pieprzem.

Nadziewaj na wykałaczkę kuleczkę mozzarelli, listek bazylii, pomidorka i oliwkę.

kolacja: Sałatka z cukinią, komosą i orzechowym dressingiem – 2 porcje

idealne jako lunch box

- 1 mała cukinia (200 g)
- 1 czerwona papryka
- 1 kawałek pora
- ½ szklanki suchej komosy ryżowej

- 50 g sera koziego lub feta
- 1 łyżeczka sezamu
- 1 łyżka oliwy
- 2 ząbki czosnku
- sól kłodawska, pieprz, cząber lub czubryca zielona
- do posypania: świeża mięta lub bazylia
- **dressing orzechowy:** 2 łyżki octu jabłkowego+3 łyżki oliwy+2 łyżki posiekanej bazylii +2 łyżki drobno posiekanych orzechów włoskich lub laskowych+szczypta pieprzu – wymieszaj.

Komosę ugotuj w lekko osolonej wodzie, odsącz z nadmiaru wody.

Pokrój w plastry cukinię, pora, paprykę i przypraw je solą, pieprzem oraz czubrycą lub cząbrem.

Na patelnię wlej oliwę, dodaj posiekany czosnek i wrzuć warzywa, duś około 5 minut, mieszając, aby się nie przypaliły. Dodaj kaszę, wymieszaj.

Przełóż porcje na talerz, polej dressingiem i posyp ziołami, pokruszonym serem i sezamem.

Dzień 3–4

śniadanie: Warzywne minipizze z parmezanem – 2 porcje

idealne danie na imprezę

- ½ szklanki siemienia lnianego
- 4 czubate łyżki płatków gryczanych/jęczmiennych/owsianych
- 3 łyżki otrąb owsianych
- 2 łyżki pestek dyni
- 2 łyżki pestek słonecznika
- 1 duża szczypta soli kłodawskiej
- ½ łyżeczki tymianku/rozmarynu/cząbru
- **dodatki:** pomidory, czerwona cebula, mała cukinia, zielone szparagi, świeża bazylia, czerwona papryka, rukola, szpinak, 1 łyżka parmezanu, oliwa, ząbki czosnku
- **pesto z suszonych pomidorów:** 4 suszone pomidory zmiksowane z kilkoma listkami bazylii i 3 łyżkami oliwy oraz świeżym czosnkiem i ½ szklanki przecieru pomidorowego

Zalej siemię lniane szklanką gorącej wody i zostaw na 30 minut. Zmiel masę z wodą w blenderze na gładko, wsyp płatki, otręby, sól i ponownie zblenduj. Na koniec dodaj pestki, nasiona i ½ łyżeczki ziół i ponownie zmiksuj, ale tak, żeby zostały widoczne kawałki nasion.

Porcje ciasta wykładaj na blachę wyłożoną papierem do pieczenia i piecz 15 minut w 180°C.

Posmaruj placki pesto, ułóż cieniutkie plastry cukinii, pomidora, cebuli, ewentualnie cienko pokrojone szparagi, szpinak, skrop oliwą i posyp wyciśniętym czosnkiem, solą, cząbrem. Zapiekaj jeszcze 10 minut.

Na koniec posyp parmezanem i piecz, aż ser się rozpuści – około 3–5 minut. Udekoruj świeżą bazylią i rukolą.

II śniadanie: Koktajl orzechowo-malinowy – 300 ml

idealny koktajl okołotreningowy

- 1 szklanka napoju roślinnego (migdałowego, owsianego lub kokosowego)
- 100 g malin
- 100 g truskawek
- 2 łyżki orzechów włoskich
- 1 garść mięty

Składniki zmiksuj na smoothie. Udekoruj miętą.

obiad: Tagliatelle warzywne z dorszem – 2 porcje

- 300 g dorsza LUB W WERSJI WEGE 300 g tofu lub bakłażana
- pieprz cytrynowy, czubryca zielona, sól
- 1 łyżeczka startego imbiru
- sok z limonki
- musztarda Dijon
- 1 cukinia
- 1 fenkuł (koper włoski) – opcjonalnie
- 1 marchewka
- 1 pietruszka

- 1 seler
- 1 por
- 3 rodzaje papryki
- 2 łyżki oleju rzepakowego
- 2 ząbki czosnku
- 1 łyżka orzechów włoskich lub pestek dyni

Kawałki dorsza/tofu/bakłażana skrop limonką, posmaruj musztardą, oprósz pieprzem cytrynowym, czubrycą i imbirem. Odstaw na 10 minut. Następnie grilluj około 3 minuty.

Pora pokrój w talarki, a resztę warzyw w paski za pomocą obieraczki do warzyw.

Na rozgrzanej patelni z 2 łyżkami oleju smaż pora przez 5 minut. Następnie wrzuć pozostałe warzywa, wsyp łyżeczkę czubrycy, szczyptę soli i wyciśnięty ząbek czosnku i podduszaj około 15–20 minut, podlewając wodą.

Warzywa przełóż na talerz. Na wierzch połóż kawałki dorsza i posyp orzechami lub pestkami.

podwieczorek: Koktajl jarmużowy – 300 ml

- ½ szklanki posiekanego jarmużu sparzonego wrzątkiem
- 1 pomarańcza
- 1 łyżka migdałów
- ½ cm imbiru
- 150 ml wody

Wodę zmiksuj z cząstkami pomarańczy, jarmużem, migdałami oraz startym imbirem.

kolacja: Fasolka szparagowa z orzechową posypką – 2 porcje

idealne jako lunch box

- 500 g fasolki szparagowej
- 100 g brukselki – opcjonalnie
- 1 papryka żółta lub czerwona
- 1 kawałek pora
- 4 łyżki drobno pokruszonych orzechów włoskich lub laskowych
- 1 łyżka mąki z ciecierzycy

- 1 łyżka masła klarowanego/oleju kokosowego nierafinowanego extra virgin
- 1 łyżka oliwy
- sól kłodawska, pieprz, 1 ząbek czosnku

Fasolkę i brukselkę ugotuj na parze al dente.

Na patelnię wlej oliwę, dodaj wyciśnięty czosnek, posiekanego pora, pokrojoną w paski paprykę i smaż około 2–3 minuty, aż się zeszkli, a następnie przypraw wszystko solą i pieprzem.

Wymieszaj zawartość patelni z ugotowanymi warzywami.

Na czystej patelni rozpuść masło/olej kokosowy, wsyp mąkę z ciecierzycy, szczyptę soli, orzechy i smaż około 2 minuty, aż się zarumieni.

Warzywa podawaj z posypką orzechową.

Dzień 5-6

śniadanie: Gryczane babeczki śniadaniowe z szynką - 2 porcje

idealne danie na imprezę

- 2 jajka
- ½ szklanki mąki gryczanej
- 4 łyżki otrąb owsianych
- ½ opakowania proszku do pieczenia
- 2 plastry szynki bez konserwantów LUB W WERSJI WEGE 3 cm kawałek glonów nori lub 30 g tofu
- 4 łyżki szczypiorku
- ½ posiekanej papryki czerwonej
- 5 pieczarek
- 4 suszone pomidory z oleju z zalewą
- 4 łyżki jogurtu greckiego
- sól kłodawska, pieprz, tymianek

Białka ubij z dużą szczyptą soli na puszystą masę, dodaj żółtka i zmiksuj.

Dodaj mąkę, proszek, otręby i jogurt i delikatnie wymieszaj.

Dodaj pokrojone warzywa i szynkę/tofu/pokrojone glony oraz 1 łyżkę oleju z zalewy z suszonych pomidorów, szczyptę pieprzu oraz tymianku i delikatnie wymieszaj łyżką. Gdyby masa była za gęsta, dodaj jeszcze łyżkę jogurtu.

Wyłóż porcje ciasta do foremek na muffinki i piecz 20 minut w 180°C.

II śniadanie: Deser warstwowy z mango – 1 porcja

idealny posiłek okołotreningowy

- 250 ml jogurtu greckiego
- 1 łyżka orzechów nerkowca
- 50 g mango
- 50 g świeżych lub mrożonych truskawek
- 1 garść świeżej mięty
- 1 łyżeczka chia lub maku

Truskawki i mango pokrój.

Jogurt zblenduj z orzechami i wymieszaj z makiem lub chia.

Do wysokiej szklanki/plastikowego kubka nałóż porcję truskawek, na to porcję jogurtu, kolejno mango i ponownie jogurt. Udekoruj miętą.

obiad: Kurczak pieczony z modrą kapustą – 2 porcje

- 2 duże udka kurczaka, indyka, kaczki (400 g) LUB W WERSJI WEGE 400 g cukinii
- 400 g czerwonej kapusty
- 1 czerwona cebula
- 1 kwaśne jabłko
- 2 ząbki czosnku
- 200 ml bulionu warzywnego
- sól kłodawska, pieprz, kminek, papryka ostra i słodka, majeranek
- natka pietruszki do posypania
- 1 cytryna sparzona wrzątkiem

Mięso natrzyj papryką ostrą i słodką, solą i pieprzem.

Kapustę posiekaj drobno, cebulę pokrój w piórka, jabłko w ćwiartki.

Wszystkie warzywa wymieszaj z jabłkiem, dodaj po dużej szczypcie kminku, pieprzu, majeranku, posiekany czosnek, sól.

Przełóż do formy żaroodpornej, zalej bulionem, na wierzchu ułóż przyprawione mięso oraz plastry cytryny i piecz około 35–40 minut w 180°C pod przykryciem.

Przed podaniem posyp świeżą natką.

podwieczorek: sok pomidorowy - 300 ml

kolacja: Zupa krem z dyni ze szpinakiem - 2 porcje

- 500 g dyni
- 1-2 cm świeżego imbiru
- 500 ml bulionu warzywnego
- 1 paczka szpinaku
- 100 ml mleczka kokosowego/innego roślinnego lub zwykłego
- 1 kawałek pora
- 2 łyżki masła klarowanego lub oliwy
- 2 ząbki czosnku
- 1 szalotka
- 2 łyżki pestek z dyni lub sezamu
- sól kłodawska, pieprz czarny, papryka wędzona lub ostra

Dynię pokrój w kostkę, pora posiekaj i smaż wszystko na łyżce masła około 4 minuty. Następnie zalej bulionem i przypraw solą, pieprzem, papryką oraz imbirem i gotuj około 15 minut. Dolej napój roślinny lub mleko, gotuj jeszcze 5 minut i zmiksuj na krem.

Na patelni na maśle smaż do zeszklenia cebulę (około 2 minuty). Dodaj szpinak i czosnek, przypraw solą i pieprzem i duś około 5 minut. Dodaj do zupy.

Przed podaniem posyp pestkami dyni lub sezamu.

Dzień 7

śniadanie: Gryczane naleśniki ze szpinakiem i suszonymi pomidorami - 2 porcje

idealne jako lunch box

- 1 szklanka jogurtu greckiego
- 1 jajko
- 1 łyżka mielonego siemienia lnianego
- ⅓ szklanki mąki gryczanej
- 3 łyżki mąki owsianej
- olej kokosowy
- sól kłodawska, pieprz, tymianek lub oregano
- napój roślinny lub mleko - opcjonalnie

Do miski wbij jajko, dodaj jogurt, siemię i zmiksuj na gładko.

Dodaj obie mąki, sól, pieprz, oregano/tymianek. W razie potrzeby rozrzedź masę mlekiem.

Smaż na rozgrzanej patelni z olejem kokosowym na rumiano.

farsz szpinakowy:

- 1 paczka szpinaku
- 2 ząbki czosnku
- 1 kawałek pora
- 50 g sera feta
- 4 suszone pomidory
- sól kłodawska, pieprz czarny, gałka muszkatołowa

Na łyżce oliwy z suszonych pomidorów zeszklij posiekanego pora, przypraw szczyptą soli i pieprzu.

Dodaj szpinak, wyciśnięty czosnek, szczyptę gałki i duś pod przykryciem około 3 minuty.

Zdejmij z gazu, dodaj posiekane suszone pomidory i pokruszoną fetę i wymieszaj.

Na każdy placek nakładaj porcję farszu i składaj na trójkąty.

Podawaj z warzywami sezonowymi i sosem jogurtowo-czosnkowym.

- **sos jogurtowo-czosnkowy:** 100 ml jogurtu greckiego+1 łyżka musztardy+2 ząbki czosnku roztarte z solą i pieprzem+posiekany szczypiorek – składniki wymieszaj.

II śniadanie: Orzechowo-kokosowy jogurt z płatkami – 300 g

- 250 ml gęstego jogurtu naturalnego
- 1 łyżka pokruszonych orzechów włoskich lub laskowych
- 1 łyżka płatków owsianych
- 1 łyżka wiórków kokosowych
- świeża mięta

Jogurt wymieszaj z wiórkami i orzechami, posyp płatkami i udekoruj miętą.

obiad: Pęczotto z grzybami leśnymi i tymiankiem – 2 porcje

idealne jako lunch box

- 1 szklanka pęczaku
- 1 łodyga selera naciowego
- 1 cebula
- 2 ząbki czosnku
- 2 szklanki posiekanego jarmużu
- 150 g grzybów leśnych lub pieczarek
- 500-700 ml bulionu warzywnego
- 1 łyżka masła klarowanego lub oleju rzepakowego nierafinowanego
- sól kłodawska, pieprz, tymianek
- do posypania: 2 łyżki startego oscypka lub parmezanu
- 1 pęczek natki pietruszki

Kaszę namocz przez noc.

Na głęboką patelnię wlej olej lub masło, dodaj posiekaną cebulę, czosnek i grzyby oraz seler naciowy i przypraw solą i pieprzem. Duś około 5 minut.

Dodaj odsączony z wody pęczak, wlej 1 szklankę bulionu, dodaj dużą szczyptę tymianku i duś na małym ogniu, aż kasza wchłonie płyn. Następnie porcjami dolewaj bulion i duś kaszę do miękkości. Dodaj jarmuż i duś jeszcze 5 minut.

Na koniec posyp startym serem i natką.

podwieczorek: Zupa krem z pora - 2 porcje

- 1 por
- 1 mała cukinia
- świeży koperek
- majeranek, szczypta kminku, sól morska, pieprz czarny
- 2 łyżki oliwy lub masła klarowanego
- 1 garść rukoli
- 600 ml bulionu
- 2 łyżki płatków migdałowych
- 100 ml napoju roślinnego (kokosowego, migdałowego, ryżowego, sojowego)

Pora pokrój w talarki i duś na oliwie lub maśle w garnuszku około 2 minuty, następnie dodaj pokrojoną cukinię i delikatnie smaż całość kolejne 2 minuty.

Zalej 600 ml bulionu z dodatkiem przypraw i gotuj około 10 minut. Pod koniec gotowania dodaj napój roślinny. Zupę zmiksuj.

Przed podaniem posyp koperkiem, rukolą i płatkami migdałów.

kolacja: Sałatka z mozzarellą w szynce parmeńskiej - 2 porcje

idealne danie na imprezę

- 200 g miksu sałat z rukolą i sałatą lodową
- 100 g małej cukinii
- 1 mała czerwona cebula
- 4 suszone pomidory
- 4 plastry szynki parmeńskiej bez konserwantów LUB W WERSJI WEGE 4 cienkie plastry cukinii grillowanej
- 1 kulka mozzarelli
- 2 łyżki orzechów włoskich lub laskowych
- 1 pęczek szczypiorku
- 1 granat
- 1 łyżka oliwy
- sól kłodawska, pieprz, czosnek granulowany

- **sos musztardowo-pomarańczowy:** 3 łyżki soku z pomarańczy+3 łyżki soku z granatu +1 łyżeczka musztardy Dijon+3 łyżki oleju lnianego lub oliwy+2 łyżki posiekanej mięty – wymieszaj.

Mozzarellę pokrój w grube słupki. Zawiń je w plastry szynki/grillowanej cukinii.

Cukinię pokrój w plastry lub długie wstążki, skrop oliwą, posyp solą, pieprzem, czosnkiem granulowanym.

Cebulę pokrój w plastry, posól.

Na patelni połóż roladki z szynki z mozzarellą, obok plastry cukinii i ćwiartki cebuli skropione oliwą i grilluj/smaż około 2 minuty z obu stron.

Na talerz wyłóż sałaty, na to posiekane suszone pomidory, roladki z szynki, plastry cukinii i cebulę, polej sosem, posyp szczypiorkiem, orzechami i nasionami granatu.

TYDZIEŃ VIII

Dzień 1 – 2

śniadanie: Koreczki warzywne – 1 porcja

idealne danie na imprezę

- 4 kromki chleba żytniego
- 1 ogórek kiszony
- 2 plastry szynki lub wędzonego łososia LUB W WERSJI WEGE 2 plastry wędzonego tofu
- 4 pomidorki koktajlowe
- 2 liście sałaty
- 4 plastry papryki żółtej i czerwonej
- 2 rzodkiewki
- 4 łyżki twarożku
- sól kłodawska, pieprz

Z każdej kromki wytnij małą szklanką kółka lub przekrój kromkę na 2 trójkąty.

Posmaruj 4 kromki porcją twarożku, posyp solą i pieprzem, na to połóż porcję sałaty, szynki lub łososia, na to plaster ogórka kiszonego, rzodkiewki, plastry papryki, ponownie kromkę chleba i zapnij wykałaczką.

Na wierzch wbij małego pomidorka.

II śniadanie: Koktajl borówkowy – 300 ml

idealny koktajl okołotreningowy

- 150 ml napoju roślinnego (owsianego, kokosowego, migdałowego)
- 100 g borówek
- 50 g malin
- 1 łyżka otrąb owsianych
- czubata łyżka migdałów lub orzechów nerkowca
- świeża mięta

Wszystkie składniki zmiksuj na smoothie. Udekoruj miętą.

obiad: Ryba w sosie selerowym – 2 porcje

- 300 g filetu bez ości z dorsza lub pstrąga LUB W WERSJI WEGE ugotowana fasola Jaś
- 1 szklanka komosy ryżowej
- 3-4 łodygi selera naciowego
- 2-3 ząbki czosnku
- 1 cukinia (około 300 g)
- 1 por
- 2 łyżki oliwy
- sok i skórka otarta z 1 limonki
- 50 ml bulionu warzywnego
- 6 czarnych lub zielonych oliwek
- 50 ml mleczka kokosowego – opcjonalnie
- sól kłodawska, pieprz czarny
- świeże zioła: tymianek, bazylia

Komosę ugotuj w lekko osolonej wodzie.

Rybę pokrój na kawałki, skrop sokiem z limonki i posyp przyprawami oraz otartą skórką z limonki/fasolę przypraw pieprzem i solą.

Pora pokrojonego w paseczki duś na oliwie około 2 minuty.

Dodaj plasterki czosnku i selera. Dolej bulion i duś około 10 minut.

Następnie dodaj wstążki z cukinii, mleczko kokosowe, ułóż kawałki ryby/fasolę, pokrojone oliwki, przykryj i paruj na warzywach około 6 minut.

Posyp świeżymi ziołami. Podawaj z komosą.

podwieczorek: Zupa pomidorowa z chili – 2 porcje

- 1 cebula
- 5 dużych, słodkich pomidorów – malinowe lub bawole serca
- 2-3 ząbki czosnku
- 2 łodygi selera naciowego
- świeża bazylia do posypania
- 1 kawałek świeżego lub suszonego chili
- sól himalajska, pieprz, tymianek, liść laurowy
- 2 łyżki oliwy lub oleju rzepakowego nierafinowanego
- 2 szklanki bulionu (około 500 ml)

Cebulę pokrój w piórka i zeszklij na oliwie. Dodaj posiekany czosnek i duś jeszcze chwilę.

Dodaj pokrojonego selera naciowego i smaż jeszcze 3 minuty. Dorzuć pokrojone pomidory i duś 5 minut. Dodaj tymianek, chili, liść laurowy i 2 szklanki bulionu warzywnego. Przypraw do smaku i gotuj około 30 minut. Wyjmij liście laurowe i zmiksuj. Przed podaniem posyp bazylią.

kolacja: Szaszłyki z cukinii, pieczarek i indyka – 2 porcje

idealne jako lunch box

- 100 g mięsa z indyka, kurczaka LUB W WERSJI WEGE 100 g wędzonego tofu
- 10 małych pieczarek
- 1 cukinia
- 2 ząbki czosnku
- 1 mała czerwona cebula

- 2 łyżki oliwy
- sól kłodawska, pieprz, tymianek, oregano, cząber, ostra i słodka papryka
- dodatki: sałata lodowa, 10 pomidorków koktajlowych lub 2 zwykłe pomidory
- **sos jogurtowy:** 200 ml jogurtu greckiego+1 łyżeczka czubrycy zielonej+szczypta pieprzu+4 łyżki posiekanej natki lub szczypiorku – wymieszaj.

Mięso/tofu pokrój w grubą kostkę, polej oliwą, przypraw ostrą i słodką papryką oraz solą i pieprzem.

Cukinię pokrój w plastry, wsyp do miseczki, dodaj pieczarki i ćwiartki cebuli i polej łyżką oliwy.

Warzywa posyp solą, pieprzem, ziołami, wyciśniętym czosnkiem i wymieszaj.

Na patyczki do szaszłyków nabijaj kolejno plastry cukinii, pieczarkę, mięso, ćwiartkę cebuli itd.

Ułóż szaszłyki na blasze wyłożoną papierem do pieczenia i piecz około 15 minut w 180°C lub smaż na patelni grillowej pod przykryciem około 8 minut.

Podawaj z pomidorkami, sałatą i sosem jogurtowym.

Dzień 3 – 4

śniadanie: Pomidorowa kasza gryczana z pieczonymi warzywami – 2 porcje

idealne jako lunch box

- ½ szklanki kaszy gryczanej palonej
- 1 szklanka soku pomidorowego
- 50 ml wody
- 50 g cukinii
- 50 g batata
- 50 g papryki czerwonej
- 50 g papryki żółtej
- 100 g szparagów lub fasolki szparagowej
- 50 g buraka
- 1 czerwona cebula
- sól kłodawska, pieprz, czosnek granulowany, ostra i słodka papryka, tymianek lub rozmaryn, ziele angielskie, liść laurowy

- 2 łyżki pestek dyni
- 2 łyżki oliwy
- natka lub szczypiorek do posypania

Kaszę wypłucz pod bieżącą wodą, wsyp do garnka, upraż w suchym rondlu około 2 minuty, zalej sokiem pomidorowym, dodaj 50 ml wody, szczyptę soli, liść laurowy i ziele i gotuj na małym ogniu około 15 minut.

Następnie wyłącz palnik i zostaw kaszę pod przykryciem, aż wchłonie płyn.

Fasolkę lub szparagi ugotuj al dente.

Warzywa pokrój w paski, plastry lub słupki, polej olejem i posyp czosnkiem, ostrą i słodką papryką, solą, pieprzem i dokładnie wymieszaj. Piecz na blasze około 15 minut w 200°C.

Do ugotowanej kaszy dodaj szparagi/fasolkę, upieczone warzywa, wymieszaj i posyp pestkami i natką.

Przechowuj w lodówce. Na drugi dzień możesz podawać na zimno lub ciepło.

II śniadanie: Sałatka jabłkowo-malinowa z jogurtem – 300ml

idealny posiłek okołotreningowy

- 1 kwaśne jabłko
- 100 g malin
- sok z ½ cytryny
- 100 ml jogurtu
- 2 łyżki płatków owsianych lub gryczanych
- świeża mięta do dekoracji
- 1 łyżeczka siemienia lnianego lub maku lub nasion chia
- cynamon do smaku
- 1 łyżka posiekanych orzechów włoskich lub laskowych

Jabłko pokrój drobno, skrop sokiem z cytryny, przypraw cynamonem, dodaj listki mięty i maliny i wymieszaj.

Jogurt wymieszaj z siemieniem, chia lub makiem.

Na dno szklanki wyłóż jabłka z malinami, posyp orzechami, na to wsyp płatki i zalej jogurtem. Posyp cynamonem i udekoruj miętą.

obiad: Pulpeciki w wersji hot – 2 porcje

- 300 g mięsa wołowego lub z indyka LUB W WERSJI WEGE zmielonej ugotowanej brązowej soczewicy
- 300 g pokrojonych pomidorów bez skórki lub z zalewy
- 200 ml bulionu warzywnego
- 50 ml gęstego mleczka kokosowego
- 1 łodyga selera naciowego
- 1 czerwona papryka
- 1 żółta papryka
- 1 cm kawałek świeżego imbiru
- 3 ząbki czosnku
- 2 łyżki sezamu
- 2 łyżeczki oliwy
- 1 łyżeczka skórki otartej z limonki
- 1 por
- 1 czerwona cebula
- świeża bazylia, kolendra, natka pietruszki i szczypiorek
- ostra i słodka papryka, chili w płatkach, pieprz, sól kłodawska,

Mięso/soczewicę wymieszaj z dużą szczyptą ostrej i słodkiej papryki, płatkami chili i 4 łyżkami posiekanej natki i szczypiorku.

Wyrób mokrą dłonią małe kuleczki i obtaczaj w sezamie.

Na patelnię wlej olej i smaż kuleczki około 8 minut, obracając z wielu stron, aby sezam się zarumienił.

Na głębokiej patelni rozgrzej łyżkę oliwy, dodaj posiekaną cebulę, pora, pokrojonego selera naciowego i duś około 2 minuty. Dodaj sól, pieprz, wyciśnięty czosnek, starty 1 cm imbiru, pokrojoną w paski paprykę i duś jeszcze 3 minuty, mieszając. Dodaj pokrojone pomidory lub te z zalewy oraz ostrą i słodką paprykę w proszku i duś jeszcze 3 minuty. Wlej bulion, dodaj skórkę z limonki i duś kolejne 5 minut.

Na koniec dodaj mleczko kokosowe, wymieszaj, włóż pulpeciki i podgrzewaj razem około 5 minut.

Przed podaniem posyp świeżą bazylią, szczypiorkiem lub kolendrą.

podwieczorek: Sałatka z selera, bulguru i granatu – 2 porcje

idealne danie na imprezę

- 1 korzeń selera
- 1 kwaśne jabłko
- 1 granat
- 4 łyżki posiekanej natki pietruszki
- 50 g pełnoziarnistej kaszy bulgur lub komosy ryżowej
- sok z ¼ cytryny
- 4 łyżki posiekanych orzechów włoskich lub laskowych
- sól kłodawska, pieprz

Selera i jabłko zetrzyj na tarce. Wymieszaj i polej sokiem z ćwiartki cytryny.

Dodaj ugotowany al dente bulgur, orzechy i delikatnie wymieszaj.

Posyp świeżą natką, dopraw solą i pieprzem. Posyp ziarenkami z połowy granatu. Odstaw na 15 minut.

kolacja: Pieczone papryki nadziewane zielonym twarożkiem z orzechami – 2 porcje

idealne danie na imprezę

- 2 duże czerwone papryki lub 4 podłużne (wtedy pokrój tylko na połówki wzdłuż)
- 200 g twarożku naturalnego lub koziego
- 1 pęczek szczypiorku
- 2 ząbki czosnku
- 2 łyżki orzechów włoskich lub uprażonych piniowych lub laskowych
- 1 łyżeczka uprażonej na patelni czarnuszki
- ½ twardej gruszki
- sól kłodawska, pieprz, tymianek, czubryca zielona
- 2 łyżki oliwy
- 2 ząbki czosnku
- świeża mięta do dekoracji

Papryki przekrój na ćwiartki i wyjmij gniazda nasienne.

Oliwę wymieszaj z wyciśniętym czosnkiem, posól. Ćwiartki papryki natrzyj oliwą czosnkową, nakłuj warzywa widelcem i piecz w 190°C około 15 minut.

Wymieszaj twarożek z dużą szczyptą pieprzu, soli, tymianku, czubrycy, czarnuszką, szczypiorkiem, posiekanymi orzechami i gruszką pokrojoną w kosteczkę.

Do upieczonych papryk nakładaj porcje nadzienia serowego, udekoruj miętą.

Podawaj na zimno.

Dzień 5–6

śniadanie: Tosty z brokułową pastą – 1 porcja

- 2 kromki chleba razowego, pokrojonego w trójkąty i upieczonego w tosterze
- rukola, pomidorki koktajlowe, ogórek kiszony, szynka parmeńska – na kanapki

pasta brokułowa:

- 150 g brokuła
- 100 g twarożku białego lub ugotowane, jeszcze ciepłe jajko lub W WERSJI WEGE silken tofu
- 3 łyżki posiekanego szczypiorku lub natki
- 2 łyżki posiekanych pistacji niesolonych lub pestek z dyni
- sól kłodawska, pieprz

Rozdrobnionego brokuła wrzuć do wrzątku na 5 minut, odcedź.

Do blendera wrzuć brokuła, twarożek/ciepłe jajko/silken tofu i zmiksuj na gładką masę. Możesz użyć także i twarożek, i jajko. Zmiksuj na pastę.

Dodaj pokruszone orzechy/pestki, szczypiorek lub natkę, sól, pieprz i wymieszaj.

Na tost połóż porcję pasty, plaster szynki parmeńskiej, rukolę, plaster ogórka i połówkę pomidorka koktajlowego.

II śniadanie: Jogurt z granatem i migdałami – 1 porcja

- 200 ml jogurtu naturalnego gęstego
- 4 łyżki ziarenek granatu
- 1 łyżka pokruszonych migdałów
- 1 łyżeczka nasion maku, siemienia lnianego, chia lub konopi
- świeże listki mięty lub melisy

Jogurt wymieszaj z nasionami.

Dno wysokiego pucharka/szklanki wysyp dwoma łyżkami ziarenek granatu, wyłóż jogurt z nasionami, ponownie posyp granatem, migdałami i udekoruj miętą lub melisą.

obiad: Chrupiący kurczak z warzywami stir-fried – 2 porcje

- 200 g mięsa z indyka lub kurczaka LUB W WERSJI WEGE wędzonego tofu
- jajko
- 4 łyżki mąki z ciecierzycy
- 1 por
- 1 papryka czerwona
- 1 seler naciowy
- 1 mała cukinia
- 200 g fasolki szparagowej lub szparagów zielonych
- 100 g brokuła
- 1 czerwona cebula
- świeży imbir
- 2 ząbki czosnku
- sól kłodawska, czosnek granulowany, papryka ostra i słodka, pieprz
- 1 pęczek szczypiorku
- 1 łyżka oleju kokosowego
- 1 łyżka oliwy
- 1 łyżka sosu sojowego light – opcjonalnie

Mięso/tofu pokrój w długie i cienkie kawałki. Przypraw pieprzem, solą i papryką ostrą i słodką.

Do mąki z ciecierzycy wsyp po ½ łyżeczki czosnku granulowanego, ostrej i słodkiej papryki, szczyptę soli i wymieszaj.

Obtocz kawałki mięsa w roztrzepanym jajku, a następnie w mieszance mąki z przyprawami.

Smaż na rumiano na oleju kokosowym na małym ogniu około 5 minut z każdej strony.

Warzywa pokrój w słupki lub plastry. Na głęboką patelnię typu wok wlej oliwę, dodaj warzywa, polej sosem sojowym, posyp pieprzem, dodaj starty imbir i posiekany czosnek i smaż, mieszając, około 5–8 minut.

Chrupiącego kurczaka podawaj z warzywami posypanymi szczypiorkiem.

podwieczorek: Zupa krem z pieczarek – 2 porcje

- 200 g pieczarek
- 2 łyżki oliwy z oliwek
- 1 mała cebula
- 1 marchew
- 2 łodygi selera naciowego
- 500 ml bulionu warzywnego lub drobiowego
- suszony koperek lub tymianek, liść laurowy
- natka pietruszki

Do garnka wlej oliwę, podgrzej na małym ogniu. Wsyp pokrojone pieczarki, drobno posiekaną cebulę, pokrojoną na cienkie plasterki marchew i łodygi selera. Duś 10 minut pod przykryciem, od czasu do czasu mieszając.

Zalej bulionem, zagotuj. Dodaj koperek i liść laurowy, przykryj i gotuj przez ok 25 minut. Zmiksuj i posyp przed podaniem świeżą natką pietruszki.

kolacja: Sałatka w greckim stylu na sałacie rzymskiej z fetą z grilla – 2 porcje

idealne danie na imprezę

- 80 g sera feta/tofu
- 1 awokado
- świeża bazylia

- 1 sałata rzymska
- 2 duże papryki
- 1 łyżka oliwy
- sok z limonki lub cytryny do skropienia
- 1 dymka
- 2 ząbki czosnku
- sól kłodawska, pieprz
- **dressing:** 2 łyżki octu z czerwonego wina lub jabłkowego+roztarty czosnek+po szczypcie soli i pieprzu+2 łyżki oliwy – dokładnie wymieszaj.

Awokado pokrój i skrop sokiem z cytryny/limonki, posyp startym czosnkiem i skrop oliwą.

Papryki pokrój w kawałki, oczyść z gniazd nasiennych. Sałatę przekrój na większe kawałki, skrop oliwą i posyp startym czosnkiem, solą i pieprzem.

Na patelni grillowej ułóż warzywa i fetę i grilluj około 5 minut z obu stron, aż się zarumienią.

Na talerz wyłóż sałatę, paprykę, kawałki awokado, porcję fety, posyp pieprzem, posiekaną dymką i listkami bazylii.

Dzień 7

śniadanie: Kanapki z pastą szpinakową

- 2 kromki razowego chleba
- dodatek: świeże pomidory

pasta szpinakowa:
- 1 szklanka czerwonej soczewicy
- 1 paczka szpinaku
- 1 cebula lub 1 kawałek pora
- 2 ząbki czosnku
- sól kłodawska, pieprz
- 2 łyżki oleju rzepakowego nierafinowanego

Soczewicę wypłucz, zalej 2 szklankami lekko osolonej wody i gotuj do miękkości około 15–20 minut.

Wlej olej na patelnię, dodaj posiekanego pora/cebulę i smaż około 3 minut, aż się zeszkli. Dodaj szpinak, posiekany czosnek, sól, pieprz i duś pod przykryciem około 5 minut.

Do ugotowanej i odsączonej soczewicy dodaj szpinak z patelni i zmiksuj.

Podawaj ze świeżymi pomidorami.

II śniadanie: Smoothie malinowe z orzechami – 300 ml

- 150 g malin
- 150 g truskawek
- 1 łyżeczka chia lub siemienia lnianego
- świeża melisa lub mięta
- 1 czubata łyżka orzechów włoskich, laskowych

Zmiksuj owoce z chia lub siemieniem.

Przelej do szklanki, posyp orzechami i udekoruj miętą.

obiad: Grillowane polędwiczki z nutą śródziemnomorską i grillowaną cytryną – 2 porcje

- 300 g polędwiczki wieprzowej bez tłuszczu lub polędwiczek z kurczaka/indyka
  LUB W WERSJI WEGE 300 g grubych plastrów bakłażana
- kumin, kolendra, cynamon, chili, sól kłodawska, papryka, 2 ząbki czosnku
- 2 łyżki oliwy
- 1 cytryna
- 1 pomarańcza
- 4 szalotki lub 2 czerwone cebule
- 3 kolorowe papryki
- dodatki: sałata lodowa, pomidory

Mięso/bakłażana obsyp dużą szczyptą kuminu, suszoną kolendrą, chili, solą, cynamonem, papryką i dokładnie natrzyj. Skrop oliwą. Odstaw na 15 minut.

Oliwę wymieszaj z rozgniecionym czosnkiem, dodaj szczyptę soli i wymieszaj z pokrojonymi paprykami i cebulą.

Mięso/bakłażana i warzywa ułóż na patelni grillowej, ruszcie lub blasze. Obok ułóż pokrojone na grube plastry cytrusy i piecz około 25 minut w 190°C.

Po przygotowaniu podawaj z liśćmi sałaty lodowej i pomidorem.

podwieczorek: Surówka z kiszonej kapusty na różowo – 2 porcje

- 200 g kiszonej kapusty
- 1 mała marchewka
- 1 czerwona cebuka
- 1 mały burak
- 1 kwaśne jabłko
- 2 łyżeczki oliwy
- 2 łyżki pestek dyni
- ½ granatu
- sól kłodawska, pieprz, szczypta czarnuszki

Kapustę drobno posiekaj, dodaj startą marchewkę, posiekaną czerwoną cebulę, starte jabłko, buraczka, dokładnie wymieszaj.

Polej oliwą, posyp pieprzem i ewentualnie solą, pestkami dyni i ponownie połącz składniki. Odstaw na kilka minut, aby smaki się przegryzły. Na koniec posyp nasionami granatu i czarnuszką.

kolacja: Zimowy kapuśniaczek – 2 porcje

- 200 g posiekanej białej kapusty
- 200 g kiszonej kapusty
- 1 marchewka
- 1 pietruszka
- 1 kawałek pora
- 3 pomidory bez skórki
- 1 cebula
- 1 łyżka oleju rzepakowego nierafinowanego
- 600 ml bulionu warzywnego
- sól kłodawska, pieprz, majeranek, kminek, 2 liście laurowe, ziele angielskie
- świeża natka do posypania

Do rondelka wlej olej, dodaj posiekanego pora, cebulę, przypraw solą i pieprzem i duś około 2 minuty.

Dodaj obie kapusty, startą marchew i pietruszkę, pokrojone pomidory i 1 łyżeczkę kminku i smaż około 2 minuty, mieszając drewnianą łyżką.

Dolej bulion, dodaj liście laurowe, ziele angielskie i gotuj około 30 minut, pod koniec dosyp łyżkę majeranku.

Przed podaniem posyp świeżą natką.

TYDZIEŃ IX

Dzień 1-2

śniadanie: Tosty razowe z wegepasztetem grzybowym

- 2 kromki razowego chleba
- 1 ząbek czosnku

wegepasztet grzybowy:

- 1 szklanka ugotowanej fasolki białej typu Jaś lub brązowej soczewicy
- 200 g grzybów leśnych lub pieczarek
- 1 cebula
- sól kłodawska, pieprz, tymianek, majeranek
- 1 łyżka masła klarowanego lub oleju rzepakowego nierafinowanego

Na łyżce oliwy zeszklij posiekaną cebulę, przypraw solą i pieprzem. Dodaj posiekane grzyby, duś razem około 10 minut.

Do fasolki dodaj grzyby z patelni, wsyp po dużej szczypcie majeranku i tymianku i zmiksuj na gładką pastę.

Grzanki posmaruj przekrojonym czosnkiem, potem pasztetem grzybowym i posyp natką.

II śniadanie: Marchewkowa granola z miętą – 300 g

- 200 g jogurtu
- 100 g startej marchewki
- kilka listków świeżej mięty

- 1 łyżka orzechów włoskich
- 1 łyżka siemienia lnianego
- szczypta kardamonu i cynamonu

Jogurt wymieszaj z marchewką, orzechami i siemieniem.

Przełóż do szklanki. Udekoruj miętą, posyp cynamonem i kardamonem.

obiad: łosoś w sosie maślano-cytrynowym z surówką z pomidorów – 2 porcje

- 300 g łososia dzikiego lub dorsza, halibuta, sandacza lub indyka LUB W WERSJI WEGE plastry selera zawinięte w glony nori
- 1 szklanka ugotowanej na parze czarnej soczewicy (lub innej ulubionej)
- 1 fenkuł lub por
- 1 mała cukinia
- 1 szalotka
- ½ szklanki bulionu warzywnego
- 1 paczka szpinaku
- 1 ząbek czosnku
- 2 łyżeczki masła klarowanego
- 2 czubate łyżki gęstego mleczka kokosowego – opcjonalnie
- 1 łyżka otartej skórki z cytryny
- sok z cytryny do skropienia
- sól kłodawska, pieprz, oregano, świeży imbir

Rybę skrop sokiem z cytryny, przypraw solą i pieprzem.

Na patelni rozpuść masło klarowane, dodaj posiekany fenkuł lub por, szalotkę, posyp solą i pieprzem i duś około 2 minuty.

Dodaj wyciśnięty czosnek, pokrojoną w cieniutkie plasterki cukinię i starty imbir. Wlej bulion i duś około 3 minuty.

Wrzuć szpinak, dodaj mleczko kokosowe, skórkę z cytryny i duś kolejne 2 minuty.

Na koniec umieść na patelni z warzywami rybę/selera w nori, posyp oregano, pieprzem i duś pod przykryciem około 3–5 minut.

Podawaj z czarną soczewicą.

podwieczorek: Surówka z pomidorów – 2 porcje

- 4 dojrzałe pomidory
- 1 szalotka lub 1 mała czerwona cebula cukrowa
- 1 pęczek szczypiorku
- ½ szklanki jogurtu greckiego
- 1 łyżeczka oleju lnianego
- 1 łyżeczka czubrycy zielonej lub sól kłodawska, pieprz

Pomidory pokrój w plastry, cebulę i szczypiorek posiekaj. Połącz składniki.

Jogurt wymieszaj z olejem i czubrycą.

Warzywa polej sosem jogurtowym. Posyp pieprzem.

kolacja: Sałatka à la Cezar z sezamowym kurczakiem – 2 porcje

idealne danie na imprezę

- 200 g filetu z indyka LUB W WERSJI WEGE 200 g bakłażana
- 2 ugotowane jajka na twardo LUB W WERSJI WEGE awokado
- 1 małe jajko surowe
- 2 plastry szynki parmeńskiej LUB W WERSJI WEGE 30 g wędzonego tofu
- 6 liści sałaty lodowej
- 6 pomidorków koktajlowych lub duży pomidor
- 1 dymka
- 2 łyżki sezamu
- sól kłodawska, pieprz ziołowy, ostra i słodka papryka
- **dressing czosnkowy:** 3 łyżki natki pietruszki+1 łyżeczka oregano+1 wyciśnięty ząbek czosnku+2 łyżki soku z limonki+2 łyżeczki oliwy lub oleju lnianego – zmiksuj.

Mięso pokrój w paski, przypraw solą, pieprzem i papryką ostrą i słodką. To samo zrób z bakłażanem.

Zanurzaj kawałki w roztrzepanym jajku, obtaczaj w sezamie i wyłóż na blachę w piekarniku. Obok połóż szynkę/tofu pokrojoną w mniejsze paski i piecz około 15 minut w 190°C.

Porwij liście sałaty, wymieszaj z posiekaną dymką, pomidorkami, ułóż ćwiartki jajka/kawałki awokado i polej sosem.

Wyłóż kawałki mięsa/bakłażana w sezamie i upieczone plasterki szynki/tofu. Podawaj z warzywami z jajkiem/awokado.

Dzień 3-4

śniadanie: Cukiniowe muffiny śniadaniowe z szynką parmeńską - 2 porcje

idealne jako lunch box

- 2 jajka
- 2 plastry szynki parmeńskiej bez konserwantów lub innej dowolnej LUB W WERSJI WEGE tofu wędzone
- 2 szklanki startej cukinii
- 1 mały kawałek pora
- 4 łyżki otrąb owsianych
- 4 łyżki posiekanego szczypiorku
- pieprz, sól kłodawska, tymianek

Białka ubij na sztywną pianę z solą, dodaj żółtka i zmiksuj.

Dodaj odsączoną z nadmiaru wody cukinię przyprawioną szczyptą soli, pieprzu i tymianku. Dorzuć otręby, posiekanego pora, szczypiorek i delikatnie wymieszaj. Dodaj pokrojoną szynkę/tofu i połącz składniki.

Do foremek na muffinki wykładaj po dużej łyżce i piecz około 20 minut w 180°C.

II śniadanie: Komosa ryżowa z pistacjami - 300 g

- 150 g ugotowanej komosy
- 150 g owoców jagodowych (malin, borówek, truskawek)
- 1 łyżka niesolonych orzechów pistacjowych
- 1 łyżka pestek granatu/jagód goji
- świeża mięta lub melisa

Kaszę wymieszaj z pokruszonymi pistacjami. Podawaj z owocami i pestkami granatu lub jagodami goji.

Udekoruj ziołami.

obiad: Kurczak po chińsku – 2 porcje

- 200 g mięsa z drobiu lub W WERSJI WEGE 200 g ugotowanej ciecierzycy
- 400 g mieszanki chińskiej mrożonej
- 1 łodyga selera naciowego
- 1 szalotka
- 1-2 ząbki czosnku
- 1 ostra papryczka
- imbir świeży
- sól kłodawska, pieprz, curry, sos sojowy light, papryka ostra i słodka
- 2 łyżki oleju rzepakowego lub kokosowego
- 30 g makaronu sojowego
- 300 ml bulionu warzywnego lub łyżka pasty miso+300 ml ciepłej wody
- świeża natka pietruszki lub kolendra

Mięso/ugotowaną ciecierzycę przypraw curry, ostrą i słodką papryką oraz pieprzem i skrop sosem sojowym. Zostaw na 30 minut do zamarynowania.

Na patelnię typu wok wlej olej, dodaj mięso (jeśli używasz ciecierzycy, to dodaj ją na końcu), posiekaną cebulę, czosnek, papryczkę i selera. Przypraw solą, pieprzem i duś około 3 minuty.

Dodaj mieszankę warzywną, starty imbir, wlej bulion lub dodaj łyżkę pasty miso i 300 ml ciepłej wody. Duś około 15 minut.

Na koniec dorzuć makaron sojowy (ewentualnie ciecierzycę) i duś pod przykryciem, aż makaron zmięknie (około 3 minuty).

Przed podaniem posyp natką lub świeżą kolendrą.

podwieczorek: Zupa pomarańczowo-paprykowa z miętą – 2 porcje

- 3 czerwone papryki
- 1 pomarańcza
- 1 kawałek białej części pora
- pieprz, sól kłodawska
- imbir świeży
- kilka listków świeżej mięty
- 2 łyżki oleju rzepakowego

- płatki migdałowe
- 600 ml bulionu warzywnego

Papryki pokrój w kostkę, pora w talarki i oba warzywa podduś na 2 łyżeczkach oleju. Dodaj pieprz, sól i przełóż do garnuszka. Zalej bulionem, dodaj kawałek startego imbiru, wyciśniętą pomarańczę z miąższem, zagotuj i zmiksuj.

Przed podaniem posyp listkami mięty i płatkami migdałowymi.

kolacja: Węgierskie leczo paprykowe z rozmarynem – 2 porcje

- 4 pomidory bez skórki
- 3 kolorowe papryki
- 1 czerwona cebula
- 1 ząbek czosnku
- 1 kawałek chili – opcjonalnie
- 1 jajko
- sól kłodawska, pieprz, cząber, tymianek lub rozmaryn, słodka papryka
- 1 łyżka oliwy
- do posypania: natka pietruszki lub kolendra

Pomidory drobno pokrój, wrzuć do rondelka z oliwą, dodaj wyciśnięty ząbek czosnku, posiekaną cebulę, łyżeczkę słodkiej papryki, sóli pieprz. Duś na małym ogniu około 6 minut.

Dodaj pokrojone papryki oraz chili i duś kolejne 6 minut.

Następnie dodaj roztrzepane dokładnie widelcem jajko i wymieszaj szybko, aby zagęściło masę.

Przypraw cząbrem, szczyptą rozmarynu lub tymianku i wymieszaj.

Przed podaniem posyp świeżą natką.

Dzień 5-6

śniadanie: Tosty z serem – 2 porcje

- 4 cienkie kromki chleba razowego
- 4 plastry mozzarelli
- 4 plastry pomidora

- 2 plastry szynki domowej pieczonej lub parmeńskiej
- 2 plastry czerwonej cebuli
- 4 listki bazylii
- 2 suszone pomidory – opcjonalnie
- szczypiorek

Na kromkę chleba połóż ½ suszonego pomidora, na to plastry mozzarelli, cebuli, pomidora, szczypiorek, bazylię, szynkę i przykryj drugą kromką.

Włóż do opiekacza lub piekarnika i zapiekaj 5 minut.

Podawaj z 300 g dowolnych warzyw: rzodkiewkami, sałatą, ogórkami, kiełkami.

II śniadanie: Surówka z kapusty kiszonej z czarnuszką – 2 porcje

- 1 miseczka kapusty kiszonej (około 200 g)
- 1 jabłko
- 1 marchewka
- 1 szalotka lub 1 czerwona cebula lub 1 kawałek pora
- 1 łyżeczka nasion czarnuszki uprażonych na suchej patelni lub kminku
- 1 łyżka oleju lnianego

Kapustę posiekaj, dodaj starte jabłko, marchewkę, posiekaną cebulę/pora i polej olejem.

Wymieszaj dokładnie drewnianą łyżką. Na koniec posyp czarnuszką.

obiad: Stek z łososia ze szpinakiem i suszonymi pomidorami na pęczaku – 2 porcje

- 2 steki z łososia lub innej ulubionej ryby bez ości (300 g) LUB W WERSJI WEGE 300 g plastrów bakłażana lub tofu
- 1 niepełna szklanka suchego pęczaku namoczona na noc w wodzie
- 2 szklanki szpinaku
- 1 ząbek czosnku
- 4 suszone pomidory
- 1 szalotka lub 1 kawałek pora
- sok z 1 cytryny

- 1 łyżeczka oleju lnianego
- 2 łyżeczki masła klarowanego lub oliwy/oleju rzepakowego nierafinowanego
- sól kłodawska, pieprz, papryka ostra i słodka, tymianek lub oregano
- 1 pęczek szczypiorku

Rybę/plastry bakłażana/kawałki tofu skrop sokiem z cytryny, posyp solą, pieprzem i tymiankiem lub oregano.

Kaszę ugotuj, wypłucz z wody. Wymieszaj z łyżeczką oleju lnianego, posyp solą, pieprzem, papryką ostrą i słodką i wymieszaj z posiekanym szczypiorkiem.

Na maśle lub oliwie zeszklij posiekaną szalotkę lub pora, posól. Po 1 minucie dodaj szpinak, wyciśnięty ząbek czosnku i duś na małym ogniu około 2 minuty. Wyłącz gaz i dodaj pokrojone suszone pomidory.

Na stekach z ryby/plastrach bakłażana/kawałkach tofu ułóż porcję szpinaku, wstaw do piekarnika i piecz około 15 minut w 180°C. Podawaj na pęczaku.

podwieczorek: Pudding chia z pikantnymi truskawkami – 300 ml

- 250 ml jogurtu
- 100 g truskawek świeżych lub mrożonych
- 1 łyżka suszonych jagód goji
- skórka otarta z całej limonki i sok z ½ limonki
- po 1 szczypcie cynamonu, kardamonu i imbiru
- świeża mięta
- 1 łyżka nasion chia
- 1 łyżka pestek słonecznika

Jogurt wymieszaj z nasionami chia.

Truskawki pokrój, posyp przyprawami, dodaj jagody goji, sok z limonki i wymieszaj. Liście mięty posiekaj.

Na dno szklanki wlej połowę truskawek, na to jogurt, ponownie truskawki, posyp miętą i pestkami słonecznika oraz skórką otartą z limonki.

kolacja: Zupa kalafiorowa z nutą cytryny – 2 porcje

- 500 g kalafiora
- 1 pietruszka
- 1 marchewka
- 1 por
- 1 seler naciowy
- 1 łyżka otartej skórki z cytryny
- sok z cytryny do skropienia
- 1-2 ząbki czosnku
- 2 łyżki oleju rzepakowego nierafinowanego
- 500 ml bulionu warzywnego
- 100 ml mleczka kokosowego
- sól kłodawska, pieprz, gałka muszkatołowa
- 1 pęczek natki pietruszki lub posiekanego szczypiorku
- trawa cytrynowa lub 3 liście kafiru – opcjonalnie

Do garnka wlej olej, dodaj posiekanego drobno pora, przypraw solą i pieprzem i duś około 1 minutę.

Dodaj pokrojone w słupki warzywa: marchew, pietruszkę, posiekanego selera, czosnek i dokładnie wymieszaj. Duś kolejne 2 minuty.

Dodaj kalafiora, przypraw gałką muszkatołową, dodaj liście kafiru lub rozgniecioną trawę cytrynową i zalej bulionem. Gotuj około 15 minut.

Wlej mleczko kokosowe, dodaj 1 łyżeczkę otartej skórki z cytryny i gotuj jeszcze 3 minuty.

Przed podaniem posyp natką pietruszki lub szczypiorkiem i skrop sokiem z cytryny.

Dzień 7

śniadanie: Gryczanka z gruszką i orzechami – 2 porcje

- 6 łyżek płatków gryczanych
- 2-2½ szklanki wody lub napoju roślinnego – kokosowego, migdałowego
- 1 twarda gruszka
- 2 kiwi
- szczypta cynamonu
- 2 łyżki orzechów włoskich lub laskowych

Napój roślinny lub wodę wlej do rondelka, wsyp płatki, szczyptę cynamonu i zagotuj. Wyłącz palnik i zostaw do ostygnięcia.

Pokrój w kostkę gruszkę i kiwi, wymieszaj.

Dodaj do owsianki i posyp całość orzechami.

II śniadanie: Sałatka z komosą, mango i miętą – 300 g

idealne jako lunch box

- ½ szklanki ugotowanej komosy ryżowej
- 100 g świeżego mango
- 1 szklanka szpinaku
- 100 g gruszki
- kilka listków mięty
- 1 łyżka orzechów włoskich
- sok i skórka otarta z 1 limonki

Mango i gruszkę pokrój w kostkę, polej sokiem z limonki. Wymieszaj z listkami mięty i szpinakiem.

Dodaj komosę, posyp orzechami i posyp startą skórką z limonki.

obiad: Nuggetsy z kurczaka z frytkami z batata w stylu slow food – 2 porcje

idealne danie na imprezę

- 300 g mięsa z drobiu LUB W WERSJI WEGE 300 g naturalnego tofu
- 1 batat
- 1 duża pietruszka
- 1 korzeń selera
- 4 łyżki mąki z ciecierzycy
- 1 jajko
- papryka ostra i słodka, czosnek granulowany, tymianek, oregano, kurkuma, sól kłodawska, pieprz ziołowy
- 2 łyżeczki oleju rzepakowego nierafinowanego/oliwy
- **sos jogurtowy:** 200 ml jogurtu greckiego+1 łyżeczka czubrycy zielonej+4 łyżki posiekanego szczypiorku – wymieszaj.

Mięso/tofu pokrój w grubsze paski, obsyp solą, pieprzem ziołowym, kurkumą, paprykami i zostaw na 15 minut.

Warzywa pokrój w słupki, posyp tymiankiem, oregano, czosnkiem granulowanym, pieprzem i solą i polej oliwą, dokładnie wymieszaj.

Następnie zanurz mięso/tofu w roztrzepanym jajku, obtocz w mące z ciecierzycy i piecz w piekarniku razem z warzywami – 30 minut w 190°C.

Podawaj nuggetsy z frytkami warzywnymi z sosem jogurtowym.

podwieczorek: Surówka z brokuła – 2 porcje

- 200 g brokuła
- ½ szklanki kiełków
- 1 szalotka
- ½ szklanki szczypiorku lub natki pietruszki
- 1 papryka czerwona lub żółta
- sok z 1 cytryny
- sok z ¼ pomarańczy
- sól kłodawska, pieprz

- 1 łyżka oleju lnianego
- 1 łyżka orzechów piniowych uprażonych lub surowych orzechów włoskich, laskowych

Wymieszaj olej z sokiem z ćwiartki pomarańczy, 2 łyżkami soku z cytryny, szczyptą soli i pieprzu.

Brokuła zetrzyj na tarce lub rozdrobnij w malakserze.

Paprykę pokrój w kosteczkę, cebulę i szczypiorek posiekaj. Warzywa wymieszaj z kiełkami, polej sosem z cytrusów, dopraw pieprzem, solą i dodaj zieleninę, wymieszaj dokładnie drewnianą łyżką, lekko ugniatając warzywa.

Przed podaniem posyp orzechami.

kolacja: Zupa krem z pieczonej dyni i kalafiora – 2 porcje

- 200 g kalafiora świeżego lub mrożonego
- 1 marchewka, 1 pietruszka i 1 seler lub mrożona włoszczyzna
- 150 g dyni – świeżej lub mrożonej
- gałka muszkatołowa, sól kłodawska, pieprz, imbir, papryka ostra
- 100 ml napoju kokosowego lub zwykłego mleka
- świeża kolendra
- 1 por
- 2 łyżki oliwy lub masła klarowanego
- 2 łyżki orzechów lub płatków migdałowych
- 500 ml bulionu warzywnego

Dynię pokrój w kostkę, posyp pieprzem, ostrą papryką, imbirem i upiecz na pergaminie – 180°C/20 minut – lub przesmaż na patelni grillowej na maśle klarowanym.

W garnku na łyżce masła lub oliwy przesmaż pokrojonego pora, dodaj włoszczyznę pokrojoną w paski i zalej 500 ml bulionu.

Dodaj sól, pieprz, gałkę muszkatołową, kalafior i gotuj około 20 minut do miękkości. Pod koniec dolej mleko kokosowe, wsyp kolendrę i zmiksuj. Na zupę wyłóż upieczoną dynię. Przed podaniem posyp orzechami..

TYDZIEŃ X

Dzień 1–2

śniadanie: Kanapki z ziołowym indykiem – 1 porcja

Indyk kanapkowy w marynacie jogurtowo-ziołowej – 4 porcje:

- 500 g fileta z indyka
- 200 ml jogurtu greckiego
- po łyżeczce soku i skórki otartej z limonki
- sól kłodawska, pieprz czarny, szałwia suszona, tymianek suszony
- dodatki do kanapek: suszone pomidory, rukola
- 2 kromki razowego chleba

Jogurt wymieszaj z dużą szczyptą soli, pieprzu, łyżeczką szałwii i tymianku oraz skórką i sokiem z limonki.

Mięso osusz i zanurz w marynacie. Zostaw na noc w lodówce.

Przygotuj garnek z wodą. Wyjmij mięso z marynaty i zawiń w rękaw do pieczenia, zawiązując ściśle, aby woda nie dostała się do mięsa, i włóż do garnka z wodą. Gotuj we wrzącej wodzie 30 minut i zostaw do całkowitego ostygnięcia. Po ostudzeniu wyjmij mięso z rękawa i pokrój na plastry.

Podawaj z chlebem razowym, suszonymi pomidorami i rukolą.

II śniadanie: Jogurt z płatkami i porzeczką – 300 ml

- 200 ml jogurtu greckiego
- 100 g porzeczek
- świeża mięta
- 1 łyżka płatków owsianych/gryczanych

Jogurt wymieszaj z płatkami, porzeczkami i wlej do szklanki.

Udekoruj miętą.

obiad: Gołąbki z modrej kapusty z sosem grzybowym – 2 porcje

- 150 g mielonego mięsa z indyka lub wołowego albo cielęciny LUB W WERSJI WEGE mielonej brązowej soczewicy
- 8 liści czerwonej kapusty
- sok z 1 cytryny
- 1 szalotka lub 1 czerwona cebula
- 300 g grzybów leśnych, pieczarek lub boczniaków – świeżych lub mrożonych
- 1 kawałek pora
- ½ szklanki gęstego mleczka kokosowego
- 1 szklanka bulionu warzywnego
- 1 łyżka masła klarowanego
- sól kłodawska, pieprz, oregano, cząber
- 1 łyżka rozgniecionego w moździerzu siemienia lnianego

Kapustę ugotuj do miękkości w wodzie z dodatkiem soku z cytryny (około 10 minut).

Mięso/soczewicę wymieszaj z posiekaną cebulą, dopraw solą, pieprzem, cząbrem i oregano i dokładnie wymieszaj.

Na każdym liściu ułóż porcję farszu i ciasno zawiń.

Gotowe gołąbki ułóż na głębokiej patelni, wlej bulion i duś pod przykryciem około 15 minut.

W tym czasie na łyżce masła klarowanego duś posiekanego pora około 2 minuty, dopraw solą i pieprzem, dodaj pokrojone grzyby i duś razem około 5 minut na małym ogniu.

Następnie dodaj grzyby z patelni do gołąbków, które duszą się w bulionie. Dolej mleczko kokosowe i delikatnie połącz składniki, potrząsając przykrytą patelnią tak, żeby nie zniszczyć gołąbków. Na koniec wsyp siemię i ponownie poruszaj patelnią, aby wymieszać i zagęścić sos.

podwieczorek: Surówka z marchewki z granatem – 2 porcje

- 2 marchewki
- 1 seler naciowy
- ½ granatu
- 1 łyżka pokruszonych orzechów włoskich lub laskowych
- sól kłodawska, pieprz
- **sos z granatu:** 4 łyżki soku z granatu+1 łyżeczka musztardy+1 łyżka oleju lnianego+szczypta soli, pieprzu – wszystkie składniki wymieszaj na jednolity sos.

Marchewkę zetrzyj na tarce.

Selera drobno posiekaj i zalej wrzątkiem na 1 minutę, aby zmiękł. Odsącz z wody. Warzywa przełóż do miseczki, przypraw solą i pieprzem, polej sosem i wymieszaj.

Posyp ziarnami z połowy granatu, orzechami i wymieszaj delikatnie.

kolacja: Sałatka z wędzonym łososiem – 2 porcje

idealne danie na imprezę

- 250 g fasolki szparagowej
- 2 garście rukoli lub roszponki
- 6 pomidorków koktajlowych lub 1 duży pomidor
- 50 g sera feta/mozzarelli LUB W WERSJI WEGE 50 g tofu
- 2 łyżki orzechów włoskich lub piniowych uprażonych na suchej patelni
- 1 łyżka sezamu
- 2 plastry wędzonego łososia LUB W WERSJI WEGE ½ awokado skropionego sokiem z limonki
- 6 pomidorków suszonych pokrojonych w paseczki
- **dressing miodowo-musztardowy:** 1 łyżeczka płynnego miodu+2 łyżki musztardy +2 łyżki oliwy+1 łyżka soku z limonki+pieprz – wymieszaj.

Fasolkę blanszuj 5–8 minut w osolonym wrzątku. Pokrój i posyp sezamem.

Na talerz ułóż fasolkę, wymieszaj z rukolą/roszponką, dodaj ser/tofu, posyp pokrojonymi suszonymi pomidorami i kawałkami łososia/awokado. Dodaj pomidorki lub kawałki dużego pomidora.

Polej sosem, posyp orzechami.

Dzień 3–4

śniadanie: Grzanki z pastą z wątróbki i ogórkiem kiszonym – 1 porcja

pasta z wątróbki (2 porcje):

- 300 g oczyszczonej wątróbki LUB W WERSJI WEGE 300 g ugotowanej brązowej soczewicy
- 1 czerwona cebula
- 1 jabłko

- sól kłodawska, pieprz, tymianek lub rozmaryn
- 1 łyżka oliwy lub oleju rzepakowego nierafinowanego
- do podania: 2 kromki razowego chleba podgrzane w tosterze, ogórek kiszony lub oliwki

Wątróbkę oczyść z włókien i drobno pokrój. Przypraw solą, pieprzem.

Na patelnię wlej olej, dodaj wątróbkę, posiekaną czerwoną cebulą i duś około 10 minut (jeśli używasz ugotowanej soczewicy, to nie trzeba jej już smażyć, wystarczy dodać do zeszklonej cebuli i podduszonego na patelni jabłka).

Na koniec dodaj pokrojone jabłko bez skórki i szczyptę tymianku i duś kolejne 5 minut.

Następnie całość zmiksuj blenderem na gładką pastę, przechowuj w słoiku w lodówce.

Smaruj grzanki pastą i podawaj z pokrojonym ogórkiem lub oliwkami.

II śniadanie: Koktajl bananowo-orzechowy – 300 ml

idealny posiłek okołotreningowy

- 200 ml napoju roślinnego
- 1 łyżka masła orzechowego
- 1 zielonkawy banan
- 1 łyżeczka siemienia lnianego

Napój roślinny, masło orzechowe i banana zmiksuj na gładkie smoothie, posyp siemieniem.

obiad: Potrawka z warzyw z oliwkami i suszonymi pomidorami – 2 porcje

- 300 g mięsa z indyka lub kurczaka z wolnego wybiegu LUB W WERSJI WEGE 300 g ugotowanej ciecierzycy
- 1 cukinia lub bakłażan
- 1 łodyga selera naciowego
- 1 czerwona cebula
- 10 suszonych pomidorów
- 2 łyżki gęstego mleczka kokosowego
- 2 ząbki czosnku
- ½ szklanki pokrojonych oliwek czarnych i/lub zielonych

- 2 łyżki oliwy
- sól kłodawska, pieprz, ostra i słodka papryka
- po dużej garści świeżej mięty i natki pietruszki

Mięso pokrój w kostkę (ciecierzycę zostaw w całości), przypraw solą, pieprzem oraz ostrą i słodką papryką. Smaż na łyżce oliwy na rumiano (około 5 minut).

Dodaj mleczko kokosowe, oliwki i suszone pomidory i duś około 3 minuty.

W tym czasie cukinię pokrój w większe kawałki, cebulę w ćwiartki, selera w talarki.

Warzywa dopraw solą, pieprzem, dolej łyżeczkę oliwy, dodaj posiekany czosnek i smaż około 4 minuty.

Wymieszaj zawartość obu patelni, dodając warzywa do mięsa/ciecierzycy z sosem. Duś razem jeszcze 2 minuty, mieszając.

Dodaj świeżą zieleninę i wymieszaj.

podwieczorek: Podlaska surówka z kiszonej kapusty i buraczka kiszonego z koperkiem – 2 porcje

- 300 g kiszonych warzyw – kapusty i buraczka z papryką (należy przygotować wcześniej według przepisu poniżej)
- 1 jabłko
- 1 kawałek imbiru
- świeży koperek
- 1 łyżka oleju lnianego lub oliwy

Posiekaj drobno kapustę i kiszone buraczki, dodaj starte jabłko, starty imbir, olej i wymieszaj.

Posyp świeżym koperkiem.

kiszone warzywa na czerwono:

- ½ główki kapusty białej (500 g)
- 4 buraczki ćwikłowe (500 g)
- 1 czerwona papryka
- 3 ząbki czosnku
- 1 łyżeczka kminku
- 1 łyżka soli kłodawskiej, liść laurowy, 2 ziela angielskie, 1 kawałek chrzanu – opcjonalnie
- 1 pęczek posiekanego koperku lub natki

Warzywa drobno posiekaj w malakserze lub zetrzyj na tarce.

Dodaj posiekany czosnek, kminek, natkę, liść laurowy, ziele angielskie i chrzan, sól i ugniataj dłonią, aby warzywa puściły sok. Odstaw na około godzinę.

Włóż do wyparzonych litrowych słoików tak, aby porcja warzyw sięgała powyżej połowy słoika.

Ponownie ugniataj drewnianym końcem tłuczka, aby na wierzchu warzyw wydzielił się sok.

Nałóż nakrętki na słoiki, ale nie zakręcaj – dzięki temu ulatniające się gazy będą mogły wylecieć ze słoika.

Zostaw słoiki w ciepłym miejscu na 3 dni. Następnie zakręć je i postaw w chłodnym miejscu.

Po tygodniu warzywa są gotowe do jedzenia. Możesz je przechowywać około 4–6 miesięcy w chłodnym i ciemnym miejscu – spiżarnia, piwnica, lodówka.

kolacja: Sałatka z pieczonym kalafiorem po arabsku – 2 porcje

idealne danie na imprezę

- 400 g kalafiora
- 2 garście szpinaku
- 2 łyżki oliwy
- 2 ząbki czosnku
- 10 pomidorków koktajlowych lub 1 duży pomidor
- ½ granatu
- 1 łodyga selera naciowego
- 4 łyżki posiekanej kolendry lub natki pietruszki
- 2 czubate łyżki orzechów włoskich lub uprażonych piniowych
- szczypta kuminu, imbir, cynamon, pieprz mielony, sól kłodawska, kurkuma
- sok z 1 cytryny
- **sos jogurtowy:** 150 ml jogurtu greckiego+1 łyżeczka tahini+2 łyżki soku z cytryny +1 łyżka startej skórki z cytryny+1 wyciśnięty ząbek czosnku+1 garść liści świeżej mięty+szczypta pieprzu, soli – składniki wymieszaj.

Wymieszaj oliwę ze szczyptą każdej przyprawy, dodaj rozgnieciony czosnek, sok z cytryny i wymieszaj.

Kalafior rozdrobnij, selera posiekaj w talarki. Zalej oliwą z przyprawami i dokładnie wymieszaj (warto zamknąć w plastikowym pojemniczku, przykryć i dokładnie wymieszać, potrząsając pojemniczkiem).

Kalafior i seler połóż na blachę wyłożoną papierem do pieczenia, wstaw do piekarnika i piecz około 20 minut w 200°C. Przełóż do miski, wymieszaj ze szpinakiem, dodaj pomidorki, orzechy.

Polej całość sosem i posyp nasionami granatu i kolendrą.

Dzień 5-6

śniadanie: Szakszuka z czerwonymi warzywami – 1 porcja

- 1 jajko
- 1 mała czerwona papryka
- 1 pomidor duży lub 10 koktajlowych
- 1 mała szalotka
- 1 duża garść szpinaku lub rukoli
- papryka ostra, słodka lub wędzona, sól kłodawska, pieprz, oregano, cząber
- 1 łyżka oleju rzepakowego lub masła klarowanego
- świeża natka do posypania

Na oleju lub maśle zeszklij posiekaną cebulę, posyp solą i pieprzem.

Dodaj pokrojoną drobno paprykę, plastry lub połówki pomidora, dopraw ulubioną papryką, oregano i cząbrem i duś około 6 minut.

Dorzuć szpinak, wbij jajko, przykryj patelnię i duś na małym ogniu, aż białko się zetnie.

Przed podaniem posyp świeżą natką.

II śniadanie: Pieczone warzywa z sezamem – 300 g

idealne jako lunch box

- 1 burak
- 1 seler
- 1 pietruszka
- 1 marchewka
- sól kłodawska, tymianek, pieprz, ostra papryka
- 1 łyżka oliwy
- 1 łyżka sezamu
- 150 ml jogurtu
- szczypiorek
- szczypta czarnuszki

Warzywa pokrój w słupki, posyp solą, pieprzem, tymiankiem. Polej oliwą, obsyp sezamem.

Piecz około 30 minut w 200°C.

Podawaj z jogurtem wymieszanym z ostrą papryką, szczypiorkiem i szczyptą czarnuszki.

obiad: Pierś z indyka w sosie z zielonego pieprzu – 2 porcje

- 300 g filetu z indyka LUB W WERSJI WEGE 300 g cukinii
- 2 cebule szalotki
- 1 łyżeczka zielonego pieprzu roztartego w moździerzu, sól kłodawska, rozmaryn
- oliwa
- 1 łyżka masła klarowanego
- ½ szklanki mleczka kokosowego lub jogurtu greckiego 9%
- 1 łyżeczka musztardy Dijon

Indyka/cukinię podziel na 4 porcje, przypraw solą i zmielonym zielonym pieprzem, nasmaruj oliwą i smaż na patelni grillowej do miękkości (około 3 minuty z każdej strony).

Na łyżce masła klarowanego smaż do zeszklenia posiekaną szalotkę (około 2 minuty), przypraw solą i rozmarynem. Dodaj łyżeczkę musztardy, mleczko kokosowe lub jogurt i duś około 1 minuty.

Na patelnię z sosem wyłóż grillowane filety/plastry cukinii i duś wszystko razem około 3 minuty na małym ogniu.

podwieczorek: Coleslaw na różowo z owocami goji – 2 porcje

- 250 g posiekanej czerwonej kapusty
- 1 mała marchewka
- 1 mała czerwona cebula
- 1 kwaśne jabłko
- 2 łyżki owoców goji
- 4 łyżki posiekanej natki pietruszki lub koperku
- sól kłodawska, pieprz
- **sos jogurtowy:** 4 łyżki jogurtu greckiego+1 łyżeczka musztardy+2 łyżki soku z cytryny +1 łyżeczka miodu lub ksylitolu+1 łyżeczka oleju lnianego – dokładnie wymieszaj.

Kapustę, jabłko i marchewkę zetrzyj na tarce lub w malakserze.

Cebulę drobno posiekaj, składniki wymieszaj, dodaj owoce goji i posiekaną natkę.

Połącz warzywa z sosem jogurtowym, przypraw solą i pieprzem i odstaw na kilka minut.

kolacja: Tagliatelle warzywne z sosem jogurtowym i krewetkami – 2 porcje

- 1 cukinia
- 1 marchewka
- 1 ząbek czosnku
- 10 krewetek rozmrożonych LUB W WERSJI WEGE 10 pieczarek lub boczniaków
- sok i skórka otarta z 1 limonki
- 1 łyżka pesto
- 1 łyżka parmezanu
- oliwa
- 4 łyżki posiekanej natki pietruszki/kolendry
- sól kłodawska, pieprz, czosnek granulowany
- **pikantny sos jogurtowy:** 200 ml jogurtu gęstego+duża szczypta kurkumy, duża szczypta imbiru, duża szczypta pieprzu+1 łyżeczka ostrej papryki – składniki wymieszaj.

Krewetki/pieczarki wymieszaj z oliwą, posmaruj wyciśniętym ząbkiem czosnku, posyp świeżą posiekaną natką i skórką z limonki, polej sokiem i odstaw na 10 minut.

W tym czasie obieraczką pokrój cukinię i marchewkę w długie wstążki, posyp solą, pieprzem, czosnkiem i skrop oliwą.

Na patelnię wrzuć krewetki i duś około 3 minuty. Dodaj warzywa i duś jeszcze 2 minuty.

Przed podaniem polej pesto i posyp parmezanem.

Dzień 7

śniadanie: Omlet po grecku – 1 porcja

- 2 jajka
- 2 łyżki otrąb owsianych
- 30 g sera feta lub halloumi
- świeża bazylia
- ½ czerwonej papryki
- ½ szklanki pokrojonej cukinii
- 4 oliwki
- 4 łyżki posiekanego szczypiorku
- sól kłodawska, pieprz, czubryca zielona lub cząber, czosnek granulowany, suszona natka pietruszki
- 1 łyżka oliwy

Jajka roztrzep, dodaj 2 łyżki otrąb, szczyptę soli i pieprzu oraz szczypiorek.

Na patelnię wlej oliwę, dodaj pokrojoną cukinię, paprykę, posyp czubrycą, czosnkiem granulowanym i suszoną natką pietruszki i smaż około 2 minuty.

Warzywa zalej masą jajeczną, posyp pokruszonym serem feta i oliwkami i smaż na małym ogniu pod przykryciem, aby masa się ścięła. Posyp świeżą bazylią.

Podawaj z surówką z pomidorów.

surówka z pomidorów:

- 2 pomidory (150 g)
- 2 liście sałaty lodowej
- ćwiartka czerwonej cebuli lub 2 łyżki szczypiorku, natki pietruszki
- 50 g jogurtu greckiego
- sól kłodawska, pieprz czarny

Pomidory pokrój w kostkę, wymieszaj z drobno posiekaną cebulą lub zieleniną. Dodaj porwane liście sałaty, wymieszaj.

Zalej jogurtem, przypraw solą i pieprzem.

II śniadanie: Smoothie z awokado i jarmużem – 300 ml

- 150 g miękkiego awokado
- 4 łyżki natki pietruszki
- 1 szklanka liści jarmużu
- 150 ml wody mineralnej/napoju roślinnego bez cukru
- 1 łyżka nasion chia

Zmiksuj awokado z wodą/napojem roślinnym, jarmużem, natką i nasionami chia.

obiad: Dorsz/halibut z komosą i szparagami – 2 porcje

- 300 g filetu z dorsza/halibuta bez ości LUB W WERSJI WEGE 4 plastry selera korzeniowego zawiniętego w plastry nori
- 2 łyżki musztardy
- sok i skórka otarta z 1 limonki
- 500 g fasolki szparagowej/zielonych szparagów (bez twardych końcówek)
- 1 szklanka komosy ryżowej
- 1 kawałek pora
- sól kłodawska, pieprz
- 1 łyżka oliwy

Rybę/selera w nori przypraw solą i pieprzem, posmaruj musztardą, skrop sokiem i posyp skórką z limonki.

Komosę ugotuj w lekko osolonej wodzie.

Na łyżce oliwy zeszklij posiekanego pora, przypraw solą i pieprzem.

Fasolkę lub szparagi ugotuj al dente. Wymieszaj z porem z patelni i odsączoną komosą.

Rybę/selera w nori upiecz lub usmaż na patelni (po 3 minuty z obu stron). Podawaj z komosą i fasolką.

podwieczorek: Surówka z ogórka z czarnym sezamem i dressingiem czosnkowym – 2 porcje

- 1 długi ogórek wężowy
- 1 marchewka
- 1 pęczek natki pietruszki lub świeżej kolendry
- 2 łyżeczki czarnego sezamu
- **dressing czosnkowy:** 200 ml jogurtu greckiego+1 garść rukoli lub świeżej bazylii+3 łyżki pokruszonych orzechów włoskich+1 ząbek czosnku+1 łyżka oleju lnianego+szczypta soli kłodawskiej – składniki zmiksuj w blenderze.

Ogórka pokrój we wstążki lub plasterki, marchewkę zetrzyj na wstążki. Warzywa wymieszaj. Polej sosem i posyp świeżą natką i sezamem.

kolacja: Warzywa w złotym sosie z fetą – 2 porcje

idealne danie na imprezę

- 50 g fety
- 300 g fasolki szparagowej lub zielonych szparagów
- 100 g rzodkiewek
- 1 łodyga selera naciowego
- 1 batat
- 1 por
- 2 ząbki czosnku
- szczypiorek
- sól kłodawska, pieprz, kurkuma suszona lub świeży korzeń, imbiru
- 100 ml gęstego mleczka kokosowego
- 200 ml bulionu warzywnego
- 2 łyżki oliwy lub masła klarowanego

Na głęboką patelnię wlej oliwę, dodaj pokrojonego pora, posiekanego selera, czosnek, przypraw solą i pieprzem i duś około 2 minuty.

Dodaj dużą szczyptę kurkumy, imbiru, pokrojonego drobno w kostkę batata, pokrojoną fasolkę, pokrojone w ćwiartki rzodkiewki, zalej bulionem i duś około 15 minut pod przykryciem. Następnie dodaj mleczko kokosowe i duś jeszcze 2 minuty.

Przed podaniem posyp pokruszoną fetą i szczypiorkiem.

TYDZIEŃ XI

Dzień 1–2

śniadanie: Śniadaniowa komosa ryżowa z mango i owocami jagodowymi – 2 porcje

idealne jako lunch box

- 6 łyżek komosy ryżowej lub płatków owsianych zwykłych
- 2-2½ szklanki napoju roślinnego (kokosowego, migdałowego) lub wody
- 1 małe mango
- 250 g owoców jagodowych: malin, borówek, truskawek
- 1 łyżka siemienia lnianego lub nasion chia
- 2 łyżki nasiona słonecznika/dyni lub orzechów
- świeża mięta

Komosę/płatki dokładnie wypłucz pod bieżącą wodą, zalej w rondelku napojem roślinnym lub wodą i gotuj na małym ogniu około 10 minut. Wsyp siemię lub nasiona chia i zostaw do lekkiego ostygnięcia.

Dodaj pokrojone mango, owoce jagodowe, orzechy/nasiona. Przed podaniem posyp świeżą miętą.

Połowę porcji przechowaj w lodówce na kolejny dzień. Odgrzej w piekarniku.

II śniadanie: Jogurt sezamowy z czarnymi porzeczkami/wiśniami i kiwi – 300 ml

- 200 ml jogurtu
- 1 łyżeczka sezamu
- 100 g porzeczek czarnych lub czerwonych/wiśni świeżych lub mrożonych
- 50 g kiwi

Jogurt wymieszaj z sezamem. Owoce pokrój.

Na dno szklanki wyłóż połowę porzeczek z kiwi, na to jogurt, ponownie owoce, na koniec posyp sezamem.

obiad: Tradycyjne mielone z szałwią pieczone z frytkami z batata i selera korzeniowego – 2 porcje

- 300 g mięsa wołowo-wieprzowego LUB W WERSJI WEGE 300 g ugotowanej brązowej soczewicy
- 1 cebula
- 2 ząbki czosnku
- 1 jajko
- sól kłodawska, pieprz, suszona szałwia
- 2 łyżki otrąb
- 2 łyżki sezamu
- 4 łyżki bulionu warzywnego

Mięso/soczewicę zmiel z czosnkiem i cebulą. Dodaj otręby, jajko i bulion i wyrób mięso dłonią.

Dodaj dużą szczyptę soli, pieprzu, łyżeczkę szałwii i wymieszaj.

Uformuj małe kotleciki, obtocz w sezamie i piecz razem z frytkami z batata i selera korzeniowego.

Frytki z batata i selera naciowego:

- 1 batat (100 g)
- 1 kawałek selera korzeniowego (150 g)
- 1 łyżka oliwy
- oregano, tymianek, sól himalajska, pieprz

Warzywa pokrój w słupki, polej oliwą, posyp przyprawami i dokładnie wymieszaj.

Piecz razem z kotletami około 30 minut w 180°C.

podwieczorek: Surówka z kapusty kiszonej – 2 porcje

- 250 g kapusty kiszonej
- 1 marchewka
- 1 mała cebula
- 1 jabłko
- 2 łyżki oleju lnianego
- 4 łodygi natki pietruszki
- sól kłodawska, pieprz

Kapustę posiekaj, dodaj starte jabłko, marchew, pokrojoną drobno cebulę i wymieszaj. Przypraw do smaku.

Dodaj olej, natkę i ponownie połącz składniki.

kolacja: Zimowa zupa rozgrzewającą z soczewicą i szpinakiem – 2 porcje

- ½ szklanki brązowej soczewicy (namoczonej przez godzinę)
- 50 g batata
- 2 garście szpinaku
- 1 seler naciowy
- 1 seler korzeniowy
- 1 korzeń pietruszki
- 1 czerwona papryka
- 1 czerwona cebula
- 2 ząbki czosnku
- 200 g pomidorów bez skórki z zalewy
- 300 ml bulionu
- kurkuma, pieprz, sól kłodawska, imbir, chili w płatkach, ostra i słodka papryka, 2 liście laurowe, 3 ziela angielskie
- 2 łyżki oliwy
- 1 pęczek szczypiorku

Do rondelka wlej oliwę, dodaj posiekaną cebulę, czosnek, sól, pieprz, ostrą i słodką paprykę i smaż około 2 minuty.

Dodaj posiekanego selera naciowego, łyżeczkę kurkumy i duś kolejną minutę.

Dorzuć pokrojone w słupki lub paski warzywa (oprócz szpinaku i pomidorów), dodaj 2 liście laurowe, 3 ziela angielskie, soczewicę i wlej bulion. Przypraw startym imbirem i płatkamii i gotuj 20 minut.

Następnie dodaj pokrojone pomidory i gotuj jeszcze 10 minut. Na koniec dorzuć szpinak i szczypiorek.

Dzień 3–4

śniadanie: Muffinki omletowe z warzywami na kolorowo – 1 porcja

idealne danie na imprezę

- 2 jajka
- 2 łyżki otrąb
- ½ szklanki pokrojonej szynki/własnoręcznie upieczonego indyka LUB W WERSJI WEGE ½ szklanki wędzonego tofu
- ½ szklanki posiekanych pieczarek
- ⅓ szklanki drobno posiekanego pora
- ½ szklanki szpinaku
- 1 ząbek czosnku
- sól kłodawska, pieprz, czubryca zielona lub czerwona

Jajka roztrzep, dodaj otręby, posyp solą, pieprzem i wymieszaj.

Warzywa i szpinak wymieszaj w miseczce, dodaj wyciśnięty czosnek, przypraw czubrycą. Dodaj pokrojoną szynkę/tofu.

Do foremek na muffinki (lub 1 większej wyłożonej papierem do pieczenia) wsyp warzywa, zalej masą jajeczną i zapiekaj 15 minut w 180°C.

Podawaj z 300 g skropionych oliwą warzyw sezonowych: sałatą, papryką, rzodkiewkami, kiełkami, ogórkami, pomidorami itp.

II śniadanie: Jogurt z krojonymi warzywami – 1 porcja

- 200 g jogurtu greckiego
- 1 ogórek kiszony
- 2 łyżki kiełków
- 200 g dowolnych krojonych warzyw: papryki, selera naciowego, rzodkiewki, ogórka, marchewki
- pieprz

Jogurt wymieszaj z pieprzem, startym ogórkiem kiszonym i kiełkami.

Podawaj z pokrojonymi surowymi warzywami.

obiad: Złote roladki z farszem szpinakowym – 2 porcje

- 4 sznycle z indyka lub z filetu kurczaka z wolnego wybiegu W WERSJI WEGE plastry cukinii
- 4 plastry szynki parmeńskiej bez konserwantów W WERSJI WEGE 4 kawałki glonów nori
- 1 paczka szpinaku
- 50 g sera feta/mozzarelli
- 4 suszone pomidory z oliwy
- 4 łyżki posiekanej natki pietruszki
- kurkuma, ostra papryka, sól kłodawska, pieprz, tymianek lub oregano

Mięso lekko rozbij, przypraw solą, pieprzem, ostrą papryką, tymiankiem i kurkumą/plastry cukinii posyp przyprawami.

W miseczce wymieszaj rozdrobniony ser z natką, posiekanymi suszonymi pomidorami i liśćmi szpinaku.

Na rozbity kawałek filetu/plaster cukinii układaj porcję farszu, zawijaj w roladkę i owijaj plastrem szynki/kawałkiem glonów nori.

Ułóż roladki ściśle obok siebie w naczyniu żaroodpornym i zapiekaj około 20 minut w 180°C.

podwieczorek: Pomidory faszerowane twarożkiem z kiełkami – 350 g

idealne danie na imprezę

- 2 duże pomidory (około 250 g)
- 50 g twarożku
- 1 łyżka jogurtu greckiego
- 2 łyżki kiełków
- 3 rzodkiewki
- szczypiorek
- sól kłodawska, pieprz

Twarożek wymieszaj z jogurtem, startymi rzodkiewkami, kiełkami, szczypiorkiem i solą oraz pieprzem.

Wydrąż pomidory i napełnij farszem. Posyp kiełkami.

kolacja: Zapiekanka warzywna na brokułowym spodzie – 2 porcje

- 400 g brokuła
- 1 cebula
- 1 mozzarella
- 1 jajko
- 3 łyżki płatków owsianych
- sól kłodawska, pieprz, czosnek niedźwiedzi lub granulowany, mała szczypta gałki muszkatołowej
- 1 łyżka oleju rzepakowego nierafinowanego
- dodatki do zapiekanki: feta, suszone pomidory, cukinia, papryka kolorowa, czerwona cebula, świeża bazylia, orzechy piniowe lub pestki dyni, zioła prowansalskie

Na patelni smaż posiekaną cebulkę przez 2 minuty, aż się zeszkli, potem przypraw solą i pieprzem.

Dodaj rozdrobniony w malakserze lub drobno posiekany brokuł i smaż około 4 minuty, mieszając.

Przełóż do miski, dodaj sól, pieprz, szczyptę gałki, 1 łyżeczkę czosnku i jajko, płatki i startą mozzarellę i dokładnie wymieszaj. Uformuj spód i wyłóż na blachę do pieczenia.

Piecz 20 minut w 180°C z termoobiegiem.

Następnie na wierzchu ułóż wybrane warzywa pokrojone w plastry i przyprawione solą, pieprzem, ziołami prowansalskimi, posyp pokruszoną fetą i orzechami i zapiekaj jeszcze 10–15 minut.

Dzień 5-6

śniadanie: Wrapy owsiano-gryczane ze szpinakiem i wędzonym łososiem - 2 porcje

- 4 łyżki mąki owsianej
- 4 łyżki mąki gryczanej
- 1 jajko
- ⅓ szklanki mleka
- sól kłodawska, pieprz
- 2 łyżeczki oliwy lub oleju rzepakowego nierafinowanego

dodatki:
- 4 czubate łyżki twarożku do smarowania
- 16 liści szpinaku
- 2 łyżki posiekanego koperku
- 4 plastry wędzonego łososia LUB W WERSJI WEGE kawałek wędzonego tofu

Zmiksuj jajko z mlekiem, dodaj dużą szczyptę soli i pieprzu, dosyp mąki i zmiksuj na gładką masę. Jeśli będzie potrzeba, rozrzedź mlekiem lub zagęść mąką.

Usmaż naleśniki na małym ogniu i odrobinie oliwy.

Posmaruj je twarożkiem wymieszanym z koperkiem, na twarożku ułóż liście szpinaku i plaster łososia i zawiń.

Potnij w mniejsze roladki.

Podawaj z sałatką z rukoli, sałaty i pomidorków koktajlowych lub zwykłych, skropionych olejem lnianym i przyprawionych solą i pieprzem.

II śniadanie: Koktajl gruszkowy z orzechami – 300 ml

- 150 ml jogurtu
- 150 g gruszki
- 1 łyżka orzechów włoskich
- szczypta cynamonu
- świeża mięta
- 1 łyżka siemienia lnianego
- sok i skórka otarta z 1 limonki

Gruszkę zetrzyj na tarce, skrop sokiem z limonki i posyp cynamonem.

Zmiksuj jogurt z przyprawioną gruszką, siemieniem, połową orzechów i kilkoma listkami mięty.

Wlej jogurt do szklanki, posyp resztą orzechów, otartą skórką z limonki i udekoruj miętą.

obiad: Tymiankowe udka z frytkami z warzyw – 2 porcje

- 4 udka z kurczaka (około 400 g) LUB W WERSJI WEGE 400 g bakłażana
- 1 burak
- 1 batat
- 1 seler
- 1 pietruszka
- 4 ząbki czosnku
- 2 łyżki oliwy
- sól kłodawska, pieprz zielony lub ziołowy, czubryca zielona, tymianek
- sałata lodowa – do podania
- **dressing jogurtowy:** 200 ml jogurtu naturalnego gęstego+4 łyżki posiekanego szczypiorku+4 wyciśnięte z łupinek upieczone ząbki czosnku+sól, pieprz – składniki wymieszaj.

Do ½ litra wody wsyp 4 łyżki soli, wymieszaj i zanurz w solance udka, zostaw na 2 godziny w lodówce. Bakłażana pokrój w plastry, posyp solą, odstaw na kilka minut, a następnie opłucz, by pozbyć się goryczy.

Pokrój warzywa w słupki, skrop oliwą i posyp czubrycą.

Odsącz kurczaka, obierz go ze skóry i natrzyj oliwą, tymiankiem, ziołowym pieprzem. Ułóż go w naczyniu żaroodpornym/w wersji wege bakłażana przypraw podobnie.

Obok ułóż pokrojone warzywa, główki czosnku w łupinkach i piecz w przykrytym naczyniu w 180°C około 30 minut. Następnie zdejmij pokrywkę i dopiekaj jeszcze 10–15 minut, aż mięso się zarumieni.

Podawaj z sałatami i dressingiem jogurtowym.

podwieczorek: Carpaccio z buraka z gruszką, rukolą i serkiem kozim – 300 g

idealne danie na imprezę

- 1 burak pieczony
- 1 gruszka
- 30 g serka koziego lub fety
- 1 garść rukoli
- sok z 1 limonki
- 1 łyżka pestek z dyni
- 1 łyżeczka gęstego sosu balsamicznego
- 1 łyżka oliwy lub oleju rzepakowego nierafinowanego

Gruszkę pokrój w plastry i skrop sokiem z limonki.

Buraka pokrój w plastry i ułóż na talerzu wyłożonym rukolą na przemian z plastrami gruszki.

Posyp serem, pestkami, polej oliwą i sosem balsamicznym.

kolacja: Zupa z pieczonych warzyw z czarną soczewicą – 2 porcje

- 4 pomidory bez skórki
- 1 mały bakłażan
- 1 czerwona cebula
- 1 czerwona papryka
- 1 mała cukinia
- 4 ząbki czosnku w łupinkach
- ½ szklanki czarnej soczewicy ugotowanej na parze lub innej dowolnej soczewicy lub ciecierzycy
- 1 kawałek imbiru
- 200 ml bulionu warzywnego
- sól kłodawska, kurkuma, kumin, cząber, papryka ostra lub wędzona, papryka słodka

- do posypania: posiekana natka, szczypiorek, koperek lub świeża kolendra
- 2 łyżki oliwy

Warzywa (oprócz czosnku) pokrój w kawałki, posyp dużą szczyptą obu papryk, soli, pieprzu, kuminu, cząbru, kurkumy i polej oliwą.

Wymieszaj i wsyp do naczynia żaroodpornego. Piecz około 30 minut w 200°C.

Całość przełóż do garnka, dodaj starty imbir, wyciśnięty z łupinek czosnek, bulion i gotuj około 5 minut.

Zupę możesz zmiksować lub nie.

Dodaj ugotowaną soczewicę, posyp zieleniną.

Dzień 7

śniadanie: Placki gryczane z pastą pomidorową – 2 porcje (1 porcja to 4 placki)

placki gryczane:

- 1 szklanka kaszy gryczanej niepalonej
- 2 szklanki wody
- 1 łyżka oliwy
- 1 łyżeczka rozmarynu lub tymianku, oregano
- 1 łyżeczka siemienia lnianego, kminku lub czarnuszki

Kaszę zalej na noc wodą.

Następnego dnia dodaj oliwę, zioła i zmiksuj na gładką masę. Dodaj siemię, wymieszaj.

Wylewaj porcje masyna blachę wyłożoną papierem do pieczenia i piecz 15 minut w 180°C.

pasta pomidorowa:

- 200 g twarożku
- 6 suszonych pomidorów
- sól kłodawska, pieprz, świeża bazylia, ostra i słodka papryka
- 2 łyżeczki oleju lnianego

Twarożek zmiksuj na gładką masę ze szczyptą obu papryk, pieprzu, soli, listkami świeżej bazylii i suszonymi pomidorami oraz olejem lnianym.

Placki smaruj pastą i podawaj z 200 g ulubionych warzyw - rzodkiewką, cebulą, ogórkiem, papryką.

II śniadanie: Grejpfrut z mango i miętą z orzechową posypką – 300 g

- 1 grejpfrut
- 100 g mango
- 1 łyżka orzechów włoskich lub nerkowych
- kilka listków świeżej mięty lub melisy

Grejpfruta obierz ze skórki i białych osłonek i podziel na cząstki.

Mango pokrój w kosteczkę.

Owoce wymieszaj z listkami mięty/melisy. Posyp pokruszonymi orzechami.

obiad: Spaghetti z makaronem ryżowym – 2 porcje

- 50 g makaronu z ryżu brązowego
- 1 mała cukinia
- 200 g mięsa z indyka LUB W WERSJI WEGE 200 g ugotowanej i zmielonej brązowej soczewicy
- 1 cebula
- 400 ml pulpy pomidorowej
- 2 ząbki czosnku
- sól kłodawska, pieprz czarny, zioła prowansalskie, czubryca zielona i czerwona, czosnek granulowany
- 1 łyżka oliwy lub oleju rzepakowego nierafinowanego
- do posypania: pokruszona mozzarella lub parmezan, świeża bazylia

Mięso/soczewicę przypraw 1 łyżeczką czubrycy czerwonej, solą i pieprzem.

Na głęboką patelnię wlej oliwę, dodaj mięso/soczewicę, posiekaną cebulę i duś około 6 minut, mieszając.

Dodaj posiekany czosnek, wlej pulpę pomidorową, dodaj po łyżeczce czubrycy zielonej, czosnku granulowanego, ziół prowansalskich, szczyptę soli i cynamonu. Gotuj około 5–10 minut.

Makaron zalej wrzątkiem i zostaw na 5 minut.

Cukinię zetrzyj na wstążki, posyp solą i pieprzem.

Wymieszaj gorący makaron z cukinią, wyłóż porcje na talerze i zalej sosem pomidorowym. Posyp serem i listkami bazylii.

podwieczorek: Zupa szpinakowa z wędzonym łososiem – 2 porcje

- 400 g szpinaku
- 2 plastry wędzonego łososia lub wędzonej szynki LUB W WERSJI WEGE 2 plastry tofu
- 1 kawałek pora
- 1-2 ząbki czosnku
- 1 cukinia lub ziemniak
- 500 ml bulionu warzywnego
- ½ szklanki napoju roślinnego (ryżowego, kokosowego)
- sól kłodawska, świeży rozmaryn
- 1 łyżka masła klarowanego lub oleju

Pora pokrój w plasterki, posól, dodaj pokrojony czosnek i przesmaż na 1 łyżce masła klarowanego lub oleju. Dodaj pokrojonego ziemniaka/cukinię, rozmaryn i smaż 2 minuty, mieszając drewnianą łyżką.

Dodaj szpinak. Wymieszaj i dolej bulion. Gotuj 15–20 minut.

Usmaż pokrojone plastry łososia/szynki/tofu na patelni bez tłuszczu.

Zupę zabiel mlekiem i zmiksuj. Podawaj z usmażonym łososiem/szynką/tofu.

kolacja: Sałatka ze szpinakiem, orzechami i serem kozim – 2 porcje

idealne danie na imprezę

- 250 g szpinaku
- 2 plastry szynki parmeńskiej LUB W WERSJI WEGE 50 g wędzonego tofu
- 1 twarda gruszka
- sok z 1 cytryny
- 50 g sera koziego lub fety lub pleśniowego

- 10 pomidorków koktajlowych lub 2 duże dojrzałe pomidory
- 10 orzechów włoskich lub laskowych lub pekan lub 2 łyżeczki uprażonych piniowych
- 4 łyżki posiekanego szczypiorku
- 50 g malin, borówek, porzeczek lub truskawek – opcjonalnie
- **dressing z pietruszki:** 4 łyżki posiekanej pietruszki+3 łyżki oliwy lub oleju lnianego +2 łyżki soku z cytryny+szczypta soli kłodawskiej i pieprzu – zmiksuj na sos.

Szynkę lub tofu usmaż na rumiano.

Gruszkę pokrój w kostkę i skrop sokiem z cytryny.

Do miski wrzuć umyty i osuszony szpinak, dodaj pokrojone pomidorki, szczypiorek, kostki gruszki i wymieszaj.

Na wierzchu ułóż plastry szynki/tofu, posyp pokruszonym serem i polej dressingiem. Posyp orzechami i udekoruj owocami.

TYDZIEŃ XII

Dzień 1 – 2

śniadanie: Owsianka z truskawkami i cynamonem – 2 porcje

- 6 łyżek płatków owsianych, gryczanych
- 2 szklanki napoju roślinnego lub wody
- 2 łyżeczki siemienia lnianego lub nasion chia
- 400 g truskawek świeżych lub mrożonych
- 2 łyżki orzechów włoskich, laskowych lub wiórków kokosowych
- cynamon, imbir suszony

Płatki wypłucz pod wodą, zalej napojem roślinnym lub wodą i gotuj około 5 minut aż do wrzenia.

Następnie wyłącz palnik, dodaj siemię lub nasiona chia, wsyp dużą szczyptę cynamonu, imbiru i wymieszaj.

Po ostygnięciu dodaj truskawki i posyp orzechami.

II śniadanie: smoothie warzywne – 300 ml

- 1 pieczony burak
- 100 ml napoju kokosowego
- 100 g startej marchewki
- 2 łyżki natki pietruszki

Zmiksuj napój kokosowy z pokrojonym burakiem i marchewką.

Przed podaniem posyp natką.

obiad: Indyk na zielono z nutą imbiru – 2 porcje

- 300 g mięsa z indyka LUB W WERSJI WEGE 300 g wędzonego tofu
- 300 g brokuła
- 1 cukinia
- 1 cebula dymka ze szczypiorkiem
- 1 duża cebula
- 2 szklanki szpinaku
- 200 g pieczarek, boczniaków lub grzybów leśnych
- 2 ząbki czosnku
- suszony imbir, sól kłodawska, pieprz, czubryca zielona
- 200 ml bulionu warzywnego
- 2 łyżki orzechów włoskich
- 2 łyżki oliwy
- sok z 1 cytryny

Mięso z indyka/tofu pokrój w kostkę, posyp solą, pieprzem, suszonym imbirem i skrop oliwą i sokiem z cytryny.

Na głęboką patelnię wlej oliwę, dodaj mięso/tofu, posiekaną cebulę i smaż około 2 minuty.

Dodaj pokrojone grzyby i duś około 5 minut, mieszając.

Wlej bulion, wsyp pokrojone brokuły, posiekany czosnek i duś, dalej mieszając, około 5 minut.

Dodaj szpinak, plastry cukinii, przypraw czubrycą i duś ponownie 3 minuty, delikatnie mieszając całość.

Na koniec posyp posiekaną dymką ze szczypiorkiem i orzechami.

podwieczorek: Roladki z szynki – 300 g

idealne danie na imprezę

- 1 ząbek czosnku
- ½ pęczka szczypiorku
- 200 g twarożku bez tłuszczu
- 4 plastry chudej szynki lub 4 plastry szynki parmeńskiej LUB W WERSJI WEGE 4 plastry cukinii
- 4 plastry melona
- 4 listki sałaty
- 4 gałązki natki pietruszki

Czosnek obierz i posiekaj, szczypiorek umyj i pokrój. Wymieszaj z twarożkiem.

Na plasterki szynki/cukinii wyłóż plastry melona, posmaruj twarożkiem i zwiń w ruloniki.

Wstaw do lodówki na 30 minut, żeby serek stężał.

Na talerz kładź po 2 liście sałaty, na każdym z nich ułóż po 2 roladki z szynki. Posyp pietruszką.

kolacja: Zupa z pulpecikami z dorsza – 2 porcje

- 500 ml bulionu warzywnego
- 100 ml mleczka kokosowego – opcjonalnie
- 200 g filetu z dorsza bez ości i skóry LUB W WERSJI WEGE 200 g naturalnego tofu (dodaj w kawałkach, nie miel)
- 1 jajko
- 1 pęczek natki pietruszki
- 1 łodyga selera naciowego
- 1 kawałek pora
- 1 żółta papryka
- 1 pietruszka
- 1 łodyga trawy cytrynowej lub skórka otarta z 1 limonki
- 1 kawałek imbiru
- 2 ząbki czosnku
- sól kłodawska, pieprz, pasta curry lub przyprawa curry w proszku, papryka ostra i słodka
- 2 łyżki oleju rzepakowego nierafinowanego
- 30 g makaronu ryżowego

Mięso z ryby zmiel i połącz z jajkiem, ostrą i słodką papryką i 4 łyżkami posiekanej natki. Formuj kuleczki. Kawałki tofu przypraw podobnie.

Do garnka wlej olej, wrzuć posiekanego pora, sól, pieprz, posiekany czosnek i smaż około 2 minuty.

Dodaj pokrojony drobno seler, paprykę, pietruszkę, łyżeczkę pasty curry i duś razem około 2 minuty.

Zalej całość bulionem, dodaj starty imbir, rozgniecioną trawę/skórkę otartą z limonki i gotuj około 15 minut.

Dodaj mleczko kokosowe i gotuj kolejne 5 minut. Wrzuć kuleczki rybne/kostki tofu i gotuj 5 minut.

Na koniec wrzuć makaron i gotuj jeszcze około 3 minuty.

Przed podaniem posypświeżą natką.

Dzień 3 – 4

śniadanie: Kanapki ze schabem dojrzewającym/szynką parmeńską, jajkiem i szpinakiem

- 2 kromki razowego chleba
- 2 plastry szynki parmeńskiej/schabu dojrzewającego bez konserwantów LUB W WERSJI WEGE ½ awokado
- 10 liści szpinaku
- 2 łyżeczki masła
- 2 jajka ugotowane na twardo
- 1 świeży pomidor

Na chlebie razowym posmarowanym masłem układaj plaster szynki/schabu dojrzewającego (wg przepisu poniżej)/awokado, kawałek jajka, plaster pomidora i liście szpinaku.

Schab dojrzewający na ostro lub łagodnie:

- 1 kilogram długiego i wąskiego kawałka schabu lub polędwicy wołowej
- **wersja łagodna:** 4 łyżki czubrycy zielonej (lub mieszanki cząbru, granulowanego czosnku, suszonej natki pietruszki i soli)

- **wersja ostra:** 4 łyżki czubrycy czerwonej (lub mieszanki ostrej i słodkiej papryki, pieprzu i soli)
- **marynata:** sól kłodawska, cukier

Schab umyj i obsyp 5 łyżkami cukru. Wstaw na noc do lodówki.

Na drugi dzień dokładnie umyj mięso z cukru, osusz i natrzyj solą, ponownie wstaw do lodówki na noc.

Następnego dnia wypłucz dokładnie schab z soli, obsyp wybraną wersją przypraw i dokładnie przyklep.

Delikatnie przełóż mięso do czystej pończochy lub owiń jałową gazą, zawiąż i powieś w przewiewnym miejscu, np. w kuchni.

Zostaw mięso na 5 dni w temperaturze pokojowej.

Po 5 dniach schab jest gotowy. Przechowuj go w lodówce do 5 dni.

II śniadanie: Sałatka z jarmużem i pieczoną ciecierzycą – 300 g

idealne jako lunch box

- 100 g ugotowanej ciecierzycy
- 1 szklanka posiekanych liści jarmużu
- 1 czerwona papryka
- 1 czerwona cebula
- 6 pomidorków koktajlowych
- sól kłodawska, pieprz, ostra i słodka papryka, kumin, czosnek granulowany
- 1 łyżka pestek z dyni
- 1 łyżka oliwy

Ciecierzycę przypraw szczyptami papryki ostrej i słodkiej oraz kuminu, polej oliwą.

Na blachę wyłóż pokrojoną paprykę, cebulę i ciecierzycę, skrop oliwą i przypraw solą, pieprzem i czosnkiem granulowanym.

Piecz całość około 20 minut w 200°C z termoobiegiem.

Jarmuż sparz wrzątkiem.

Wymieszaj warzywa i ciecierzycę z jarmużem, posyp pestkami dyni i dodaj pomidorki.

obiad: Tabbouleh z komosy z pulpecikami w sezamie – 2 porcje

pulpeciki:

- 250 g mielonego mięsa z indyka lub wołowiny LUB W WERSJI WEGE 250 g mielonej soczewicy brązowej
- 2 łyżki sezamu
- 4 łyżki posiekanej natki pietruszki
- 4 łyżki posiekanego szczypiorku
- 1 ząbek czosnku
- sól kłodawska, pieprz
- 1 łyżka oliwy

Mięso/soczewicę przypraw dużą szczyptą soli i pieprzu, dodaj wyciśnięty czosnek, posiekaną zieleninę i dokładnie wyrób dłonią. Formuj małe kuleczki i obtaczaj w sezamie.

Na patelni rozgrzej oliwę i ułóż na niej kuleczki.

Smaż około 2 minuty, następnie przykryj pokrywką i duś około 10 minut na małym ogniu.

tabbouleh z komosy:

- 2 pomidory
- 4 łyżki posiekanej natki
- 4 łyżki posiekanego szczypiorku
- 1 szklanka suchej komosy ryżowej lub kaszy pęczak
- 2 łyżki oliwy lub oleju lnianego
- sól himalajska, pieprz

Kaszę ugotuj, odsącz.

Wymieszaj z posiekaną zieleniną i pokrojonymi pomidorami. Przypraw solą, pieprzem i oliwą.

sos jogurtowy:

- 150 ml jogurtu greckiego
- 1 łyżeczka tahini
- 4 gałązki świeżej mięty
- 1 ząbek czosnku
- sok z cytryny i ½ łyżeczki skórki otartej z cytryny
- sól kłodawska, pieprz

Jogurt zmiksuj z tahini, miętą i czosnkiem, dodaj sok z cytryny i ½ łyżeczki skórki z cytryny.

Przypraw solą i pieprzem.

Na talerz wyłóż kaszę z warzywami, dodaj pulpeciki i polej sosem.

podwieczorek: Carpaccio z dyni - 300 g

- 2 plastry dyni bez pestek i skórki (200 g)
- 50 g sera feta
- świeża mięta
- 1 paczka miksu sałat z rukolą
- 1 garść świeżego szpinaku
- 1 gruszka
- sok z 1 limonki
- **marynata do dyni:** kilka ziarenek kardamonu uprażonych na suchej patelni i rozgniecionych+szczypta mielonego cynamonu+szczypta kurkumy+łyżeczka sosu sojowego+2 łyżki oliwy+pieprz – wymieszaj.
- **dressing z oleju z dyni:** 2 łyżki oleju z dyni+2 łyżki oliwy+2 łyżki octu balsamicznego +1 łyżka płynnego miodu+pieprz – wymieszaj składniki.

Dynię zamarynuj i odstaw na około 15 minut.

Piecz na papierze do pieczenia w piekarniku około 15 minut w 200°C z termoobiegiem.

Pokrój na cienkie plasterki. Ułóż na wymieszanej ze szpinakiem sałacie na przemian z plasterkami gruszki skropionej sokiem z limonki.

Polej dressingiem i posyp fetą oraz świeżą miętą.

kolacja: Sałatka z krewetkami i sosem imbirowym - 2 porcje

idealne danie na imprezę

- 10 oczyszczonych krewetek LUB W WERSJI WEGE tofu naturalnego lub awokado
- 2 ząbki czosnku
- 1 szklanka suchego makaronu z brązowego ryżu
- 1 marchewka
- 1 szklanka rukoli
- 1 pęczek szczypiorku

- 1 łyżeczka sezamu czarnego
- 1 pęczek natki pietruszki
- oliwa
- pieprz, sól
- **dressing imbirowy:** 2 łyżki oliwy lub oleju lnianego+2 łyżki soku z limonki+1 łyżeczka startego imbiru+1 łyżka soku z pomarańczy+szczypta soli i pieprzu – wymieszaj.

Krewetki skrop oliwą, wymieszaj z wyciśniętym czosnkiem, 4 łyżkami posiekanej natki, posyp solą i pieprzem. Zostaw na 30 minut. W wersji wege podobnie przypraw awokado – będzie gotowe do podania bez smażenia.

Przygotuj makaron ryżowy, zalewając go wrzątkiem. Następnie odsącz.

Krewetki przełóż z zalewą na patelnię i smaż około 3 minuty. Wyłącz gaz, do krewetek dodaj makaron i wymieszaj.

Całość przełóż do miseczki, dodaj rukolę, startą na wstążki marchewkę, szczypiorek, pozostałą natkę i wymieszaj. Polej dressingiem i posyp czarnym sezamem.

Dzień 5–6

śniadanie: Kasza z grzybami i jarmużem – 1 porcja

idealne jako lunch box

- 150 g ugotowanej kaszy gryczanej palonej
- 150 g ulubionych grzybów: pieczarek, leśnych, kurek, boczniaków
- 1 szalotka lub czerwona cebula
- 1 szklanka posiekanego jarmużu
- 1 łyżka oliwy lub masła klarowanego
- sól kłodawska, pieprz
- 2 łyżki orzechów włoskich
- 50 ml bulionu

Na patelnię wlej oliwę lub masło klarowane, dodaj pokrojoną w piórka cebulę, smaż około 1 minutę, aż się zeszkli, a następnie przypraw ją solą i pieprzem.

Dodaj pokrojone grzyby i duś razem około 5 minut. Następnie dorzuć jarmuż, wlej 50 ml bulionu i duś około 3 minut.

Do warzyw wsyp ugotowaną kaszę, dodaj orzechy i wymieszaj.
Podawaj z sałatką ze świeżych pomidorów i rukoli, skropionej oliwą.

II śniadanie: Chłodnik ogórkowy – 2 porcje

- 200 ml maślanki
- 200 ml jogurtu greckiego
- 2 ugotowane jajka
- 2 ogórki małosolne
- 1 świeży ogórek
- 2 ogórki konserwowe
- 2 ząbki czosnku
- ¼ cm startego imbiru
- sok z 1 limonki
- koperek
- sól, pieprz

Maślankę wymieszaj z jogurtem, dodaj starte ogórki i 2 wyciśnięte ząbki czosnku, starty imbir, sok z limonki, sól i pieprz. Posyp koperkiem, podawaj z posiekanym jajkiem na twardo.

obiad: Pstrąg pieczony z warzywami – 2 porcje

- 300 g świeżego pstrąga (4 filety bez ości) LUB W WERSJI WEGE 4 plastry selera
- 1 por
- 2 łyżeczki musztardy Dijon
- suszone oregano, pieprz, sól kłodawska, papryka ostra i słodka, czosnek granulowany, nasiona kolendry
- oliwa
- 1 batat
- 1 cukinia
- 1 czerwona cebula
- 20 pomidorków koktajlowych lub 3 duże pomidory pokrojone w ćwiartki
- 30 ml bulionu lub białego wina

Filety posmaruj musztardą Dijon, posyp pieprzem i oregano.

Pora pokrój w drobne paseczki lub talarki, przypraw solą.

Cukinię, batata i cebulę pokrój w paski, pomidorki dodaj w całości. Warzywa wymieszaj, posyp dużą szczyptą czosnku, papryki ostrej i słodkiej, solą i pieprzem, polej oliwą i dokładnie wymieszaj.

Łyżeczkę nasion kolendry praż 30 sekund na patelni i delikatnie rozgnieć w moździerzu.

Na dno wysmarowanej oliwą formy żaroodpornej ułóż 2 filety skórą do dołu/plastry selera, na nich umieść pokrojonego pora, ponownie ułóż filet z ryby skórą do góry/plastry selera.

Posyp kolendrą, oregano i pieprzem oraz szczyptą soli, skrop 3 łyżkami bulionu lub białego wina. Odstaw na 15 minut.

Wstaw warzywa z przyprawami do piekarnika, piecz 15 minut w 200°C.

Dostaw naczynie z rybą i piecz kolejne 15 minut w 180°C.

Podawaj rybę z upieczonymi warzywami.

podwieczorek: Surówka z białej kapusty z czarnuszką – 2 porcje

- 200 g młodej białej drobno posiekanej kapusty
- 1 marchewka
- 1 mała czerwona papryka
- 1 szalotka
- 1 jabłko
- 2 łyżki posiekanego koperku
- 1 ząbek czosnku – opcjonalnie
- sól himalajska, pieprz, 2 łyżki octu ryżowego/winnego lub jabłkowego
- 2 łyżki oleju lnianego
- do posypania: kminek lub czarnuszka uprażona na suchej patelni

Paprykę pokrój w drobne paseczki, cebulę posiekaj, jabłko i marchewkę zetrzyj, czosnek wyciśnij.

Warzywa wymieszaj z poszatkowaną drobno kapustą i lekko ugnieć dłonią.

Polej octem, olejem, posyp solą, pieprzem, koperkiem i ponownie wymieszaj.

Przed podaniem posyp kminkiem lub uprażoną czarnuszką.

kolacja: Sałatka z grillowaną papryką i wędzonym twarogiem - 2 porcje

idealne danie na imprezę

- 3 garście rukoli lub roszponki lub miksu sałat
- 1 czerwona papryka
- 1 żółta papryka
- 1 mała czerwona cebula
- 4 plastry (po 50 g) wędzonego twarogu lub fety LUB W WERSJI WEGE wędzonego tofu
- 2 łyżki oliwy
- 4 suszone pomidory
- 1 pęczek natki pietruszki lub szczypiorku
- 2 łyżki pestek z dyni
- sól kłodawska, pieprz
- **sos ostry:** 2 łyżki oliwy z zalewy pomidorów+szczypta chili w płatkach+1 wyciśnięty ząbek czosnku+2 łyżki soku z limonki – wymieszaj.

Paprykę pokrój w paski i skrop oliwą, przypraw solą i pieprzem. Upiecz w piekarniku lub grilluj na patelni.

W misce wymieszaj rukolę z grillowaną papryką i pokrojoną w piórka cebulą. Dodaj suszone pomidory, wyłóż kawałki sera/tofu, polej ostrym sosem i posyp pestkami dyni i zieleniną.

Dzień 7

śniadanie: Jajecznica z szynką/tofu i szczypiorkiem - 1 porcja

- 2 jajka
- 2 plastry szynki W WERSJI WEGE 2 plastry wędzonego tofu
- 1 cebula
- 1 pęczek szczypiorku
- pieprz czarny, sól kłodawska
- 1 łyżka oleju rzepakowego lub oliwy
- świeże pomidory lub ogórki kiszone – dowolna ilość
- 2 kromki razowego chleba

Szynkę/tofu pokrój w plasterki, cebulę w piórka, szczypiorek posiekaj.

Na patelnię wlej łyżkę oleju, wrzuć cebulę i szynkę i chwilę podsmaż. Dodaj pieprz i sól. Wbij jajka i podsmaż do pożądanej konsystencji.

Posyp szczypiorkiem. Podawaj ze świeżymi pomidorami lub ogórkami kiszonymi i 2 kromkami razowego chleba.

II śniadanie: Owsianka cytrusowa z owocami goji – 2 porcje

- 6 łyżek płatków owsianych/gryczanych/jęczmiennych/komosy ryżowej
- 2½ szklanki wody lub napoju roślinnego – kokosowego, migdałowego
- skórka otarta z 1 limonki
- 1 grejpfrut
- 2 łyżki owoców goji
- 1 kawałek świeżego imbiru
- 1 łyżka wiórków kokosowych
- 1 laska wanilii – opcjonalnie
- świeża mięta

Do rondla wlej wodę lub napój roślinny, wsyp wiórki kokosowe, płatki, dodaj ziarenka z laski wanilii i doprowadź do wrzenia. Wyłącz gaz i zostaw do ostygnięcia.

Dodaj starty imbir, skórkę z limonki, owoce goji i wymieszaj. Dodaj obrane z osłonek cząstki grejpfruta.

Udekoruj miętą.

obiad: Imbirowe curry z indykiem na kolorowo – 2 porcje

- 250 g filetu z mięsa z indyka, kurczaka LUB W WERSJI WEGE 250 g wędzonego tofu
- 150 g brokuła
- 150 g fasolki szparagowej lub szparagów zielonych lub groszku cukrowego
- 1 czerwona papryka
- 1 zielona papryka
- 1 żółta papryka
- 3 pomidory krojone bez skórki
- 1 czerwona lub biała cebula

- 2-3 ząbki czosnku
- 1 cm świeżego imbiru
- czubryca czerwona (lub cząber, pieprz i ostra papryka), kumin w ziarnach, kurkuma, sól kłodawska, tymianek, oregano
- 50 ml gęstego mleczka kokosowego
- 200 ml bulionu
- 2 łyżeczki oliwy
- natka lub kolendra do posypania

Na patelnię wlej oliwę, dodaj pokrojone mięso/tofu i posiekaną cebulę, przypraw czerwoną czubrycą i dodaj szczyptę nasion kuminu. Duś około 8 minut na wolnym ogniu, mieszając, aby się nie przypaliło.

Dodaj wyciśnięty czosnek, pokrojone warzywa, pomidory i po dużej szczypcie pozostałych przypraw, dolej bulion i duś pod przykryciem na małym ogniu około 15 minut, aż warzywa zmiękną.

Na koniec dodaj starty imbir, mleczko kokosowe i duś jeszcze 3 minuty.

Przed podaniem posyp świeżą natką.

podwieczorek: Surówka z selera – 2 porcje

- 2 łodygi selera naciowego
- 6-10 rzodkiewek
- 1 jabłko
- 1 marchewka
- 1 pęczek natki pietruszki
- 2 łyżki soku z limonki lub cytryny
- sól kłodawska, pieprz
- 2 łyżki orzechów włoskich
- **sos:** 2 łyżki oliwy lub oleju rzepakowego/rydzowego+ musztarda+3 łyżki soku ze świeżej pomarańczy+sól+pieprz – składniki wymieszaj.

Seler naciowy drobno posiekaj i zalej wrzątkiem. Zostaw na 1 minutę, następnie przełóż na sitko i odsącz.

Jabłko i marchew zetrzyj, skrop sokiem z limonki lub cytryny.

Całość wymieszaj z selerem, dodaj pokrojone w ćwiartki rzodkiewki i posiekaną natkę. Przypraw do smaku.

Polej sosem, posyp orzechami.

kolacja: Sałatka z brokułami z grilla i komosą – 2 porcje

idealne danie na imprezę

- 300 g brokułów
- 1 kulka mozzarelli
- 4 suszone pomidory lub posiekane oliwki
- 1 miska liści sałaty lodowej
- ½ szklanki komosy ryżowej
- 1 kawałek pora
- 1–2 ząbki czosnku
- 2 łyżki uprażonych orzechów piniowych lub orzechów włoskich/laskowych, pestek dyni
- 2 łyżki oliwy
- świeża bazylia
- sól kłodawska

Kaszę ugotuj w lekko osolonej wodzie.

Na patelnię wlej oliwę, dodaj posiekanego pora, pokrojone drobno brokuły, posiekany czosnek. Posól i smaż około 2 minuty.

Następnie wyłącz palnik, dodaj ugotowaną komosę, pokrojone suszone pomidory i wymieszaj.

Przełóż całość do miski, dodaj liście sałaty, pokruszoną mozzarellę, skrop oliwą i posyp bazylią i orzechami.

Tydzień XIII

Dzień 1 – 2

śniadanie: Krakersy gryczane z ziarnami z hummusem i sezonowymi warzywami – 2 porcje

idealne danie na imprezę

hummus klasyczny (4 porcje):

- 1 szklanka suchej ciecierzycy
- 2-3 ząbki czosnku
- 1 łyżka pasty sezamowej tahini
- 1 pęczek natki pietruszki
- 1 cytryna
- 3 łyżki oliwy lub oleju lnianego/rydzowego
- sól kłodawska, ½ łyżeczki kuminu, ½ łyżeczki papryki ostrej i słodkiej, ½ łyżeczki sody, 1 łyżeczka kminku, liść laurowy

Ciecierzycę namocz na noc.

Następnie zalej czystą wodą, dodaj liść laurowy, kminek i sodę i gotuj około 45 minut.

Po ugotowaniu wypłucz dokładnie pod bieżącą wodą.

Wrzuć do blendera i zmiel razem z czosnkiem, sokiem z połowy cytryny, tahini, solą, ½ łyżeczki kuminu i papryki ostrej i słodkiej oraz posiekaną natką.

Pastę przełóż do słoiczka i polej olejem.

krakersy:

- 1 szklanka mąki gryczanej
- ¼ łyżeczki proszku do pieczenia
- 1 łyżeczka nasion kminku
- 1 łyżka oliwy
- ⅓ łyżeczki soli kłodawskiej
- 2 łyżki sezamu
- 2 łyżki siemienia lnianego
- 50 ml wody

Do miski wsyp mąkę, proszek, sól, dolej wodę, oliwę i zmiksuj. W razie potrzeby rozrzedź masę wodą lub zagęść mąką. Dodaj nasiona kminku i wymieszaj.

Wyłóż ciasto na blachę wyłożoną papierem, tak aby tworzyło cienką warstwę i piecz około 10 minut w 180°C, aż się zarumieni. Po ostudzeniu pokrój w prostokąty.

Przechowuj w suchym miejscu.

Podawaj z hummusem i 300 g dowolnych warzyw sezonowych pokrojonych w słupki: marchwi, selera, rzodkiewki, ćwiartkami pomidora itp.

II śniadanie: Jogurt po grecku z pomidorkami – 300 ml

- 200 g jogurtu greckiego
- 1 pomidor
- 1 łyżka oliwy
- 4 oliwki
- 2 łyżki natki pietruszki
- świeża bazylia
- sól kłodawska, pieprz

Jogurt wymieszaj z natką i posiekanymi oliwkami, przypraw solą i pieprzem.

Na wierzchu ułóż posiekane pomidory, posyp bazylią i skrop oliwą.

obiad: Gołąbki z halibutem – 2 porcje

- 300 g filetu z dorsza lub halibuta, może być ze skórą, ale oczyszczoną z łusek LUB W WERSJI WEGE 300 g pieczarek, boczniaków, kurek lub grzybów leśnych
- 100 g kaszy gryczanej palonej lub jęczmiennej
- 2 duże cebule
- 1 kapusta włoska
- sok z 1 limonki
- 1 kawałek pora
- sól kłodawska, pieprz
- 300 g pomidorów krojonych bez skórki
- 2 łyżki oleju

- 200 ml bulionu warzywnego
- świeża bazylia

Kapustę podziel na liście i sparz wrzątkiem.

Kaszę ugotuj w osolonej wodzie.

Rybę zmiel ze skórą i skrop sokiem z limonki/grzyby drobno posiekaj.

Pora posiekaj drobniutko i posól. W miseczce zmieszaj zmieloną rybę/grzyby, odsączoną kaszę i pora i dokładnie wymieszaj, przypraw pieprzem i solą do smaku.

Na liście kapusty nakładaj farsz i dokładnie zwijaj jak gołąbki.

Obsmaż na patelni z obu stron, następnie przełóż do naczynia żaroodpornego i podlej bulionem. Duś w odkrytym naczyniu około 20 minut w 180°C.

Cebulę pokrój i przesmaż z pomidorami. Duś około 10 minut. Na koniec posyp bazylią.

Gotowe gołąbki podawaj polane sosem z pomidorów.

podwieczorek: Sałatka z krewetkami - 2 porcje

idealne danie na imprezę

- 10 dużych krewetek tygrysich LUB W WERSJI WEGE 1 szklanka ciecierzycy
- 10 pomidorków koktajlowych
- 1-3 ząbki czosnku
- 1 kawałek pora
- skórka starta z 1 limonki
- świeża kolendra
- gęsty ocet balsamiczny do skropienia
- 2 łyżki oliwy z oliwek
- 1 paczka miksu sałat z rukolą lub 1 sałata lodowa
- **marynata do krewetek:** 1 łyżka oleju+świeża bazylia+wyciśnięty czosnek+2 łyżki soku z limonki+sól+pieprz

Krewetki/ciecierzycę zamarynuj, ułóż na papierze do pieczenia i piecz razem z pomidorkami około 15–20 minut w 190°C.

Na oliwie podsmaż pokrojonego pora i czosnek.

Do miksu sałat dodaj upieczone krewetki/ciecierzycę i pomidorki, pora oraz czosnek, posyp skórką startą z limonki i skrop octem balsamicznym. Na koniec posyp kolendrą.

kolacja: Aromatyczna zupa grzybowa z pęczakiem – 2 porcje

- 350 g grzybów leśnych, boczniaków lub kurek
- 1 cebula biała
- 1 kawałek pora
- 2 ząbki czosnku
- 1 łodyga selera naciowego
- 500 ml bulionu warzywnego
- 100 ml mleczka kokosowego lub dodatkowa porcja bulionu
- ½ szklanki namoczonej wcześniej na noc kaszy pęczak
- 1 pęczek koperku
- sól kłodawska, pieprz, papryka ostra i słodka
- 2 łyżki masła klarowanego lub oleju rzepakowego nierafinowanego

W garnku rozgrzej masło lub olej, dodaj posiekaną cebulę, pora, przypraw solą i pieprzem. Duś 2 minuty, mieszając drewnianą łyżką.

Dodaj wyciśnięty czosnek, pokrojone grzyby, selera naciowego i namoczoną kaszę, szczyptę papryki ostrej i słodkiej i duś razem około 5 minut. Zalej bulionem i gotuj 25 minut.

Następnie wlej mleczko i gotuj jeszcze 5 minut.

Przed podaniem posyp posiekanym koperkiem.

Dzień 3 – 4

śniadanie: Jajko zapiekane na szpinaku – 1 porcja

- 1 jajko LUB W WERSJI WEGE 50 g tofu
- 2 łyżeczki fety lub serka koziego
- 2 szklanki szpinaku
- 1 szalotka lub 2 cm pora
- 1 łyżka oliwy lub masła klarowanego
- pieprz, sól kłodawska, gałka muszkatołowa

Na łyżce oliwy/masła smaż do zeszklenia (około 2 minuty) posiekaną cebulę lub pora, przypraw solą i pieprzem.

Dodaj szpinak, przypraw gałką i duś pod przykryciem 2 minuty.

Wyłóż szpinak do formy do zapiekania (kokilki), dodaj kawałki fety lub serka koziego, wbij jajko/wyłóż tofu i wstaw do piekarnika. Zapiekaj, aż jajko się zetnie – około 6 minut w 180°C. Możesz też zrobić to na patelni; zostaw szpinak na małym ogniu i przykryj go pokrywką, aby jajko wbite na wierzch się ścięło.

Przypraw solą i pieprzem.

II śniadanie: Koktajl słoneczny – 300 ml

- 100 g truskawek świeżych lub mrożonych
- 100 g czerwonych porzeczek
- 100 ml jogurtu
- 1 łyżka orzechów nerkowca

Owoce zmiksuj z jogurtem, przed podaniem posyp pokruszonymi orzechami.

obiad: Indyk w sosie korzennym z cynamonem – 2 porcje

- 300 g mięsa z indyka LUB W WERSJI WEGE 300 g ugotowanej komosy lub ciecierzycy
- 1 czerwona cebula
- 3 ząbki czosnku
- 1 żółta papryka
- 1 czerwona papryka
- 4 pomidory bez skórki lub 300 ml passaty pomidorowej
- 1 łyżka oliwy lub oleju rzepakowego
- 1 szklanka bulionu warzywnego (300 ml)
- cynamon w proszku, kurkuma, sól himalajska, pieprz, papryka słodka
- do posypania: natka pietruszki lub świeża kolendra lub bazylia
- 200 g ogórków kiszonych

Mięso pokrój w kostkę, przypraw solą, pieprzem i słodką papryką. Smaż na patelni na łyżce oliwy około 5 minut/ciecierzycę przypraw podobnie i też przesmaż .

Dodaj posiekaną w piórka cebulę i wyciśnięty czosnek, dopraw solą, pieprzem, 1 płaską łyżeczką cynamonu i ½ łyżeczki kurkumy, wymieszaj. Duś kolejne 2 minuty.

Dodaj pokrojone papryki i duś 1 minutę.

Dolej bulion, dodaj pokrojone pomidory lub passatę i duś około 15 minut.

Posyp świeżą natką. Podawaj z ogórkami kiszonymi.

podwieczorek: Kuskus z kalafiora – 2 porcje

- 300-400 g kalafiora
- 1 cebula
- 1-2 ząbki czosnku
- 1 łyżka masła klarowanego
- sól kłodawska, pieprz

Kalafiora rozdrobnij w malakserze lub zetrzyj na tarce.

Na patelni rozgrzej masło, dodaj posiekaną cebulę i duś około 2 minuty, przypraw solą i pieprzem, dodaj wyciśnięty czosnek.

Dodaj startego kalafiora, wymieszaj i duś pod przykryciem około 3–5 minut.

kolacja: Sałatka z serem grillowanym halloumi - 2 porcje

idealne danie na imprezę

- 1 paczka miksu sałat lub 1 sałata lodowa
- 100 g sera halloumi lub twardej fety greckiej
- 1 małe awokado
- 1 ząbek czosnku
- sok z 1 limonki
- 1 łyżeczka oliwy lub oleju lnianego
- 1 duży pomidor lub 10 pomidorków koktajlowych
- 1 pęczek szczypiorku
- 2 łyżki orzechów lub pokruszonych migdałów, pestek dyni, sezamu
- sól kłodawska, świeżo tłuczony czarny pieprz
- świeża bazylia
- **dressing z octu jabłkowego:** 2 łyżki octu jabłkowego+2 łyżki soku tłoczonego z jabłek +1 łyżka musztardy Dijon+1 łyżeczka oleju lnianego+1 mała łyżeczka miodu+szczypta soli i pieprzu – dokładnie wymieszaj składniki (najlepiej w zamkniętym słoiczku).

Awokado wyjmij z łupinek, pokrój w grubą kostkę, skrop sokiem z limonki i posyp wyciśniętym czosnkiem, solą i pieprzem, polej oliwą. Dodaj pokrojone w kostkę pomidory i delikatnie wymieszaj.

Ser pokrój w plastry, przypraw pieprzem i grilluj na patelni około 1 minutę z każdej strony.

Do miski wsyp sałaty, na to wyłóż mieszankę awokado z pomidorami, na to plastry grillowanego sera.

Całość posyp szczypiorkiem, orzechami i bazylią. Polej dressingiem.

Dzień 5-6

śniadanie: Złota owsianka z malinami - 2 porcje

- 6 łyżek płatków owsianych górskich lub komosy ryżowej
- 2-2½ szklanki wody (z dodatkiem gęstego mleka kokosowego) lub napoju roślinnego (migdałowego, kokosowego)
- 1 łyżka nasion siemienia lnianego lub chia

- szczypta pieprzu cayenne, cynamonu, imbiru, 1 łyżeczka kurkumy
- 300 g malin lub ulubionych owoców jagodowych
- 1 łyżka orzechów nerkowca

Do rondelka wlej wybrany płyn, wsyp przyprawy, płatki lub wypłukaną kaszę, siemię lub chia i zagotuj (komosę gotuj 10 minut). Wyłącz gaz i zostaw do ostygnięcia.

Dodaj owoce. Przed podaniem posyp orzechami.

II śniadanie: Zapiekane bakłażany à la caprese – 1 porcja

- 4 plastry bakłażana
- 4 plastry cukinii
- 4 plastry mozzarelli
- 4 łyżeczki pesto bazyliowego
- 4 plastry pomidora
- 2 łyżeczki oliwy
- sól kłodawska, pieprz, czosnek granulowany, oregano

Bakłażana posyp solą, poczekaj 10 minut, wypłucz i osusz. Posyp pieprzem, solą, czosnkiem granulowanym i posmaruj oliwą.

Cukinię przypraw oregano i solą.

Warzywa ułóż na patelni grillowej i smaż około 3 minuty.

Na plastrze bakłażana ułóż plaster pomidora, posmaruj pesto, na tym umieść grillowaną cukinię, mozzarellę, odrobinę pesto i grilluj dalej na małym ogniu pod przykryciem, aż ser się rozpuści.

obiad: Soczewica w mleczku kokosowym – 2 porcje

- 1 szklanka czarnej lub brązowej soczewicy
- 1 czerwona cebula
- 1 czerwona papryka
- 2 ząbki czosnku
- 1½ szklanki bulionu warzywnego
- 100 g szpinaku

- 1 szklanka napoju kokosowego lub ½ szklanki gęstego mleczka kokosowego wymieszanego z bulionem
- 1 łyżka oliwy lub oleju rzepakowego nierafinowanego
- kurkuma, świeży starty imbir lub imbir suszony, pieprz, sól kłodawska

Cebulę drobno posiekaj. Wrzuć na patelnię, dolej oliwę, posyp solą i pieprzem i duś 1 minutę.

Dodaj paprykę pokrojoną w kostkę, czosnek, 1 łyżeczkę imbiru, łyżeczkę kurkumy i wymieszaj.

Wlej bulion, napój lub mleczko, wsyp wypłukaną soczewicę i duś około 20 minut na małym ogniu pod przykryciem.

Na koniec dodaj szpinak i duś jeszcze minutę.

podwieczorek: Surówka z selera – 2 porcje

- 1 miseczka startego korzenia selera (około 200 g)
- 1 małe kwaśne jabłko
- 1 łodyga selera naciowego
- sok z ½ cytryny
- 3 łyżki posiekanego szczypiorku
- 2 łyżki oleju lnianego
- 1 łyżeczka musztardy bez cukru, sól kłodawska, pieprz
- 2 łyżki jogurtu greckiego
- 2 łyżki orzechów włoskich posiekanych

Zetrzyj na tarce korzeń selera i jabłko, przełóż do miseczki i polej sokiem z cytryny, aby nie czerniało.

Dodaj posiekany drobno seler naciowy, szczypiorek i całość wymieszaj.

Polej olejem wymieszanym z musztardą i jogurtem, dopraw solą i pieprzem i ponownie wymieszaj.

Posyp orzechami.

kolacja: Sałatka z sezamowym kurczakiem i zieloną fasolką – 2 porcje

idealne jako lunch box

- 100 g filetu z kurczaka lub indyka LUB W WERSJI WEGE 100 g wędzonego tofu
- 200 g zielonej fasolki
- 1 kawałek pora
- 2 łyżki orzechów piniowych (uprażonych), włoskich lub pestek dyni
- 2 łyżki sezamu
- 10 pomidorków koktajlowych
- 4 suszone pomidory
- ½ granatu
- sól kłodawska, pieprz, tymianek, czubryca zielona
- 2 łyżeczki oliwy z pomidorów
- świeża bazylia

Fasolkę ugotuj al dente.

Posiekanego pora duś na łyżeczce oliwy około 3 minuty, przypraw solą i pieprzem.

Filet pokrój w paski, obtocz dokładnie w przyprawach i sezamie, smaż na małym ogniu na rumiano z obu stron.

Do pora na patelni dodaj ugotowaną fasolkę, wymieszaj. Przełóż do miski.

Dodaj kawałki kurczaka/tofu, pokrojone suszone i świeże pomidory i delikatnie wymieszaj.

Posyp pestkami granatu, orzechami oraz listkami bazylii.

Dzień 7

śniadanie: Placki z ciecierzycy z pesto i pastą z bakłażana – 2 porcje

- ½ szklanki mąki z ciecierzycy
- 2 łyżeczki oliwy
- sól kłodawska, pieprz, czarnuszka lub kminek, tymianek

Mąkę zalej wodą i doprowadź do konsystencji jogurtu.

Odstaw na 3 godziny, aż mąka wchłonie wodę, dodaj oliwę, przyprawy i wymieszaj.

Ciasto powinno dać się wylać na blachę wyłożoną papierem do pieczenia. Wierzch wygładź łyżką.

Piecz około 15–20 minut w 200°C, aż się zarumieni. Po upieczeniu połam na mniejsze kawałki.

pasta z bakłażana:

- 1 bakłażan
- 1 łyżeczka tahini
- 2 ząbki czosnku
- 4 suszone pomidory z oleju
- szczypta soli kłodawskiej, pieprzu
- oliwa
- 4 łyżki posiekanej natki pietruszki

Bakłażana pokrój w plastry, posól. Poczekaj, aż pojawią się krople wody, następnie opłucz i wysusz.

Ponownie przypraw solą, pieprzem, skrop oliwą i grilluj z obu stron, aż się zarumieni.

Wrzuć plastry do blendera, dodaj resztę składników i zmiksuj na gładką pastę.

Podawaj z pieczywem z ciecierzycy i świeżymi pomidorami.

II śniadanie: Szklanka soku pomidorowego z selerem – 300 ml

obiad: Indyk w peperonacie paprykowej z tymiankiem – 2 porcje

- 250 g filetu z indyka lub LUB W WERSJI WEGE 250 g tofu
- 4 papryki żółte i czerwone
- 4 duże pomidory sparzone i obrane ze skórki
- 1 cebula
- 1-2 ząbki czosnku
- sól kłodawska, pieprz, papryka ostra i słodka, tymianek
- 1 łyżka octu jabłkowego
- 2 łyżki oliwy
- świeża bazylia

Mięso/tofu pokrój w paski, przypraw solą, pieprzem, ostrą i słodką papryką i odstaw na 30 minut do zamarynowania.

Pokrój paprykę w paski, pomidory w kostkę, cebulę w piórka.

Na patelnię z oliwą wsyp cebulę, dodaj sól, pieprz i zeszklij. Wyłącz gaz, dodaj papryki, pomidory, wyciśnięty czosnek, tymianek i dokładnie wymieszaj zawartość patelni drewnianą łyżką.

Przełóż całość do naczynia żaroodpornego, dodaj kawałki indyka/tofu, lekko przemieszaj i zapiekaj pod przykryciem 30 minut w 190°C.

Przed podaniem skrop octem jabłkowym, dodaj bazylię i wymieszaj.

podwieczorek: Zupa z pieczonej dyni z granatem – 2 porcje

- 1 kg dyni, np. hokkaido
- 500 ml bulionu warzywnego
- 100 ml mleczka kokosowego gęstego
- 2 cebule czerwone
- 1 dymka ze szczypiorkiem
- 2 łyżki oliwy
- ½ granatu
- curry, sól morska, pieprz czarny
- 2 łyżeczki pokruszonych orzechów nerkowca lub płatków migdałowych

Pokrojoną dynię i cebule skrop oliwą, przypraw solą i pieprzem. Piecz około 40 minut w 220°C.

Upieczone warzywa zmiksuj z bulionem, mleczkiem kokosowym, dopraw curry, solą i pieprzem.

Przed podaniem posyp dymką posiekaną ze szczypiorkiem, pokruszonymi orzechami i nasionami granatu.

kolacja: Burgery brokułowe z fetą – 4 szt

idealne danie na imprezę

- 1 jajko
- 250 g brokuła
- 1 szklanka pokrojonej cukinii
- 1 szklanka posiekanego jarmużu zalanego wrzątkiem i odsączonego
- 2 cm pora

- 1 łyżka otrąb
- 30 g sera feta
- 1 łyżeczka oliwy lub oleju rzepakowego nierafinowanego
- sól kłodawska, pieprz, czubryca zielona
- sezam do obsypania

Na oliwie zeszklij drobno posiekanego pora, przypraw solą i pieprzem.

Brokuła i cukinię zetrzyj na tarce lub rozdrobnij w malakserze.

Wymieszaj z porem, otrębami, jarmużem, pokruszoną fetą i roztrzepanym jajkiem, dodaj dużą szczyptę zielonej czubrycy.

Formuj za pomocą łyżki lub mokrej dłoni grubsze kotleciki, obsyp sezamem i piecz około 20 minut w 180°C.

TYDZIEŃ XIV

Dzień 1 – 2

śniadanie: Omlet owsiany z borówkami i musem czekoladowym z awokado – 2 porcje

omlet:

- 1 jajko
- 3 łyżki mąki owsianej
- 1 łyżka drobnych wiórków kokosowych
- ½ szklanki borówek lub jagód, porzeczek świeżych lub mrożonych
- ⅓ łyżeczki proszku do pieczenia
- szczypta soli kłodawskiej

Białko ubij ze szczyptą soli na sztywną pianę, dodaj żółtka i zmiksuj.

Wymieszaj delikatnie z wiórkami, mąką owsianą i proszkiem do pieczenia.

Dodaj borówki, wymieszaj delikatnie.

Wlej porcję na blachę i piecz około 15 minut w 180°C.

mus z awokado:

- 1 małe awokado
- 2-3 łyżeczki kakao

- szczypta stewii
- listki mięty do posypania
- świeże owoce jagodowe

Awokado zmiksuj z kakao i stewią.

Posmaruj omlet musem, połóż na nim świeże owoce, posyp miętą.

II śniadanie: Koktajl z grejpfruta – 300 ml

- 200 g grejpfruta
- 50 g limonki bez skórki
- 1 garść szpinaku
- 50 ml wody

Składniki zmiksuj na koktajl.

obiad: Tajskie curry z indykiem lub krewetkami – 2 porcje

- 200 g indyka lub 15 krewetek LUB W WERSJI WEGE 150 g tofu
- 2 łodygi selera naciowego
- 1 por
- 1 cebula
- 1 kalarepka lub rzepa
- 1 czerwona papryka
- 1 żółta papryka
- 200 g pieczarek
- 2 ząbki czosnku
- 100 ml mleczka kokosowego
- 300 ml bulionu warzywnego
- trawa cytrynowa, imbir suszony, kurkuma świeża lub suszona, szczypta chili, curry, papryka ostra i słodka, sól kłodawska
- 2 łyżki oleju rzepakowego nierafinowanego
- 1 pęczek natki lub świeżej kolendry

Na patelnię wlej olej, dodaj posiekaną cebulę, pora, posól i smaż około 2 minuty, aż się zeszkli.

Dodaj po dużej szczypcie każdej z przypraw i smaż jeszcze 1 minutę.

Dorzuć kawałki mięsa/tofu (w przypadku krewetek przypraw je czosnkiem i dodaj 5 minut przed końcem gotowania) i pokrojone w kostkę lub plastry warzywa. Duś razem około 3 minuty.

Dodaj trawę cytrynową, bulion i duś około 15 minut.

Dolej mleczko kokosowe (dopiero teraz dodaj krewetki), duś kolejne 5 minut.

Przed podaniem posyp posiekaną zieleniną.

podwieczorek: Zupa ogórkowa – 2 porcje

- włoszczyzna: 1 marchewka, 1 pietruszka, 1 seler, 1 por
- 4 duże ogórki kiszone
- 1 cebula
- ziele angielskie, liść laurowy, sól morska, pieprz
- 2 łyżki oliwy
- natka pietruszki
- 600 ml bulionu

Włoszczyznę pokrój w paseczki. Na oliwie smaż do zeszklenia pora i cebulę (około 2 minuty). Przypraw solą i pieprzem. Dodaj warzywa, chwilę podsmaż. Zalej 600 ml bulionu, dodaj przyprawy i gotuj około 20 minut.

Dorzuć starte ogórki wraz z powstałym sokiem i gotuj jeszcze 10 minut.

Przed podaniem posyp natką pietruszki.

kolacja: Brokuły, kalafior lub zielone szparagi z orzechową posypką – 2 porcje

idealne jako lunch box

- 400 g brokułów/kalafiora/zielonych szparagów
- 2 łyżki pokruszonych orzechów pistacjowych, włoskich lub laskowych
- 1 szalotka lub 1 czerwona cebula
- 1 łyżka masła klarowanego lub oleju rzepakowego
- sól kłodawska, pieprz

Brokuły/kalafior/zielone szparagi ugotuj al dente.

Na oliwie lub maśle zeszklij posiekaną cebulę, dodaj sól i pieprz.

Orzechy upraż na suchej patelni przez minutę.

Do cebuli na patelni dodaj odsączoną fasolkę i wymieszaj.

Wyłóż na talerz i posyp pokruszonymi uprażonymi orzechami.

Dzień 3 – 4

śniadanie: Sandwicz z wędzonym twarogiem i pesto bazyliowym – 1 porcja

- 2 kromki razowego chleba
- 1 ugotowane jajko
- 2 łyżeczki bazyliowego pesto
- 2 plastry wędzonego twarogu lub serka koziego (20 g)
- kilka listków rukoli
- 1 suszony pomidor
- sól kłodawska, pieprz

Kromki przekrój, możesz włożyć do tostera.

Posmaruj porcją pesto, na to wyłóż ser, listki rukoli i plasterki jajka. Przypraw pieprzem i solą.

Posyp posiekanymi suszonymi pomidorami.

II śniadanie: Deser jogurtowo-owocowy z pistacjami – 1 porcja

- 150 ml jogurtu greckiego
- 50 g truskawek świeżych lub mrożonych
- 2 łyżki świeżej bazylii
- 2 kiwi
- 1 łyżeczka otrąb owsianych
- 1 łyżeczka pokruszonych pistacji niesolonych
- świeża mięta do dekoracji

Owoce zmiksuj lekko w oddzielnych miseczkach (truskawki zmiksuj z bazylią).

Jogurt podziel na 2 porcje. Do jednej porcji dodaj otręby i wymieszaj.

Do wysokiej szklanki/plastikowego kubka wlej porcję masy truskawkowej. Na to wlej porcję jogurtu z otrębami, następnie porcję musu z kiwi, dalej porcję jogurtu. Udekoruj pokruszonymi pistacjami i miętą.

Przechowuj w lodówce.

obiad: Pstrąg tęczowy na orzechowym szpinaku z komosą – 2 porcje

- 300 g filetu z pstrąga bez ości LUB W WERSJI WEGE 300 g fasolki szparagowej
- 1 paczka szpinaku
- 1 łyżka masła orzechowego
- 2 łyżki orzechów nerkowca lub włoskich
- 2 czubate łyżki gęstego mleczka kokosowego
- 1 cały por
- 1 łyżka masła klarowanego lub oleju rzepakowego nierafinowanego
- 1 szklanka komosy ryżowej lub dowolnej grubej kaszy
- 4 suszone pomidory
- 3 ząbki czosnku
- posiekana natka pietruszki
- 1 cytryna
- oliwa
- sól kłodawska, pieprz, słodka papryka, cząber, oregano,

Rybę oddziel od skóry i podziel na mniejsze porcje. Posyp cząbrem, oregano, słodką papryką, solą i pieprzem i skrop sokiem z cytryny i oliwą. Włóż do naczynia żaroodpornego i piecz około 15 minut w 180°C.

Ugotuj komosę ryżową w lekko osolonej wodzie.

Pora pokrój w talarki, wsyp na patelnię, dodaj łyżkę oleju lub masła klarowanego, lekko osól i duś około 2 minuty. Następnie dodaj 3 wyciśnięte ząbki czosnku, umyty szpinak, masło orzechowe i mleczko kokosowe i duś pod przykryciem około 5 minut, mieszając, aby składniki się połączyły.

Do ugotowanej komosy dodaj pokrojone suszone pomidory i natkę pietruszki i wymieszaj.

Rybę/ugotowaną al dente fasolkę wyłóż na talerz, dołóż porcję komosy z pomidorami i polej sosem szpinakowym z patelni. Posyp orzechami.

podwieczorek: Sałatka z rzodkiewkami – 2 porcje

- 1 pęczek rzodkiewek
- 6 pomidorków koktajlowych
- 1 zielony ogórek
- 2 jajka na twardo
- kilka liści sałaty lodowej
- 1 garść rukoli
- 1 dymka ze szczypiorkiem
- sól, pieprz
- **sos jogurtowy:** jogurt naturalny+czubryca zielona lub cząber+czosnek+natka pietruszki +1 łyżeczka musztardy.

Rzodkiewki pokrój w plasterki, pomidorki w ćwiartki. Dodaj do sałat, wkrój szczypiorek z dymką, pokrojonego w kosteczkę ogórka i wymieszaj. Przypraw do smaku.

Na koniec dodaj pokrojone w ćwiartki jajka i polej sosem jogurtowym.

kolacja: Zupa z soczewicy z wędzoną papryką – 2 porcje

- 600 ml bulionu warzywnego
- ½ szklanki czerwonej soczewicy
- 1 łodyga selera naciowego
- 1 mały batat lub 1 marchewka
- 1 mała pietruszka
- 2 plastry szynki parmeńskiej lub LUB W WERSJI WEGE 30 g wędzonego tofu
- 1 cebula
- 2-3 ząbki czosnku
- 1 kawałek pora
- 2 pomidory
- ziele angielskie, liść laurowy, papryka ostra, słodka i wędzona, sól kłodawska, pieprz
- 2 łyżki oliwy
- natka pietruszki do posypania

W dużym rondelku rozgrzej oliwę, wrzuć posiekaną cebulę, pora i pokrojoną szynkę/tofu i przypraw solą i pieprzem. Smaż około 2 minuty.

Dodaj resztę startych lub drobno pokrojonych warzyw i przypraw 1 łyżeczką każdej suszonej papryki. Dodaj wyciśnięty czosnek, ziele i liść laurowy i duś razem około 5 minut, ciągle mieszając.

Wsyp soczewicę, wlej bulion i gotuj około 20 minut.

Przed podaniem posyp świeżą natką.

Dzień 5-6

śniadanie: Sałatka z kaszy gryczanej z grillowanym kalafiorem – 2 porcje

idealne jako lunch box

- 1 szklanka suchej kaszy gryczanej palonej
- 300 g kalafiora
- 6 rzodkiewek
- 1 kawałek pora
- szczypta czarnuszki
- 2 łyżki pestek z dyni
- 1 pęczek szczypiorku
- 1 łyżka oliwy
- sól kłodawska, pieprz

Kaszę ugotuj al dente w lekko osolonej wodzie.

Kalafiora pokrój w plastry, skrop oliwą, przypraw solą i pieprzem i grilluj około 3 minuty, aż się zarumieni.

Następnie na tej samej patelni poddus lekko osolone plasterki pora.

Kaszę ostudź, wymieszaj z kalafiorem, posiekanym szczypiorkiem, pokrojonymi w ćwiartki rzodkiewkami i podduszonym porem.

Posyp pestkami dyni i podprażoną czarnuszką.

II śniadanie: Jogurt z makiem – 1 porcja

- 200 ml gęstego jogurtu
- 1 łyżka płatków migdałowych lub orzechów nerkowca
- 1 łyżeczka maku
- świeża mięta do dekoracji

Jogurt zmiksuj (zblenduj) z płatkami lub orzechami, dodaj mak i wymieszaj.

Przed podaniem udekoruj listkami mięty.

obiad: Kokosowy kurczak z warzywami z woka – 2 porcje

- 300 g filetu z indyka lub kurczaka LUB W WERSJI WEGE 300 g ugotowanego selera
- 400 g warzyw po chińsku mrożonych lub 400 g pokrojonej w słupki włoszczyzny z grzybkami mung i pędami bambusa
- 1 kawałek pora
- 4 łyżki mąki kokosowej lub drobnych wiórków kokosowych
- 1 jajko
- 100 ml mleczka kokosowego lub jogurtu greckiego
- 1 łyżeczka startego imbiru
- 2 ząbki czosnku
- 1 dymka
- 2 łyżki oleju rzepakowego lub kokosowego nierafinowanego
- sól kłodawska, pieprz cayenne, ostra i słodka papryka
- 2 łyżeczki sezamu

Do miseczki wbij jajko, dodaj 50 ml mleczka kokosowego lub jogurtu, mąkę kokosową, 1 łyżeczkę startego imbiru, szczyptę soli i pieprzu i zmiksuj. Odstaw na kilka minut.

Pokrój w paski mięso drobiowe/selera, przypraw ostrą i słodką papryką, solą, pieprzem.

Zanurzaj kawałki mięsa/selera w cieście kokosowym, układaj kawałki w piekarniku nagrzanym do 190°C i piecz około 15 minut, aż ciasto się zarumieni.

Na patelnię typu wok wlej olej, dodaj posiekanego pora, przypraw solą i pieprzem i smaż około 2 minuty. Dodaj warzywa po chińsku, starty czosnek i smaż całość około 5–8 minut. Na koniec dodaj resztę mleczka kokosowego lub jogurtu, wymieszaj, lekko podgrzej. Przed podaniem posyp posiekaną dymką i sezamem, z kawałkami pieczonego kurczaka.

podwieczorek: Roladki z bakłażana z pikantnym twarożkiem i czarnuszką – 2 porcje

idealne danie na imprezę

- 8 plastrów bakłażana
- 100 g białego twarożku LUB W WERSJI WEGE 100 g namoczonych wcześniej w wodzie na noc i zmielonych orzechów nerkowca
- 1–2 ząbki czosnku
- 1 łyżeczka skórki otartej z cytryny
- 1 pęczek świeżej bazylii
- 4 rzodkiewki
- 1 ogórek kiszony
- sól kłodawska, pieprz czarny, czarnuszka
- 4 łyżki rzeżuchy lub posiekanego szczypiorku – opcjonalnie
- 1-2 łyżki oliwy

Bakłażana posól, odstaw na 10 minut, a następnie spłucz gorzki smak, osusz na ręczniku papierowym i ponownie posól, posyp pieprzem i posmaruj oliwą. Grilluj na rumiano po około 1–2 minuty z każdej strony.

Twarożek lub zmielone nerkowce wymieszaj z wyciśniętym ząbkiem czosnku, dodaj drobno pokrojony ogórek kiszony, rzeżuchę lub szczypiorek, 1 łyżeczkę skórki otartej z cytryny i ½ łyżeczki uprażonej czarnuszki.

Na każdym plastrze bakłażana układaj liście bazylii, porcję twarożku i plaster rzodkiewki i zawijaj w roladki.

Zepnij wykałaczką.

kolacja: Zupa krem z pomidorów i soczewicy z białym pieprzem – 2 porcje

- 300 ml bulionu
- ½ szklanki soczewicy czerwonej
- 3 ząbki czosnku
- 1 czerwona cebula

- 2 łyżki oliwy
- 1 pęczek bazylii
- 300 g posiekanych pomidorów bez skórki
- 2 szklanki oczyszczonego jarmużu lub szpinaku (około 50 g)
- pieprz biały i czarny, sól kłodawska, cząber, oregano
- 2 łyżeczki orzeszków piniowych uprażonych na suchej patelni

Do rondelka wlej oliwę, dodaj posiekaną cebulę i czosnek, przypraw solą i czarnym i białym pieprzem i smaż do zeszklenia (około 1 minutę).

Dodaj pokrojone pomidory, bulion, soczewicę, oregano i cząber i gotuj 15 minut.

Dorzuć liście szpinaku lub jarmużu, posiekaną bazylię i gotuj jeszcze 5 minut.

Przed podaniem posyp orzeszkami.

Dzień 7

śniadanie: Placuszki owsiano-gryczane z pastą z soczewicy – 2 porcje

- 2 jajka
- 5 łyżek płatków gryczanych lub owsianych górskich
- 5 łyżek otrąb owsianych
- ½ łyżeczki proszku do pieczenia – opcjonalnie
- 100 ml jogurtu greckiego
- sól kłodawska, pieprz, oregano

Białko ubij ze szczyptą soli na puszystą pianę, dodaj żółtka i zmiksuj.

Wlej jogurt, wymieszaj delikatnie. Dodaj płatki, otręby i proszek do pieczenia, dużą szczyptę soli, pieprzu, łyżeczkę oregano i jeszcze raz wymieszaj.

Wykładaj za pomocą łyżki porcje placków na blachę wyłożoną papierem do pieczenia. Piecz około 20 minut w temperaturze 180°C.

pasta z soczewicy ze szczypiorkiem i czarnuszką – 2 porcje:

- 1 szklanka czerwonej soczewicy
- 1 cebula
- 1 pęczek szczypiorku

- 1 łyżka oliwy
- sól kłodawska, pieprz, tymianek, duża szczypta czarnuszki

Ugotuj soczewicę w lekko osolonej wodzie. Dokładnie odsącz z nadmiaru płynu.

Na łyżce oliwy zeszklij posiekaną cebulę, przypraw solą, pieprzem i tymiankiem.

Dodaj cebulę do odsączonej soczewicy i zmiksuj. Wymieszaj z posiekanym szczypiorkiem i czarnuszką.

Posmaruj placuszki pastą i dekoruj ogórkiem kiszonym, pomidorkami, rzodkiewką.

II śniadanie: Zupa krem z pieczonych pomidorów i czerwonej cebuli – 2 porcje

- 10 pomidorów
- 2 czerwone cebule
- 2 łyżki oliwy
- 4 ząbki czosnku
- świeża bazylia
- 50 ml mleczka kokosowego
- sól morska, pieprz czarny, pieprz cayenne
- 5 suszonych pomidorów z zalewą
- 500 ml bulionu warzywnego
- 2 łyżki orzechów piniowych lub włoskich uprażonych na suchej patelni

Pomidory przekrój na połówki, posól, polej oliwą z rozdrobnionym czosnkiem (1 ząbek zostaw na później), posyp pieprzem cayenne. Obok ułóż czerwoną cebulę i piecz około 25 minut w 180°C.

Pomidory suszone drobno posiekaj i zmiksuj z orzechami, 1 ząbkiem czosnku i łyżeczką oliwy z zalewy.

Pomidory z blachy przełóż do garnka, zalej 500 ml bulionu, dodaj świeżą bazylię i gotuj 4 minuty. Dolej mleczko kokosowe i zmiksuj na gładki krem. Podawaj z pastą z suszonych pomidorów.

obiad: Marokańska potrawka z indyka/ciecierzycy – 2 porcje

- 200 g mięsa z indyka LUB W WERSJI WEGE 200 g ugotowanej ciecierzycy
- 2 szklanki posiekanego jarmużu
- 1 czerwona cebula
- 300 g pokrojonych pomidorów bez skórki
- 1 łodyga selera naciowego
- 1 rzepa lub kalarepka
- 200 ml bulionu warzywnego
- 1 papryczka chili – opcjonalnie
- 2-4 ząbki czosnku
- 1 cm imbiru
- sól kłodawska, ostra i słodka papryka, pieprz, kurkuma w proszku lub świeża, cynamon, kmin rzymski
- 2 łyżki oliwy
- do posypania: szczypiorek, świeża kolendra lub natka pietruszki

Na patelnię wlej olej, wrzuć posiekaną cebulę, po dużej szczypcie kminu, cynamonu, kurkumy, ostrej i słodkiej papryki i duś około 2 minuty.

Dodaj indyka (w przypadku ciecierzycy dodaj ją na końcu razem z pomidorami), wymieszaj, posyp solą, pieprzem, dodaj posiekanego selera, posiekany czosnek i imbir, pokrojone chili, pokrojoną kalarepkę lub rzepę, jarmuż, dolej bulion i duś około 10 minut.

Dodaj pomidory (i ewentualnie ciecierzycę, jeśli nie używasz indyka) i duś jeszcze 5 minut.

Przed podaniem posyp świeżą kolendrą, szczypiorkiem lub natką.

podwieczorek: Surówka z czerwonej kapusty

- 300 g posiekanej drobno kapusty czerwonej
- 1 mała czerwona cebula
- 1 jabłko
- 1 marchewka
- 2 łyżki suszonych owoców goji
- 2 łyżki pestek z dyni

- **dressing z cynamonem:** 2 łyżki oleju lnianego+1 łyżka soku z cytryny+szczypta cynamonu+szczypta soli i pieprzu – wymieszaj składniki.

Kapustę wymieszaj ze startym jabłkiem, marchewką i posiekaną cebulą.

Polej dressingiem, posyp owocami goji i pestkami dyni.

kolacja: Sałatka z grillowanej cukinii - 2 porcje

idealne danie na imprezę

- 1 cukinia
- 2 duże pomidory
- 1 czerwona cebula
- 1 czerwona papryka
- 1 żółta papryka
- 1 pęczek szczypiorku
- 1 miseczka rukoli
- 50 g sera feta/koziego
- 2 łyżki oliwy
- sok z 1 cytryny
- sól kłodawska, pieprz, czosnek granulowany, cząber

Cukinię pokrój w długie plastry, posmaruj oliwą, posyp solą, pieprzem, czosnkiem granulowanym i cząbrem.

Ułóż na patelni razem z plastrami papryki i ćwiartkami cebuli skropionymi oliwą i posolonymi. Grilluj po 2 minuty z obu stron na rumiano.

Do miski włóż sałatę, dodaj grillowane warzywa, plastry świeżych pomidorów, posiekany szczypiorek i kawałki sera.

Skrop sokiem z cytryny i oliwą.

TYDZIEŃ XV

Dzień 1-2

śniadanie: Placuszki gryczane z cukinią z suszonymi pomidorami i sosem czosnkowym – 2 porcje

- 100 g mąki gryczanej
- 300 g startej na tarce o dużych oczkach cukinii
- 1 jajko
- 6 suszonych pomidorów
- sól kłodawska, pieprz, czarnuszka lub kminek
- **sos czosnkowy:** 200 g jogurtu greckiego+1 ząbek czosnku+1 łyżeczka czubrycy zielonej +szczypta pieprzu – składniki wymieszaj.

Jajko roztrzep widelcem, dodaj cukinię, mąkę, sól, pieprz, suszone pomidory pokrojone w kosteczkę i dokładnie wymieszaj. Dosyp łyżeczkę czarnuszki lub kminku. Na blachę wyłożoną papierem do pieczenia wlewaj porcje ciasta tak, by powstały niewielkie placuszki i piecz w piekarniku około 15 minut w 190°C. W tym czasie przygotuj sos czosnkowy. Gotowe placuszki podawaj z sosem i dowolnymi warzywami.

II śniadanie: Antyoksydacyjny koktajl z borówkami – 1 porcja

- 150 ml jogurtu
- 50 g borówek
- 50 g jeżyn
- 50 g truskawek lub malin
- 50 g banana

Wszystkie składniki zmiksuj lub zblenduj na koktajl.

obiad: Dorsz w porach w sosie bazyliowym z brązowym ryżem – 2 porcje

- 2 filety (po ok. 200 g każdy) z dorsza lub innej ulubionej ryby LUB W WERSJI WEGE duży bakłażan
- 1 duży por
- 1 cukinia
- 300 g fasolki szparagowej
- 2 łyżki sezamu
- 100 g suchego brązowego ryżu
- sok i skórka starta z 1 limonki
- sól kłodawska, pieprz, świeży imbir, szczypta mielonej kolendry
- 2 łyżki oliwy
- **sos bazyliowy:** 100 g jogurtu greckiego+2 ząbki czosnku+pieprz zielony+sól morska+pęczek świeżej bazylii+1 łyżka soku z limonki – wszystkie składniki zmiksuj i odstaw na kilka minut.

Rybę/bakłażana pokrojonego w plastry przypraw solą, pieprzem, startym imbirem oraz kolendrą i skrop sokiem z limonki. Na koniec dodaj szczyptę startej skórki z limonki. Odstaw na 15 minut. Pora i cukinię pokrój w plasterki i posól, a następnie skrop oliwą i posyp startym czosnkiem. Wyłóż pokrojone warzywa na papierze do pieczenia, ułóż na nich rybę, zawiń papier i piecz około 20 minut w 180°C.

W tym czasie ugotuj ryż i fasolkę al dente. Połącz ryż z fasolką, wsyp sezam i dokładnie wymieszaj. Wyłóż na talerz rybę/bakłażana z warzywami, dodaj fasolkę z ryżem, polej całość sosem.

podwieczorek: Szklanka (300 ml) soku pomidorowego

kolacja: Sałatka z łososiem i ziołową mozzarellą – 2 porcje

- 1 kulka mozzarelli
- 1 jajko na twardo
- 100 g łososia lub pstrąga wędzonego LUB W WERSJI WEGE 100 g wędzonego tofu
- 10 pomidorków koktajlowych

- ½ pęczka szczypiorku
- 100 g rukoli
- 2 łyżki kaparów lub posiekanych oliwek
- sól kłodawska, pieprz
- 2 łyżki pestek dyni
- **dressing ziołowy:** 3 łyżki oliwy+łyżeczka oregano i bazylii

Oliwę wymieszaj z ziołami, szczyptą soli i pieprzem. Dodaj pokruszoną mozzarellę i odstaw na 30 minut lub na noc.

W miseczce wymieszaj kawałki łososia z oliwkami/kaparami, posiekanym szczypiorkiem, marynowaną mozzarellą oraz pokrojonymi pomidorkami. Na koniec dodaj rukolę i jajko. Posyp pestkami dyni.

dzień 3 - 4

śniadanie: Kanapki z pastą z makreli – 1 porcja

- 2 kromki razowego chleba
- 50 g mięsa z makreli LUB W WERSJI WEGE 50 g wędzonego tofu
- 1 jajko ugotowane na twardo
- 2 łyżki gęstego jogurtu greckiego
- 1 łyżka musztardy Dijon bez cukru
- 1 ogórek kiszony
- 2 łyżki posiekanego szczypiorku
- kilka listków sałaty

Jajko pokrój, dodaj mięso z makreli/tofu, jogurt, musztardę i dokładnie wymieszaj do konsystencji pasty. Do masy dodaj posiekanego ogórka, szczypiorek i ponownie wymieszaj. Na chleb nakładaj listki sałaty i porcję pasty.

II śniadanie: Deser malinowo-jogurtowy z migdałami – 1 porcja

- 200 g jogurtu greckiego
- 100 g malin świeżych lub mrożonych
- 1 łyżeczka siemienia lnianego
- 1 łyżka posiekanych migdałów
- kilka listków świeżej mięty

Jogurt wymieszaj z siemieniem lnianym, malinami i listkami mięty. Posyp migdałami.

obiad: Gołąbki z pęczaku z grzybami – 2 porcje

- 1 szklanka pęczaku
- 1 pokrojony por
- 1 posiekana cebula
- 100 g pokrojonych pieczarek lub grzybów leśnych
- kilka liści kapusty włoskiej
- 300 ml przecieru pomidorowego lub pokrojonych pomidorów
- 2 łyżeczki oleju rzepakowego lub oliwy
- 1 szklanka bulionu
- świeża bazylia
- sól kłodawska, pieprz czarny, papryka suszona słodka i ostra, cząber, czosnek granulowany, liść laurowy, ziele angielskie

Kaszę wypłucz kilka razy pod bieżącą, ciepłą wodą. Następnie wsyp do garnuszka i zalej 2½ szklanki wody. Dodaj liść laurowy, ziele angielskie oraz sól i gotuj na małym ogniu około 15 minut.

W tym czasie podsmaż na oleju pieczarki/grzyby z cebulą i porem. Wymieszaj je z ugotowaną kaszą. Oddziel liście kapusty i sparz je wrzątkiem.

Na każdy liść nakładaj 2-3 łyżki farszu i zawijaj w gołąbka. Przygotowane gołąbki ułóż ściśle w naczyniu żaroodpornym. Zalej przecierem pomidorowym i bulionem, dodaj liść laurowy i ziele angielskie oraz świeżą bazylię i piecz w piekarniku pod przykryciem ok. 30-40 minut w 180°C.

Podawaj z surówką chrzanową z buraczka.

surówka chrzanowa z buraczka:

- 3 nieduże buraki
- 2 twarde jabłka
- natka pietruszki
- 50 g jogurtu greckiego
- sok z 1 cytryny
- naturalny chrzan, sól himalajska, pieprz

Buraki obierz i zetrzyj na tarce o dużych oczkach. Jabłka zetrzyj ze skórką. Wymieszaj je w miseczce z posiekaną natką pietruszki, pokrop sokiem z cytryny.

Jogurt wymieszaj z chrzanem i pozostałymi przyprawami. Dodaj do surówki i wymieszaj.

podwieczorek: Zupa krem z pieczonych pomidorów i czerwonej cebuli – 2 porcje

- 10 pomidorów
- 2 czerwone cebule
- 2 łyżki oliwy lub oleju rzepakowego
- 3 ząbki drobno posiekanego czosnku i 1 cały
- kilka listków świeżej bazylii
- 50 ml mleczka kokosowego
- sól kłodawska, pieprz czarny, pieprz cayenne
- 300 ml bulionu
- 5 suszonych pomidorów
- 2 łyżki orzechów włoskich lub piniowych uprażonych na suchej patelni

Wymieszaj oliwę z posiekanym czosnkiem. Cebulę pokrój w plasterki. Pomidory przekrój na połówki, posól, polej oliwą z czosnkiem, posyp pieprzem cayenne. Obok ułóż czerwoną cebulę i piecz ok. 25 minut w 180°C.

Pomidory suszone drobno posiekaj i zmiksuj z orzechami, 1 ząbkiem czosnku oraz łyżeczką oliwy z zalewy pomidorów.

Pomidory z blachy przełóż do garnka, zalej bulionem, dodaj świeżą bazylię i gotuj 4 minuty. Dolej mleczko kokosowe i zmiksuj na gładki krem. Podawaj z pastą z suszonych pomidorów.

kolacja: Sałatka orientalna z mango – 2 porcje

- 200 g fileta z indyka lub kurczaka z wolnego wybiegu LUB W WERSJI WEGE tofu
- 1 jajko
- 1 mango
- mix sałat lub sałata lodowa
- ok. 200 g żółtej i czerwonej papryki
- 1 ogórek
- 2 łyżeczki czarnego sezamu
- 2 łyżki uprażonych orzechów piniowych
- 2 łyżki świeżych (nieprażonych) pestek z dyni
- cząber, tymianek, sól, pieprz
- **sos kolendrowy:** 2 łyżki oliwy extra virgin+2 łyżki soku z limonki+50 ml jogurtu+2 łyżki świeżej kolendry/natki pietruszki+sól+pieprz do smaku – zmiksuj składniki na sos.

Pokrój mango, ogórka i paprykę w plasterki, paski lub kawałki. Mięso/tofu pokrój w paski i przypraw cząbrem, tymiankiem, solą i pieprzem. Obtocz je w roztrzepanym jajku i sezamie, piecz około 20 minut w piekarniku. Do miski wsyp sałaty, dodaj mango, ogórka i paprykę. Wymieszaj.

Dodaj upieczone w sezamie mięso/tofu, posyp orzeszkami pinii i pestkami dyni. Podawaj z sosem kolendrowym.

dzień 5-6

śniadanie: Bruschetta z bazylią i awokado – 2 porcje

- 2 bułki grahamki lub razowe
- 2-3 duże pomidory
- 1 małe miękkie awokado
- garść świeżej bazylii
- sól kłodawska, pieprz
- 2 wyciśnięte ząbki czosnku
- 1 łyżka soku z cytryny
- 3 łyżki oliwy

Oliwę wlej do miseczki, wsyp szczyptę soli, dodaj czosnek i wymieszaj. Bułki pokrój na kromki i posmaruj każdą odrobiną oliwy z czosnkiem. Ułóż je na papierze do pieczenia, wstaw do piekarnika i piecz do chrupkości około 5-8 minut w 200°C.

W tym czasie przekrój pomidory na pół, wyjmij pestki, a resztę pokrój w drobną kostkę. Awokado wyjmij z łupinek za pomocą łyżki, pokrój miąższ w kostkę i wrzuć do miseczki z resztą oliwy z czosnkiem, dodaj sok z cytryny, wsyp posiekaną bazylię i połącz składniki. Dodaj do całości pokrojone pomidory, wymieszaj i posyp pieprzem.

Na upieczone kromki wykładaj po porcji warzyw.

II śniadanie: Mango lassi z wiśniami – 1 porcja

- 100 g jogurtu greckiego
- 100 g wiśni świeżych lub mrożonych
- 150 g mango
- kilka listków świeżej mięty
- 1 łyżka posiekanych migdałów
- szczypta cynamonu

Zmiksuj mango z jogurtem i miętą. Wlej do szklanki. Zmiksuj wiśnie ze szczyptą cynamonu, wlej mus na jogurt z mango i posyp migdałami.

obiad: Wołowina orientalna – 2 porcje

- 1 cukinia
- 3 kolorowe papryki
- 2 szalotki lub 1 dymka
- 200 g chudej wołowiny lub W WERSJI WEGE 200 g ugotowanej brązowej soczewicy
- posiekana natka pietruszki
- 2 wyciśnięte ząbki czosnku
- kawałek startego imbiru
- 100 ml mleczka kokosowego
- 1 łyżka zielonej pasty curry
- 2 łyżki oliwy
- papryka ostra i słodka
- 1 szklanka bulionu

Wołowinę/soczewicę zmiel, przypraw papryką i wymieszaj. Warzywa pokrój w kostkę, dodaj imbir i czosnek, zalej oliwą, dodaj mielone mięso/soczewicę i smaż około 10 minut.

Następnie dolej mleczko kokosowe i bulion. Dodaj pastę curry i duś około 10 minut. Podawaj posypane natką, z surówką z marchewki i grejpfruta.

Surówka z marchewki i grejpfruta z nutą imbiru – 2 porcje :

- 2 marchewki
- 1 mały kawałek pora
- 1 opakowanie roszponki
- kawałek imbiru
- 1 grejpfrut
- 1 limonka – otarta skórka i sok z połowy
- 1 łyżka musztardy

Pora pokrój w cienkie plasterki, marchewkę „obierz" na wstążki lub zetrzyj na tarce o grubych oczkach.

Wyciśnij sok z połowy grejpfruta i limonki. Dodaj starty imbir i musztardę. Zamarynuj w powstałej paście marchewkę i pora (około 15 minut). Dołóż do nich sałatę, dodaj cząstki drugiej połówki grejpfruta, otartą skórkę z limonki i polej pozostałym sosem.

podwieczorek: Zupa z kalarepki – 2 porcje

- 2 kalarepki
- 1 cukinia
- 1 por
- 1 kawałek selera bulwy
- 1 łodyga selera naciowego
- 2 łyżeczki masła
- świeży koperek i natka pietruszki
- 500 ml bulionu
- 1 szklanka napoju roślinnego (ryżowego, sojowego, migdałowego lub kokosowego)

Na maśle zeszklij pokrojonego pora. Pokrój pozostałe warzywa na małe kawałki. Dodaj je oraz pora do bulionu i gotuj około 30 minut do miękkości warzyw.

Dolej napój roślinny i zmiksuj lub zostaw warzywa w kawałkach. Przed podaniem posyp koperkiem.

kolacja: Placki z cukinii z rzodkiewkową mizerią – 2 porcje

- 300 g cukinii
- 200 g batata
- 2 ząbki czosnku
- 1 por
- 1 jajko
- 2-3 łyżki otrąb owsianych
- 1 łyżka płatków owsianych
- 1 łyżka oliwy
- sól kłodawska, pieprz, tymianek, papryka ostra i słodka, kurkuma

Cukinię i batata zetrzyj na tarce o dużych oczkach, przełóż do miski, następnie odlej sok z cukinii, aby masa nie była za bardzo wodnista. Dosyp otręby, płatki i wymieszaj. Dodaj posiekanego pora, wyciśnięty czosnek, oliwę, i po dużej szczypcie przypraw. Dokładnie wymieszaj masę i odstaw na około 30 minut. Blachę wyłóż papierem do pieczenia, nakładaj łyżką porcje ciasta, aby powstały placki, i piecz około 20 minut w 190°C, pilnując, aby się nie przypaliły.

Podawaj z mizerią rzodkiewkową..

mizeria rzodkiewkowa:

- 1 pęczek rzodkiewek
- 200 ml jogurtu greckiego
- 1 pęczek szczypiorku lub natki pietruszki
- 1 mały ogórek
- sól kłodawska, pieprz

Rzodkiewki i ogórka zetrzyj na tarce o dużych oczkach lub pokrój w plasterki. Dodaj warzywa do jogurtu, wsyp posiekany szczypiorek lub natkę, wymieszaj i przypraw do smaku.

Dzień 7

śniadanie: Lunch box z kaszą gryczaną i szpinakiem – 2 porcje

- ½ szklanki kaszy gryczanej
- 1 cebula
- 3 czubate łyżki gęstego mleczka kokosowego z puszki
- 1 łyżka masła lub oleju rzepakowego
- 4 łyżki posiekanych orzechów włoskich lub laskowych
- 1 paczka szpinaku baby
- sól, pieprz, ząbek czosnku, cząber, gałka muszkatołowa
- 1 granat
- posiekana natka pietruszki

Kaszę wypłucz, zalej 1,5 szklanki wody i gotuj w lekko osolonej wodzie na wolnym ogniu, aż kasza wchłonie cały płyn.

Na maśle lub oleju zeszklij posiekaną cebulę, dodaj wyciśnięty czosnek, szpinak i mleczko kokosowe. Przypraw solą i pieprzem oraz szczyptą gałki i cząbru. Duś około 2 minuty, ciągle mieszając.

Dodaj ugotowaną kaszę oraz orzechy i wymieszaj. Posyp posiekaną natką i nasionami granatu.

II śniadanie: Koktajl z chia z truskawkami i granatem – 300 ml

- 100 ml jogurtu greckiego, kefiru, maślanki lub napoju roślinnego
- 200 g truskawek świeżych lub mrożonych
- 100 g mango
- pestki z ¼ owocu granatu
- 1 łyżeczka chia lub siemienia lnianego
- 1 łyżka orzechów włoskich lub laskowych

Jogurt zmiksuj z mango i truskawkami oraz chia lub siemieniem lnianym. Wlej koktajl do pucharka. Posyp obficie owocami granatu i orzechami.

obiad: Sandacz ze szparagami – 2 porcje

- 300 g sandacza lub innej ulubionej ryby (dorsz, pstrąg, łosoś, halibut) LUB W WERSJI WEGE 300 g batata
- 1 pęczek szparagów lub 300 g fasolki szparagowej
- świeża szałwia, sól morska, pieprz
- sok z 1 cytryny
- 1 łyżka masła klarowanego
- świeża natka pietruszki
- 50 g komosy ryżowej lub kaszy pęczak

Rybę/plastry batata skrop sokiem z cytryny, posyp solą i pieprzem. Podsmaż ją na maśle z listkami szałwii (około 2 -3 minuty z obu stron).

Zblanszuj szparagi 5 minut w lekko osolonym wrzątku. Jeśli używasz fasolki, ugotuj ją na parze lub 20 minut we wrzątku.

Pokrój ugotowane szparagi/fasolkę, wymieszaj z kaszą i wyłóż na talerz wraz z rybą/batatem, posyp pietruszką. Podawaj z zieloną sałatką z rukolą.

zielona sałatka z rukolą:

- 1 opakowanie miksu sałat z rukolą
- 1 awokado
- 1 ogórek świeży
- 1 pęczek szczypiorku
- 2 łyżki pestek z dyni
- **sos ziołowy:** 2 łyżki oliwy+1 ząbek czosnku+3 łyżki świeżej mięty+3 łyżki szałwii +1 łyżeczka świeżego tymianku+sok z limonki – zmiksuj składniki.

Wymieszaj składniki i polej sosem.

podwieczorek: Szklanka (300 ml) soku warzywnego

kolacja: Włoska sałatka z cukinią i czarną soczewicą – 2 porcje

- 1 mała cukinia
- 100 g czarnej soczewicy ugotowanej na parze
- sól, pieprz
- 2 garście rukoli
- 4 liście sałaty lodowej
- 1 garść roszponki lub pokrojonej cykorii
- 10 pomidorków koktajlowych
- świeża kolendra
- 2 łyżki orzechów piniowych uprażonych lub nieprażonych pestek dyni/słonecznika
- 2 łyżeczki oliwy
- **dressing z limonki:** sok z 1 limonki+2 łyżki oliwy+starty świeży imbir+sól+pieprz – wszystko wymieszaj.

Cukinię pokrój obieraczką na delikatne wstążki. Wymieszaj z sałatami i soczewicą. Dodaj pokrojone pomidorki i świeżą posiekaną kolendrę. Posyp uprażonymi orzeszkami i polej sosem.

TYDZIEŃ XVI

Dzień 1 – 2

śniadanie: Kanapki z pastą z hummusem z fasoli

- 2 kromki chleba razowego
- garść kiełków brokuła

Posmaruj chleb pastą i posyp kiełkami.

hummus z fasoli – 4 porcje:
- 1 puszka czerwonej fasoli
- 2 łyżki koncentratu pomidorowego
- sok i skórka otarta z 1 limonki

- 1 cebula czerwona
- sól morska, pieprz, kawałek imbiru, 3 ząbki czosnku, cynamon, kumin, mielona kolendra
- 2 łyżki oliwy

Na oliwie zeszklij posiekaną cebulę, wyciśnięty czosnek, starty imbir i kumin (około 1-2 minuty). Dołóż puszkę fasoli z zalewą, resztę przypraw i koncentrat pomidorowy. Duś około 5 minut.
Następnie dodaj sok z limonki i zmiksuj na hummus. Posyp skórką z limonki.

II śniadanie: Sałatka z grejpfrutem i jabłkiem – 300g

- 1 mały grejpfrut
- 1 jabłko
- 2 łyżki posiekanych orzechów włoskich

Owoce pokrój i wymieszaj, posyp orzechami.

obiad: Kminkowy kurczak z grillowaną sałatą i cukinią – 2 porcje

- 4 udka z kurczaka – 400g LUB W WERSJI WEGE 300 g tofu
- **marynata do mięsa:** 1 łyżeczka suszonej papryki, ½ łyżeczki mielonego kminku, 2 wyciśnięte ząbki czosnku, szczypta mielonej kolendry, 1 łyżeczka oliwy, 1 łyżka musztardy, szczypta soli i pieprzu – dokładnie wymieszaj składniki.
- 2 sałaty rzymskie mini
- 1 cukinia
- kawałek pora
- garść rukoli
- **marynata do warzyw:** 2 łyżki oliwy, cząber suszony, świeży czosnek, tymianek, oregano, pieprz, sól morska – dokładnie wymieszaj składniki.

Z udek usuń skórę, ponacinaj, zalej marynatą do mięsa i odstaw na około 1 godzinę. Udka przełóż do woreczka do pieczenia i piecz około 30-40 minut w 170°C. Jeśli używasz tofu – piecz około 20 minut bez woreczka (po wcześniejszym zamarynowaniu).

Sałatę rzymską przekrój na pół, cukinię i pora w plasterki, następnie polej marynatą do warzyw i odstaw na 10 minut. Grilluj warzywa po około 5 minut z każdej strony. Podawaj ciepłe z kurczakiem i rukolą.

podwieczorek: 300 ml jogurtu z warzywami

- 150 ml jogurtu naturalnego
- 150 g warzyw (papryka, kiełki, ogórek, rzodkiewka)
- sól kłodawska, pieprz

Warzywa drobno pokrój, wymieszaj z jogurtem i przypraw do smaku.

kolacja: Sałatka z serem kozim, cukinią i rukolą z bazyliowym pesto – 2 porcje

- 50 g sera koziego lub feta
- 200 g cukinii
- miseczka rukoli lub innej ulubionej sałaty/szpinaku
- 200 g pomidorków koktajlowych
- 1 pęczek rzodkiewek
- garść świeżej bazylii
- 2 łyżki bazyliowego pesto
- 2 łyżki orzechów piniowych uprażonych na suchej patelni lub innych ulubionych nieprażonych
- 2 łyżki oliwy
- 2 świeże figi – opcjonalnie
- czubryca zielona lub suszony cząber, sól kłodawska, pieprz czarny

Cukinię pokój w plastry, skrop oliwą i posyp czubrycą. Smaż na rumiano na patelni po około 2 minuty z obu stron. Sałaty wsyp do miski, wyłóż na nie grillowaną cukinię, dodaj pokrojone pomidorki, rzodkiewki, bazylię i delikatnie wymieszaj. Na wierzchu ułóż plastry sera, dodaj pesto oraz orzechy i przypraw solą i pieprzem.

Dzień 3-4

śniadanie: gryczana tortilla z suszonymi pomidorami - 2 porcje

- 1 szklanka niepalonej kaszy gryczanej
- 4 suszone pomidory
- 2 szklanki wody
- 1 łyżka czosnku niedźwiedziego
- szczypta soli kłodawskiej

Kaszę zalej ciepłą wodą i zostaw na noc. Odlej nadmiar wody, dodaj pomidory z 2 łyżkami oliwy oraz czosnek niedźwiedzi i zmiel na papkę. Wylej masę na blachę wyłożoną papierem do pieczenia i piecz około 15 minut. Połóż na wilgotnej ścierce (żeby tortilla nabrała miękkości) i odstaw do ostygnięcia.

nadzienie do tortilli:

- awokado lub opakowanie ricotty
- szczypiorek
- kilka liści sałaty
- kilka kostek tofu
- parę plastrów czerwonej cebuli
- parę plastrów cukinii
- pokrojona papryka
- czosnek
- cytryna
- **sos do tortilli:** 150 ml jogurtu+4 suszone pomidory z oliwy+2 łyżki szczypiorku+pieprz – zmiksuj wszystkie składniki.

Awokado lub serek wymieszaj z wyciśniętym czosnkiem, 2 łyżkami soku z cytryny, posiekanym szczypiorkiem, solą i pieprzem. Kawałek tortilli posmaruj porcją serka lub awokado, wyłóż na to cukinię, paprykę, cebulę, tofu, sałatę i zawiń. Podawaj z sosem.

II śniadanie: Sałatka z białej rzodkwi i pora – 2 porcje

- 1 biała rzodkiew
- 1 seler naciowy
- 1 marchewka
- 1 jabłko
- 1 kawałek pora
- ½ łyżeczki nasion czarnuszki
- 2 łyżki orzechów włoskich lub piniowych uprażonych na patelni
- 1 łyżka jogurtu greckiego wymieszanego z łyżeczką musztardy i pieprzem
- sok z 1 limonki
- natka pietruszki
- 1 ząbek czosnku roztarty ze szczyptą grubej soli

Rzodkiew obierz i pokrój w słupki, zetrzyj marchewkę na tarce, pora i selera pokrój w plasterki. Skrop sokiem z limonki i oliwą, dodaj czosnek roztarty z solą i odstaw na 10 minut do lodówki. Polej jogurtem i posyp orzechami, czarnuszką i oraz posiekaną natką.

obiad: Filet w suszonych pomidorach – 2 porcje

2 filety z kurczaka lub 300 g fileta z indyka LUB W WERSJI WEGE 300 g cukinii +100 g ugotowanej komosy ryżowej

- 4 suszone pomidory w oleju
- 2 ząbki czosnku
- 1 kalafior
- gałka muszkatołowa, sól himalajska, pieprz czarny
- 1 dymka ze szczypiorkiem
- świeża bazylia
- 100 ml mleka
- 100 g rukoli
- 1 łyżeczka masła

Gotuj kalafior w wodzie z dodatkiem mleka i soli około 10-15 minut do miękkości. Odsącz, pokrój na drobne kawałki, dodaj masło, przypraw gałką, pieprzem i solą. Dodaj posiekaną dymkę ze szczypiorkiem i wymieszaj.

Filety/plastry cukinii posmaruj pastą z suszonych pomidorów i wyciśniętym czosnkiem, skrop oliwą i obłóż bazylią. Na papierze do pieczenia połóż zamarynowany w pomidorach /plaster cukinii, zakryj kolejną płachtą papieru i ułóż na patelni. Smaż na małym ogniu po 5 minut z każdej strony, obracając mięso/cukinię razem z papierem. Podawaj z rukolą i sałatką z kalafiora. W wersji wege dodaj komosę.

podwieczorek: Szklanka (300 ml) soku warzywnego

kolacja: Sałatka z ciecierzycą i imbirem - 2 porcje

- 200 g ciecierzycy ugotowanej lub z zalewy naturalnej
- **marynata:** 1 cm startego imbiru+szczypta mielonej kolendry+szczypta chili+2 łyżki soku z limonki+szczypta soli+1 wyciśnięty ząbek czosnku+1 łyżka oleju – dokładnie wymieszać.
- 1 sałata lodowa
- 1 szklanka roszponki
- 1 żółta papryka
- 10 pomidorów koktajlowych
- 1 szklanka rukoli
- łodyga selera naciowego
- 1dymka ze szczypiorkiem
- 1 łyżeczka sezamu
- 1 marchewka
- świeża bazylia, świeża mięta

Ciecierzycę zanurz w marynacie na 30 minut. Piecz ją na blasze około 20 minut w 190°C.

Następnie obtocz ziarna w sezamie.

W miseczce wymieszaj sałaty z pokrojonymi warzywami: papryką, porem, szczypiorkiem, selerem, pomidorkami, cebulą i wstążkami „obranymi" z marchewki. Dodaj ciecierzycę i posyp ziołami. Skrop oliwą.

Dzień 5-6

śniadanie: 2 kromki razowego chleba z tatarem z pstrąga - 1 porcja

- 2 kromki razowego chleba

sałatka à la tatar:

- 50 g wędzonego pstrąga lub łososia LUB W WERSJI WEGE 50 g tofu
- ½ awokado
- 2 garście rukoli
- 4 oliwki
- 1 ogórek kiszony
- ½ ogórka zielonego
- 1 łyżeczka czarnuszki
- 1 pęczek szczypiorku
- 2 gałązki bazylii
- 2 ząbki czosnku
- ½ papryki czerwonej
- sok z 1 limonki

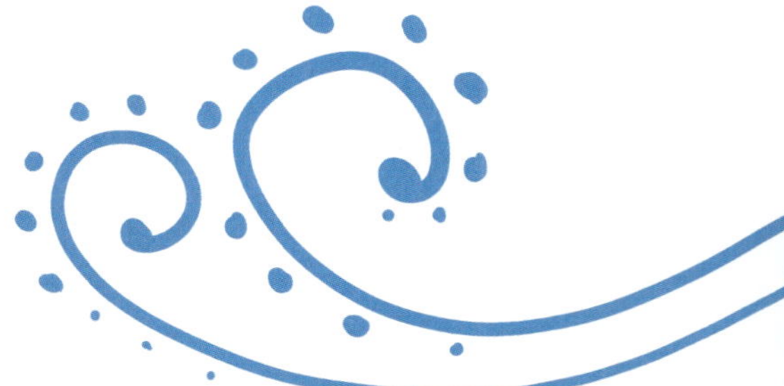

Wszystkie składniki pokrój drobno, wymieszaj z rukolą i skrop sokiem z limonki. Podawaj z podpieczonym w tosterze albo piekarniku razowym chlebem.

II śniadanie: 300 ml jogurtu z jabłkiem i cynamonem

- 1 duże opakowanie jogurtu
- 1 łyżeczka siemienia
- 1 jabłko
- szczypta cynamonu
- 1 łyżka orzechów włoskich

Jabłko pokrój na małe kawałeczki i oprósz cynamonem. Wymieszaj je z jogurtem oraz siemieniem lnianym i posyp orzechami.

obiad: Roladki z kurczaka z bazylią – 2 porcje

- 2 filety (około 200 g) z kurczaka LUB W WERSJI WEGE plastry bakłażana lub cukinii
- 3 łyżeczki bazyliowego pesto
- 1 kulka mozzarelli
- 4 suszone pomidory
- kilka oliwek czarnych lub zielonych
- **marynata do mięsa:** 1 łyżka oliwy, sok z limonki, sól morska, czosnek, pieprz czarny – wymieszaj składniki.
- 500 g warzyw na patelnię z batatem bez ziemniaków

Filety oczyść i wytnij w każdym kieszonki. Delikatnie rozbij, nasmaruj marynatą.

Odstaw na 10 minut. Mozzarellę pokrój w kostkę i wymieszaj z posiekanymi pomidorami i oliwkami. Filet wysmaruj w środku pesto.

Farszem nadziej filety. Na wierzchu posmaruj odrobiną pesto i piecz filety w naczyniu żaroodpornym w piekarniku nagrzanym do 180°C przez około 30-40 minut. Pokrój w roladki i podawaj z warzywami na patelnię.

podwieczorek: Hummus z suszonymi pomidorami i warzywami

- 100 g hummusu z suszonymi pomidorami
- 200-300 g dowolnych surowych warzyw (papryka, seler naciowy, rzodkiewki, ogórki, marchewka)
- hummus z suszonymi pomidorami
- 1 szklanka ciecierzycy ugotowanej lub z zalewy naturalnej
- 6 suszonych pomidorów oliwy
- 1 łyżka pasty sezamowej tahini
- sok z ¼ cytryny
- 30 ml zimnej wody
- czosnek, papryka ostra i słodka, sól, pieprz, kumin

Zmiksuj ciecierzycę z suszonymi pomidorami z odrobiną oliwy, 1-2 ząbkami czosnku, tahini, sokiem z cytryny i zimną wodą. Na koniec dodaj po dużej szczypcie każdej z przypraw i dokładnie wymieszaj. Podawaj z pokrojonymi warzywami.

kolacja: Warzywny „kuskus" z komosą lub kaszą gryczaną – 2 porcje

- 200 g brokuła
- 200 g kalafiora
- 1 paczka kiełków na patelnię stir-fry (fasolka mung, ciecierzyca, soczewica)
- 50 g szklanki suchej kaszy gryczanej lub komosy ryżowej
- 1 pęczek szczypiorku
- 200 g pomidorków koktajlowych
- 1 cebula
- 2 ząbki czosnku
- 3 łyżki oliwy lub oleju rzepakowego nierafinowanego
- sól kłodawska, pieprz czarny, cząber lub tymianek, oregano
- 2 łyżki prażonych orzechów pinii lub nieprażonych pestek dyni/słonecznika

Kaszę ugotuj zgodnie z instrukcją na opakowaniu. Brokuła i kalafiora drobno posiekaj. Na patelnię wlej olej, dodaj drobno posiekaną cebulę, czosnek, kiełki, przypraw solą i pieprzem i smaż około 2 minuty. Dodaj kalafiora i brokuła. Dokładnie wymieszaj. Duś razem około 6 minut, aż warzywa zmiękną. Przypraw je pieprzem, cząbrem lub tymiankiem, oregano. Wymieszaj warzywa z patelni z kaszą, dodaj posiekany szczypiorek, pokrojone pomidorki i posyp orzechami.

dzień 7

śniadanie: Brzoskwiniowa gryczanka z miętą – 2 porcje

- ½ szklanki niepalonej kaszy gryczanej
- 2 szklanki napoju roślinnego (ryżowego, kokosowego, migdałowego)
- 2 brzoskwinie/2 jabłka/10 świeżych moreli
- mielony kardamon, laska cynamonu, mielona kolendra, sól kłodawska
- garść świeżej mięty
- 2 łyżki pokruszonych orzechów włoskich, laskowych lub migdałów
- 1 łyżeczka oleju rzepakowego nierafinowanego

Kaszę wypłucz w ciepłej wodzie, wsyp do rondla, dodaj napój roślinny, laskę cynamonu, szczyptę soli i gotuj na małym ogniu około 15 minut, następnie wyłącz gaz i odstaw do wchłonięcia płynu.

Obrane owoce pokój w ćwiartki, posyp szczyptą kardamonu i kolendry. Skrop odrobiną oleju rzepakowego. Wymieszaj ugotowaną ciepłą kaszę z owocami.

Przełóż do formy i zapiekaj około 15 minut w 200°C. Przed podaniem posyp orzechami i miętą.

II śniadanie: Jogurt z jeżynami i migdałami – 1 porcja

- 200 ml jogurtu naturalnego
- 150 g jeżyn świeżych lub mrożonych
- 1 łyżeczka siemienia lub chia
- 1 łyżka otrąb owsianych
- skórka otarta z 1 limonki
- 1 łyżka posiekanych migdałów

Jogurt wymieszaj z chia lub siemieniem lnianym i skórką z limonki oraz otrębami. Wlej połowę jogurtu do pucharka, wyłóż na to porcję jeżyn, dodaj resztę jogurtu i ułóż resztę jeżyn. Posyp migdałami.

obiad: Pulpeciki na ostro z papryką i kaszą – 2 porcje

- 300 g mięsa mielonego z indyka LUB W WERSJI WEGE mielonej soczewicy brązowej
- 1 łyżeczka musztardy
- 1 małe jajko
- 3 papryki w 3 kolorach
- 1 cukinia
- 1 cebula czerwona
- 3 łyżki świeżej kolendry lub natki pietruszki
- 1 łyżeczka startego imbiru
- 1 ząbek czosnku
- 2 łyżki otrąb owsianych
- 50-100 g suchego pęczaku
- 2 łyżki pestek dyni
- 50 ml mleczka kokosowego

Mięso mielone/soczewicę przypraw solą, pieprzem, wymieszaj z jajkiem, musztardą, szczyptą imbiru i posiekaną kolendrą. Zagęść otrębami. Formuj małe kuleczki i obtaczaj w otrębach. Smaż około 10 minut pod przykryciem na patelni na odrobinie oliwy.

W tym czasie gotuj namoczoną wcześniej kaszę pęczak około 20 minut. Warzywa pokrój w paseczki i przełóż na patelnie. Wymieszaj z oliwą i wyciśniętym czosnkiem i duś około 5 minut. Dodaj mleczko kokosowe i duś kolejne 5 minut. Wsyp ugotowaną kaszę, pestki dni i wymieszaj.

Wyłóż porcję kaszy z warzywami na talerz. Dodaj pulpeciki i posyp natką.

podwieczorek: Awokado faszerowane kaszą pęczak – 2 porcje

- 1 duże awokado
- 1 ząbek czosnku
- 4 łyżki ugotowanej kaszy pęczak
- garść świeżej bazylii
- sok z 1 limonki lub cytryny
- 2 suszone pomidory z oliwy
- szczypta soli kłodawskiej, pieprzu

Awokado przekrój na pół, wyjmij miąższ. Pokrój go lub rozgnieć widelcem, skrop sokiem z cytryny/limonki, posól, dodaj posiekaną bazylię, suszone pomidory, wyciśnięty czosnek i kaszę. Wymieszaj.

Nałóż farsz do skórek po awokado.

kolacja: Sałatka z łososiem i oliwkami – 2 porcje

- 100 g łososia lub pstrąga surowego LUB W WERSJI WEGE 100 g tofu
- 50 g ugotowanej komosy lub ryżu dzikiego
- 2 łyżki pokrojonych oliwek
- 50 g sera feta lub kulka mozzarelli
- 1 paczka roszponki
- 1 dymka ze szczypiorkiem
- 1 ogórek świeży
- 1 marchewka
- **sos musztardowo-koperkowy:** 1 łyżka musztardy ostrej+ szczyptę starego imbiru +2 łyżki oliwy+posiekany koperek+sok z 1 limonki – składniki wymieszać.

Łososia skrop oliwą, przypraw solą i pieprzem i grilluj na patelni po około 3 minuty z obu stron. W misce wymieszaj roszponkę, marchewkę „obraną" we wstążki, oliwki, piórka dymki, ogórka pokrojonego w kostkę oraz porwaną mozzarellę lub kosteczki fety.

Dodaj komosę lub ryż oraz kawałki łososia i wymieszaj. Posyp posiekanym szczypiorkiem z dymki.

DODATKOWE PRZEPISY

Chleb żytnio-owsiany na zakwasie z kminkiem i suszonymi pomidorami

zakwas 5-dniowy:

- 100 g mąki żytniej typ 2000
- woda

Dzień 1: 100 g mąki żytniej wymieszaj ze 100 ml ciepłej wody, wlej do słoika i odstaw w ciepłe miejsce, np. przy kaloryferze. Przykryj lnianą ściereczką.

Dzień 2: dosyp 100 g mąki żytniej i dolej 100 ml ciepłej wody, wymieszaj drewnianą łyżką i ponownie zostaw w cieple.

Dzień 3, 4 i 5: zakwas „dokarmiamy" ponownie, tak samo jak w dniu 2.

PS. Gotowy zakwas przechowuj w lodówce w szczelnie zakręconym słoiku, wyjmuj z lodówki na 2 godziny przed użyciem do wypieku chleba. Ponownie dokarm 50 g mąki i 50 ml wody i odstaw do „ożywienia", czyli urośnięcia w cieple – około 12 godzin.

Przepis właściwy na chleb:

zaczyn:

- 50 g zakwasu żytniego
- 50 g mąki żytniej typ 2000
- 100 ml wody ciepłej

składniki na chleb:

- 170 g mąki owsianej
- 160 g mąki żytniej typ 720
- 1 łyżeczka soli himalajskiej
- 350 ml wody
- 1 łyżeczka kminku lub czarnuszki
- 10 suszonych pomidorów
- 1 łyżeczka tymianku

- 5 łyżek pestek dyni
- 5 łyżek siemienia lnianego
- mąka żytnia – do podsypywania
- pestki dyni do posypania

Przygotuj zaczyn: 50 g zakwasu+50 g mąki żytniej typ 2000+100 ml ciepłej wody. Umieść składniki w misce, wymieszaj drewnianą łyżką i odstaw masę przykrytą ściereczką na około 5 godzin w temperaturze około 20°C, tzw. pokojowej.

Dodaj obie mąki, siemię i kminek, posiekane drobno pomidory, tymianek, sól, wodę i wyrób elastyczne ciasto. W razie potrzeby dodaj trochę więcej wody lub mąki.

Przełóż do miski posypanej mąką, przykryj ściereczką i odstaw na noc w ciepłe miejsce.

Następnego dnia ciasto zamieszaj, przełóż do formy wyłożonej papierem do pieczenia, posyp pestkami dyni.

Zostaw formę w cieple, przykrytą ściereczką.

Na dno piekarnika wstaw naczynie żaroodporne z wodą, nagrzej piekarnik do 250°C.

Wstaw foremkę z chlebem, piecz 15 minut, a następnie zmniejsz temperaturę do 210°C i piecz 45 minut.

Krój po ostudzeniu.

Placki gryczane

wersja z cebulą:

- ½ szklanki kaszy gryczanej niepalonej
- 1 cebula
- 1 łyżka oliwy
- sól kłodawska, pieprz,

Kaszę zalej wrzątkiem na noc.

Następnego dnia zmiksuj blenderem, dodaj startą cebulę, po ⅓ łyżeczki soli i pieprzu, oliwę i wymieszaj.

Wlewaj porcjami na blachę wyłożoną papierem do pieczenia i zapiekaj około 15 minut w 190°C.

wersja z suszonymi pomidorami/oliwkami:

- ½ szklanki kaszy gryczanej niepalonej

- 10 szt pomidorów suszonych/oliwek
- 6 łyżek posiekanego szczypiorku
- 1 łyżka oliwy
- sól kłodawska, pieprz

Kaszę zalej wrzątkiem na noc.

Następnego dnia zmiksuj blenderem, dodaj posiekane pomidory, 1 łyżkę oliwy, po ⅓ łyżeczki soli i pieprzu, szczypiorek i wymieszaj.

Wlewaj porcjami na blachę wyłożoną papierem do pieczenia i zapiekaj około 15 minut w 190°C.

ZDROWE CIACHA :)

Ptasie mleczko z owocami jagodowymi na kokosowym spodzie

masa sernikowa:

- 500 ml jogurtu greckiego
- laska wanilii
- 5 łyżek nasion chia
- 4 łyżki żelatyny LUB W WERSJI WEGE 3 łyżki agaru
- 2 łyżki ksylitolu

Żelatynę zalej taką ilością wrzątku, aby się rozpuściła – około 50 ml. Ostudź.

Jogurt zmiksuj z ksylitolem na puszystą masę, dodaj nasiona chia, ziarenka wanilii i ponownie zmiksuj.

Wlej żelatynę/agar i miksuj, aż masa stanie się jednolita.

spód kokosowy:

- 2 jajka
- 6 łyżek drobnych wiórków kokosowych
- ½ łyżeczki proszku do pieczenia
- 1 łyżka ksylitolu
- szczypta soli

Białka ubij na sztywną pianę ze szczyptą soli i ksylitolem. Dodaj żółtka i miksuj około 1 minutę.

Dodaj wiórki, proszek do pieczenia i wymieszaj łyżką.

Wylej ciasto na blachę wyłożoną papierem do pieczenia. Piecz 20 minut, aż ciasto się zarumieni, wystudź.

warstwa owocowa:

- 400 g dowolnych owoców jagodowych

Na wystudzony spód wylej masę jogurtową, na wierzchu ułóż dowolne owoce jagodowe i wstaw do lodówki do stężenia.

Tarta owsiano-gryczana z kremem kokosowym i owocami

- ½ szklanki mąki gryczanej
- 1 szklanka mąki owsianej
- 1 żółtko
- 2 łyżki jogurtu greckiego
- 2 łyżki masła lub oleju kokosowego
- szczypta soli
- 1 łyżka ksylitolu

Składniki zagnieć na kruche ciasto. Ulep kulę i zawiń w folię spożywczą, włóż do lodówki i zostaw na 30 minut.

Ciasto wyłóż do formy o średnicy około 20 cm, wstaw do piekarnika nagrzanego do 180°C i piecz około 25–30 minut, aż ciasto się zarumieni. Następnie wyjmij z piekarnika i wystudź.

masa kokosowa:

- 1 puszka gęstego mleczka kokosowego
- 1 łyżka nasion chia
- 1 łyżka ksylitolu lub stewii
- 1 laska wanilii

Do mleczka kokosowego dodaj ksylitol, ziarenka wanilii i chia i zmiksuj, aż masa stanie się lekko puszysta – około 5 minut.

warstwa owocowa:

- świeże owoce jagodowe: borówki, maliny, truskawki, jeżyny

Na wystudzony spód wyłóż masę kokosową, na to ulubione owoce i wstaw do lodówki, aby masa stężała.

Pudding z chia – 300 ml

- 1 szklanka napoju roślinnego (ryżowego, kokosowego,migdałowego)
- 1 łyżeczka ksylitolu
- 2 łyżki nasion chia
- 250 g mrożonych owoców jagodowych
- liście mięty

Napój roślinny zagotuj z nasionami chia, dodaj ksylitol.

Odstaw do ostygnięcia. Obłóż owocami i udekoruj miętą.

Tarta bounty brownie

spód:

- 3 jajka
- 1 szklanka drobnych wiórków kokosowych (nie mąki kokosowej, bo będzie za suche)
- 1 łyżka maku lub nasion chia
- ½ łyżeczki proszku do pieczenia
- 1 banan lub 1 łyżeczka ksylitolu
- szczypta soli

Białka ubij na sztywną pianę ze szczyptą soli. Dodaj żółtka i miksuj około 1 minutę.

Dodaj wiórki, nasiona chia, proszek do pieczenia, ksylitol lub rozgniecionego banana i wymieszaj delikatnie łyżką.

Wylej ciasto na blachę do tarty wyłożoną papierem do pieczenia i zagnieć na rogach.

Piecz 15-20 minut, aż ciasto się zarumieni. Wystudź.

nadzienie brownie:

- 100 g czekolady gorzkiej o zawartości kakao 70%
- 100 ml gęstego mleczka kokosowego
- 3 jajka
- szczypta soli himalajskiej
- 1 łyżka kawy sypkiej espresso
- 2 łyżki gorzkiego kakao
- 1 łyżka mąki owsianej
- 50 g orzechów laskowych lub włoskich
- kilka migdałów do dekoracji
- ½ łyżeczki proszku do pieczenia

Czekoladę rozpuść w kąpieli wodnej z mleczkiem kokosowym, mieszając, aby masy się połączyły.

Dodaj roztrzepane trzepaczką (nie ubite) jajka, 1 łyżeczkę kawy, szczyptę soli, kakao, przesianą mąkę i proszek do pieczenia i delikatnie wymieszaj. Dodaj pokruszone orzechy.

Wlej masę na upieczony kokosowy spód, posyp migdałami. Wstaw do nagrzanego piekarnika i piecz 10 minut w 160°C.

Trufle daktylowe w kokosowych wiórkach – 8 szt. (1 porcja = 4 szt.)

- 1 szklanka suszonych lub świeżych daktyli bez pestek
- ½ szklanki wiórków kokosowych
- 2 łyżki pokrojonych suszonych moreli
- 2 łyżki gorzkiego kakao
- ½ szklanki nasion słonecznika/orzechów włoskich lub nerkowca

Daktyle suszone i morele zalej gorącą wodą i odstaw na 20 minut, aby zmiękły. Ze świeżymi ten krok pomiń, bo już są miękkie.

Odsączone daktyle i morele zblenduj z resztą składników na gładką masę. Mokrą dłonią formuj kuleczki i obtaczaj we wiórkach.

Wstaw do lodówki, aby stężały.

Owsianki – około 8 szt. (1 porcja = 4 szt.)

- ½ szklanki mieszanki orzechów (orzechy laskowe, włoskie, pekan, migdały)
- ½ szklanki suszonej żurawiny
- ½ szklanki nasion (siemię lniane, słonecznik, sezam)
- ½ szklanki płatków owsianych
- 2 jajka
- 2 łyżki miodu/ksylitolu

Orzechy posiekaj.

W misce wymieszaj orzechy, nasiona, płatki, żurawinę i miód/ksylitol.

Jajka lekko ubij (widelcem). Dodaj do mieszanki i wymieszaj.

Ciasteczka nakładaj łyżką na pokrytą papierem do pieczenia blachę.

Piecz 20–25 minut w 180°C. Po upieczeniu wystudź na kratce.

Pudding chałwowy – 300 g

- 250 ml mleka lub napoju roślinnego
- 1 łyżeczka tahini
- 1 łyżka nasion chia lub siemienia
- 50 g zielonkawego banana
- 1 płaska łyżeczka gorzkiego kakao
- szczypta kardamonu i cynamonu

Mleko zagotuj, dodaj nasiona chia i tahini, szczyptę kardamonu i cynamonu i dokładnie wymieszaj. Zmiksuj z bananem.

Wlej do pojemniczka, posyp gorzkim kakao. Przechowuj w lodówce.

Koktajl sezamowo-kokosowy z herbatą matcha – 300 ml

- 1 szklanka wody
- 3 łyżki sezamu
- 2 łyżki wiórków kokosowych
- 1 łyżeczka sproszkowanej herbaty matcha

- szczypta startego imbiru
- szczypta kurkumy

Sezam i wiórki zalej wrzącą wodą i odstaw do lekkiego ostygnięcia, dodaj herbatę matcha, kurkumę i imbir i wymieszaj. Poczekaj, aż całkowicie ostygnie.

Zmiksuj całość na gładki koktajl.

Ciasteczka kokosowe z malinami – 2 porcje (1 porcja = 4 szt.)

- 2 jajka
- 6 łyżek wiórków kokosowych
- szczypta proszku do pieczenia
- 50 g malin świeżych lub mrożonych
- 50 g zielonkawego banana
- 1 łyżeczka nasion chia lub siemienia lnianego

Białka ubij na sztywno, dodaj żółtka i ubijaj, aż masa stanie się puszysta.

Dodaj rozgniecionego banana, nasiona chia/siemię, wiórki i proszek do pieczenia i delikatnie wymieszaj, aby masa się połączyła.

Dodaj owoce i ponownie połącz łyżką.

Wykładaj porcje na blachę do pieczenia. Piecz około 15–20 minut w 190°C.

Serniczki na zimno – 2 porcje

- 1 szklanka soku pomarańczowego
- 2 łyżki żelatyny LUB W WERSJI WEGE 2 łyżki agaru
- 200 ml jogurtu greckiego
- 1 łyżka ksylitolu
- 300 g dowolnych owoców jagodowych

Sok zagrzej w garnuszku, rozpuść w nim żelatynę/agar i ksylitol.

Zmiksuj na białą pianę (około 5 minut), dodaj jogurt grecki i zmiksuj ponownie. Wsyp owoce i wymieszaj delikatnie.

Wlej do foremek i wstaw do lodówki.

Zdrowe kulki migdałowe – 2 porcje (porcja = 4 szt.)

- ½ szklanki płatków migdałowych
- 1 szklanka drobnych płatków owsianych
- ¾ szklanki nasion sezamu
- 1 garść suszonej żurawiny bez cukru
- 5 suszonych moreli zalanych wrzątkiem
- 1 garść pestek dyni
- ½ szklanki wiórków kokosowych
- 100 ml gęstego mleczka kokosowego z puszki

Płatki migdałowe, owsiane, sezam, pestki dyni upraż na suchej patelni do zarumienienia około 2 minuty. Wysyp do miseczki.

Dodaj pokrojone morele odsączone z wody i wlej mleczko kokosowe. Zmiel blenderem do uzyskania gęstej, kleistej konsystencji.

Zagęść wiórkami kokosowymi i dodaj posiekaną żurawinę. Wilgotnymi dłońmi formuj kuleczki i obtaczaj w wiórkach. Przełóż do pojemniczka i zostaw w lodówce do stężenia.

Tiramisu na spodzie brownie

spód:

- 200 g gorzkiej czekolady o 70% zawartości kakao bez cukru
- 1 łyżka stewii lub erytrytolu – opcjonalnie
- 1 szklanka wody po ciecierzycy z zalewy lub 4 jajka
- 50 ml mocnego espresso
- 1 laska wanilii
- 50 g masła lub oleju kokosowego extra virgin nierafinowanego
- 200 g mąki gryczanej
- szczypta soli kłodawskiej
- ½ łyżeczki proszku do pieczenia
- ½ szklanki orzechów włoskich

Do miseczki wsyp połamaną czekoladę, dodaj kawę, masło lub olej i rozpuść w „kąpieli wodnej" (na garnku z gotującą się wodą). Ostudź.

W wysokim naczyniu zmiksuj wodę po ciecierzycy na spienioną pianę lub lekko zmiksuj jajka, dodaj ziarenka z laski wanilii i stewię/erytrytol.

Dodaj ostudzoną czekoladę i zmiksuj na gładką masę.

Dodaj przesianą mąkę, proszek, sól i delikatnie wymieszaj szpatułką. Dorzuć orzechy.

Wlej masę na spód formy wyłożonej papierem do pieczenia. Piecz 20 minut w 180°C.

krem tiramisu:

- 500 g mascarpone lub mleczka kokosowego gęstego z puszki bez zagęstników
- 5 żółtek – w wersji wege pomiń ten składnik
- laska wanilii
- 5 łyżeczek ksylitolu/stewii w proszku
- 1 łyżeczka kawy mielonej
- 1 łyżka żelatyny – opcjonalnie
- gorzkie kakao do posypania

Żółtka ubij na sztywną pianę z ksylitolem i ziarenkami wanilii/w przypadku wersji wege dokładnie rozmiksuj gęste mleczko kokosowe z ziarenkami wanilii i słodzidłem.

Jeśli mascarpone jest za rzadkie, do masy dodaj żelatynę rozpuszczoną w najmniejszej możliwej ilości wrzącej wody (dodaj po ostudzeniu).

Do ubitej masy dodaj kawę i wymieszaj.

Na spód brownie wyłóż masę tiramisu, posyp kakao i wstaw do lodówki do stężenia.

POSIŁKI OKOŁOTRENINGOWE

Kaloryczność diety przedstawionej w tej książce wynosi ok. 1500 kcal. Ponieważ jednak wszyscy różnimy się między sobą wiekiem, wagą, wzrostem i rodzajem aktywności fizycznej, odpowiednią dla siebie ilość białka i węglowodanów należy dobrać indywidualnie. Informacje o tym, jak wyliczyć te wartości, znajdziesz w Vademecum (str. 30 –31).

Jeśli zamierzasz wprowadzić intensywniejszą aktywność fizyczną (ponad podstawowe zalecenia, czyli co najmniej 45–60-minutowy marsz szybkim krokiem każdego dnia), wzbogać swoją dietę o dodatkowe 300 kcal. Poniżej znajdziesz przykładowe przepisy na potrawy okołotreningowe, które z założenia mają być dla ciebie inspiracją do tworzenia własnych posiłków.

Powinny one zawierać dobrej jakości tłuszcze, np. pochodzące z orzechów, węglowodany pochodzące ze zbóż i produktów o niskim indeksie glikemicznym, oraz dobrze przyswajalne białko – drób, jajko, nabiał, rybę, zamienniki sojowe lub nasiona roślin strączkowych. Takie połączenie nasyci, doda energii i zapewni niezbędne składniki odżywcze.

Po treningu, inaczej niż w diecie osób zdrowych, unikaj pokarmów bogatych w węglowodany proste i sięgaj po posiłki bazujące na produktach o niskim IG.

Posiłki okołotreningowe o niskim IG – ok. 300 kcal (przybliżone wartości makroskładników: B 10 g/W 30 g/T 10 g)

P.S. Rozkład makroskładników to tylko propozycja, która powinna być indywidualnie dopasowana do intensywności podejmowanego wysiłku.

Jogurt z mango i orzechami

- 150 ml jogurtu
- 1 łyżeczka maku lub siemienia lnianego
- 50 g drobno pokrojonego mango
- 5 g posiekanych orzechów włoskich (laskowych, nerkowca, brazylijskich) lub pestek dyni albo słonecznika
- 20 g płatków owsianych lub gryczanych

Wymieszaj jogurt z kawałkami mango i makiem. Dodaj płatki, a całość posyp orzechami.

Sandwicz z hummusem

- 2 kromki razowego chleba (ok. 60 g)
- 50 g warzyw (papryka, sałata, rzodkiewka)
- 30 g hummusu
- 20 g awokado
- 10 g pestek dyni

Kromki chleba podpiecz w tosterze albo piekarniku. Posmaruj każdą porcją hummusu, połóż plasterki awokado, lekko posól i posyp pestkami dyni. Udekoruj warzywami.

Lody borówkowo-orzechowe

- 200 g borówek lub innych owoców jagodowych
- 10 g nerkowców
- 50 g zielonkawego banana
- 100 ml jogurtu greckiego

Jogurt, borówki i plasterki banana w jednym pojemniczku schowaj na noc do zamrażalnika. Następnego dnia wrzuć do kielicha blendera orzechy i zmiel na miazgę. Dodaj do orzechów zamrożone produkty i zmiksuj na lodową masę. Jedz od razu!

Lunch box z kurczakiem/tofu/soczewicą/jajkiem/rybą

- 50 g ugotowanej palonej kaszy gryczanej, pęczaku lub komosy
- 30 g gotowanego lub zgrillowanego fileta z kurczaka/tofu/ugotowanej soczewicy/jajka/wędzonego lub pieczonego pstrąga
- 100 g blanszowanych brokułów lub innych ulubionych warzyw: fasolki szparagowej, zielonych szparagów, kalafiora, papryki itp.
- 5 g posiekanych orzechów laskowych
- 20 g pokrojonego awokado
- duża garść zieleniny (szpinaku, szczypiorku, rukoli)

Wymieszaj kaszę z kurczakiem/tofu/soczewicą/jajkiem/rybą i brokułami lub innymi warzywami. Posyp orzechami, dodaj awokado i zieleninę. Połącz wszystkie składniki. Dopraw do smaku solą i pieprzem.

Gryczany omlet ze szpinakiem

- 1 duże jajko
- 40 g płatków gryczanych
- 10 g nasion słonecznika
- 5 g otrębów orkiszowych
- 50 g szpinaku świeżego lub mrożonego
- 1 posiekana cebula lub kawałek pora
- 30 g jogurtu
- 1 łyżeczka oliwy

Płatki zalej jogurtem i odstaw na 10 minut, a następnie zmiksuj. W tym czasie na odrobinie oliwy zeszklij cebulę lub pora, posól, dodaj szpinak i duś około 5 minut. Jajko roztrzep widelcem, dodaj jogurt z płatkami, otręby i szpinak z patelni. Wymieszaj wszystkie składniki. Wylej masę na patelnię i smaż na rumiano na oliwie. Przykryj patelnię pokrywką, aby wierzch też się ściął. Na koniec posyp pestkami słonecznika.

Ryż z dzikim łososiem i batatami

- 50 g dzikiego łososia
- 100 g ugotowanego dzikiego czarnego ryżu
- 200 g szparagów lub fasolki szparagowej
- 50 g batata
- kawałek pora
- 1 łyżeczka oliwy
- sok z 1 cytryny

Batata obierz i pokrój w kostkę. Warzywa ugotuj na parze lub we wrzątku al dente. Rybę polej sokiem z cytryny, dopraw solą i pieprzem i grilluj około 5–8 minut. Posiekaj pora, zeszklij go na oliwie, przypraw do smaku. Dodaj ugotowane warzywa oraz ryż i połącz składniki na patelni. Podawaj z grillowaną rybą.

LISTA ZAKUPÓW NA 16 TYGODNI

- KASZE: komosa ryżowa, pęczak, kasza gryczana palona i niepalona, kasza bulgur pełnoziarnista, brązowy ryż
- MAKARONY: makaron ryżowy z brązowego ryżu, makaron sojowy
- MĄKI, PŁATKI, OTRĘBY: otręby owsiane i pszenne, mąka gryczana, z ciecierzycy, owsiana, żytnia, kokosowa, płatki owsiane zwykłe i górskie, gryczane, jęczmienne, proszek do pieczenia, błonnik owsiany - opcjonalnie
- ORZECHY, NASIONA I PESTKI: nerkowce, migdały i/lub płatki migdałowe, orzechy włoskie, laskowe, pekan, orzeszki piniowe, pistacje niesolone, siemię lniane lub nasiona chia, pestki słonecznika, pestki dyni, suszone jagody goji, drobne wiórki kokosowe, rodzynki, masło orzechowe, mak, nasiona konopi, sezam zwykły i czarny
- PRZYPRAWY: sól morska i/lub kłodawska i/lub lub himalajska, pieprz czarny, ziołowy, zielony, cytrynowy, cayenne, papryka słodka, ostra i wędzona, mielona i w płatkach, papryczka chili mielona i w płatkach, czubryca zielona i czerwona, główki czosnku i czosnek granulowany, czarnuszka, rozmaryn, tymianek, suszona kolendra, suszony czosnek niedźwiedzi, suszona cebulka, chrzan, korzeń imbiru i imbir suszony, curry (pasta i w proszku), musztarda zwykła i Dijon, cynamon, oregano, liść laurowy i ziele angielskie, suszona szałwia, kminek, majeranek, suszona mięta, gałka muszkatołowa, lubczyk, sos balsamiczny, liście kafiru – opcjonalnie, cząber, suszona natka pietruszki, goździki, kardamon, ocet jabłkowy, ryżowy, winny, ksylitol, sos sojowy light – opcjonalnie, suszony koperek, pasta miso, trawa cytrynowa lub liście kafiru – opcjonalnie, miód, wanilia – opcjonalnie, kurkuma, kakao, stewia, kmin rzymski (kumin)
- STRĄCZKI: ciecierzyca, soczewica czarna, brązowa i czerwona, fasola czerwona i biała, fasola Jaś
- TŁUSZCZE: olej rzepakowy nierafinowany, kokosowy, lniany, orzechowy, rydzowy, z dyni, oliwa z oliwek, masło klarowane
- MROŻONKI: szpinak, włoszczyzna, mieszanka chińska, krewetki; poza sezonem: truskawki, maliny, wiśnie, porzeczki, jeżyny, dynia

ZAKUPY NA TYDZIEŃ I

- GRZYBY: grzyby leśne, boczniaki, pieczarki
- MIĘSO: chuda szynka podwędzana, np. szwarcwaldzka, filety, polędwiczki, mięso z kurczaka lub indyka, polędwiczki wieprzowe lub wołowina, lub cielęcina

- NABIAŁ I NABIAŁ ROŚLINNY: mleko, twarożek, ser feta, pleśniowy, mozzarella, parmezan, jogurt grecki i naturalny, jajka, napój roślinny (ryżowy, owsiany)
- OWOCE: ananas, limonki, melon, grejpfrut, mango, borówki i/lub jagody, granat, pomelo, kiwi, cytryny, awokado, kwaśne jabłka, pomarańcze
- PIECZYWO: chleb razowy
- RYBY I OWOCE MORZA: wędzony łosoś, wędzona makrela, filet z łososia lub pstrąga łososiowego
- ŚWIEŻE SAŁATY I ZIOŁA: mięta, melisa, bazylia, rukola, szczypiorek, mix sałat z rukolą, jarmuż, natka pietruszki, koperek
- WARZYWA: czerwona papryka, czerwona i biała cebula, pomidory zwykłe, z puszki, koktajlowe i suszone, ogórek świeży i kiszony, szalotka, bakłażan, czosnek, seler naciowy, oliwki, kalafior, pory, cukinia, kapary, bataty, zielona fasolka szparagowa, kiełki cebuli, rzodkiewki lub rzeżuchy, szpinak
- DODATKOWO: bulion warzywny, sok pomidorowy, pesto bazyliowe
- DLA WEGETARIAN: soczewica, zwykłe i wędzone tofu, bakłażan, awokado

ZAKUPY NA TYDZIEŃ II

- GRZYBY: boczniaki
- MIĘSO: filety z kurczaka lub indyka
- NABIAŁ I NABIAŁ ROŚLINNY: jajka, ser feta lub kozi, jogurt grecki, kefir lub jogurt naturalny, napój roślinny (migdałowy lub kokosowy)
- OWOCE: limonki, cytryny, grejpfrut, maliny, jabłka, awokado, borówki, ananas, gruszka
- PIECZYWO: chleb razowy na zakwasie
- RYBY I OWOCE MORZA: filet z halibuta lub innej ryby, krewetki mrożone, filety ze śledzia, filet z łososia dzikiego, pstrąga, sandacza lub halibuta, wędzony łosoś
- WARZYWA: pory, cukinia, pomidory zwykłe, koktajlowe i suszone z oleju, czosnek, marchew, pietruszka, seler korzeniowy i naciowy, brokuł, rzodkiewki, buraki, kapusta kiszona, kolorowa papryka (żółta, czerwona, zielona), szparagi – opcjonalnie, ogórki kiszone, czerwona i biała cebula, szalotka, dymka ze szczypiorkiem, kiełki fasolki mung i dowolne inne kiełki (brokuła, rzodkiewki, cebuli, lucerny)
- ŚWIEŻE SAŁATY I ZIOŁA: szczypiorek, mięta, mix sałat z rukolą lub sałata lodowa, natka pietruszki, kolendra, bazylia, rukola, koperek
- DODATKOWO: koncentrat pomidorowy, przecier pomidorowy, bulion warzywny, pesto bazyliowe
- DLA WEGETARIAN: tofu, seler, glony nori, boczniaki, komosa ryżowa, bakłażan

ZAKUPY NA TYDZIEŃ III

- GRZYBY: pieczarki lub grzyby leśne, boczniaki
- MIĘSO: udka i filety z kurczaka lub indyka, wołowina, schab
- NABIAŁ I NABIAŁ ROŚLINNY: jogurt grecki, jajka, napój roślinny, ser feta, mleko kokosowe, parmezan – opcjonalnie, ser feta i/lub kozi i/lub ser twarogowy, mozzarella
- OWOCE: limonki, mango, cytryny, jabłka, zielonkawy banan, truskawki
- PIECZYWO: bułka razowa lub graham
- RYBY I OWOCE MORZA: tuńczyk, łosoś, filet z halibuta, dorsza lub sandacza
- ŚWIEŻE SAŁATY I ZIOŁA: mięta, bazylia, sałata lodowa, szczypiorek i/lub koperek, rukola i/lub roszponka i/lub sałata lodowa, kolendra i/lub natka pietruszki
- WARZYWA: ogórek, seler naciowy, pomidory zwykłe, koktajlowe i suszone, dymka ze szczypiorkiem, rzodkiewki, kapary, oliwki, szczypiorek, marchew, pory, kolorowa papryka (żółta, czerwona, zielona), szpinak, czerwona i biała cebula, cukinia, biała kapusta, brokuły, fasolka szparagowa, papryczka chili, zielona fasolka,
- DODATKOWO: bulion warzywny
- DLA WEGETARIAN: naturalne i wędzone tofu, glony nori, papryka, bakłażan lub batat

ZAKUPY NA TYDZIEŃ IV

- GRZYBY: boczniaki, grzyby leśne lub pieczarki
- MIĘSO: polędwiczki wołowe lub z indyka, szynka parmeńska lub inna podwędzana bez konserwantów, filet z kurczaka, wołowina, mielone mięso wołowo-wieprzowe
- NABIAŁ I NABIAŁ ROŚLINNY: jogurt naturalny i grecki, ser gorgonzola, twarożek, jajka, ser kozi, feta, mozzarella, halloumi, ser pleśniowy, gęste mleczko kokosowe
- OWOCE: maliny, kiwi, gruszka, limonki, mango, truskawki
- RYBY I OWOCE MORZA: wędzony łosoś/makrela/pstrąg
- ŚWIEŻE SAŁATY I ZIOŁA: rukola, mięta i/lub bazylia, natka pietruszki i/lub kolendry, szczypiorek, rzeżucha, sałata lodowa, kolendra
- WARZYWA: marchew, seler korzeniowy i naciowy, szpinak, kapusta kiszona z kminkiem, pory, cebula biała i czerwona, kolorowa papryka (żółta, czerwona, zielona), pomidory zwykłe i suszone oraz suszone z oliwy, czosnek, ogórki zielone i kiszone, rzodkiewki, cebule, kalarepki, szpinak, cukinia, kalafior, batat, szparagi (opcjonalnie), mrożona mieszanka chińska z grzybami mung i pędami bambusa, bakłażan

- DODATKOWO: sok pomidorowy, bulion warzywny, pulpa lub koncentrat pomidorowy, passata pomidorowa
- DLA WEGETARIAN: duże pieczarki i/lub boczniaki, wędzone tofu, soczewica, awokado, bakłażan, soczewica brązowa

ZAKUPY NA TYDZIEŃ V

- GRZYBY: pieczarki, grzyby leśne, kurki, boczniaki
- MIĘSO: filet z indyka, udka lub pałki z kurczaka bez skóry, szynka parmeńska bez konserwantów lub inna ulubiona, wołowina
- NABIAŁ I NABIAŁ ROŚLINNY: jajka, jogurt grecki, ser twarogowy lub twaróg wędzony, ser kozi, feta, lazur, mozzarella zwykła i w kulkach, gęste mleczko kokosowe, napój roślinny lub jogurt, mleko
- OWOCE: pomarańcze, limonki, grejpfrut, awokado, kiwi, zielonkawy banan, granat
- PIECZYWO: chleb razowy
- RYBY I OWOCE MORZA: łosoś, wędzony łosoś, makrela bez ości
- ŚWIEŻE SAŁATY I ZIOŁA: szczypiorek, natka pietruszki, koperek
- WARZYWA: seler korzeniowy i naciowy, czosnek, kolorowa papryka (żółta, czerwona, zielona), bakłażan, czerwona i biała cebula, szalotka, marchew, kalarepka, rzodkiewki, kalafior, ogórki kiszone, pory, pietruszka, pomidory zwykłe, koktajlowe i suszone z oliwy, brokuł, cukinia, jarmuż, buraki, zielone szparagi – opcjonalnie, zielona fasolka, dynia, kiełki, oliwki, czerwona kapusta, czosnek
- DODATKOWO: bulion warzywny, przecier pomidorowy
- DLA WEGETARIAN: naturalne i wędzone tofu, bakłażan, duże pieczarki grillowe, naturalne tofu ze szczyptą soli czarnej kala namak, suszone pomidory

ZAKUPY NA TYDZIEŃ VI

- GRZYBY: świeże kurki lub małe pieczarki, pieczarki lub grzyby leśne
- MIĘSO: szynka parmeńska bez konserwantów, wołowina, dziczyzna, filet z kurczaka lub indyka, mięso mielone wołowe lub drobiowe, sznycle i mięso z indyka, mięso mielone drobiowe, polędwiczki wieprzowe lub z indyka
- NABIAŁ I NABIAŁ ROŚLINNY: jajka, jogurt naturalny igrecki, napój roślinny (kokosowy, migdałowy) lub mleko, twarożek, gęste mleczko kokosowe, ser kozi, feta, pleśniowy, mozzarella
- OWOCE: owoce jagodowe (maliny, borówki, truskawki, jeżyny, porzeczki), granat, pomelo, jabłka, awokado, wiśnie, limonki, kiwi, grejpfrut, cytryny
- PIECZYWO: chleb razowy

- RYBY I OWOCE MORZA: wędzony łosoś lub wędzony pstrąg, wędzona makrela
- ŚWIEŻE SAŁATY I ZIOŁA: szczypiorek, bazylia, mięta, natka pietruszki, sałata lodowa, rukola
- WARZYWA: seler korzeniowy i naciowy, czosnek, białe i czerwone cebule, batat, kolorowa papryka (żółta, czerwona, zielona), szpinak, zielona fasolka szparagowa, biała lub czerwona kapusta, pory, cukinia, marchew, kapary lub oliwki, kalarepki, rzodkiewki, szalotka, dymka, ogórki kiszone, pietruszka, kalafior, pomidory zwykłe, koktajlowe i suszone w oliwie
- DODATKOWO: sok jabłkowy tłoczony, sok z buraka, pulpa pomidorowa, bulion warzywny, pesto bazyliowe, przecier pomidorowy
- DLA WEGETARIAN: suszone pomidory, naturalne i wędzone tofu, cukinia, soczewica, bakłażan

ZAKUPY NA TYDZIEŃ VII

- GRZYBY: pieczarki, grzyby leśne
- MIĘSO: mielone mięso z indyka, szynka i szynka parmeńska bez konserwantów, udka kurczaka, indyka lub kaczki
- NABIAŁ I NABIAŁ ROŚLINNY: napój roślinny (kokosowy, migdałowy, owsiany, sojowy) lub mleko, mozzarella, ser kozi, feta, oscypek, parmezan, jajka, jogurt naturalny i grecki,
- OWOCE: pomelo, truskawki, maliny, limonki, pomarańcze, mango, kwaśne jabłka, cytryny, granat
- RYBY I OWOCE MORZA: dorsz
- ŚWIEŻE SAŁATY I ZIOŁA: mięta, natka pietruszki, sałata lodowa, bazylia, rukola, szczypiorek, koperek, mix sałat z rukolą i sałatą lodową
- WARZYWA: marchew, pieczarki portobello, czerwona i biała cebula, biała i czerwona kapusta, pory, czosnek, cukinia, czarne lub zielone oliwki, zielone szparagi, szpinak, fenkuł (koper włoski) – opcjonalnie, pietruszka, seler korzeniowy i naciowy, kolorowa papryka (żółta, czerwona, zielona), jarmuż, fasolka szparagowa, brukselka – opcjonalnie, dynia, szalotka, pomidory zwykłe, z puszki, koktajlowe i suszone w oleju
- DODATKOWO: bulion warzywny
- DLA WEGETARIAN: brązowa soczewica, tofu, bakłażan, glony nori, cukinia

ZAKUPY NA TYDZIEŃ VIII

- GRZYBY: pieczarki
- MIĘSO: szynka i szynka parmeńska bez konserwantów, mięso wołowe lub z indyka, mięso z indyka lub kurczaka, polędwiczki wieprzowe bez tłuszczu lub z kurczaka albo indyka
- NABIAŁ I NABIAŁ ROŚLINNY: mleko roślinne (owsiane, kokosowe, migdałowe), gęste mleczko kokosowe – opcjonalnie, jogurt naturalny, twarożek naturalny lub kozi, jajko, ser feta
- OWOCE: borówki, maliny, limonki, kwaśne jabłka, cytryny, granaty, twarda gruszka, awokado, truskawki, pomarańcze
- PIECZYWO: chleb żytni, chleb razowy
- RYBY I OWOCE MORZA: wędzony łosoś, filet z dorsza lub pstrąga
- ŚWIEŻE SAŁATY I ZIOŁA: sałata, mięta, bazylia, kolendra, sałata lodowa, natka pietruszki lub szczypiorek, rukola, melisa, sałata rzymska
- WARZYWA: ogórek kiszony, kolorowa papryka (żółta, czerwona, zielona), podłużne papryki, rzodkiewki, seler korzeniowy i naciowy, czosnek, cukinia, pory, czarne lub zielone oliwki, pomidory zwykłe, koktajlowe i suszone z oleju oraz słodkie – malinowe lub bawole serca, papryczka chili, biała i czerwona cebula, batat, szparagi lub fasolka szparagowa, buraki, ogórek kiszony, brokuł, marchew, dymka, szpinak, szalotka, kapusta biała i kiszona, pietruszka
- DODATKOWO: bulion warzywny, bulion drobiowy, sok pomidorowy, pomidory z zalewy
- DLA WEGETARIAN: naturalne, silken i wędzone tofu, fasola Jaś, soczewica brązowa, bakłażan

ZAKUPY NA TYDZIEŃ IX

- GRZYBY: grzyby leśne lub pieczarki
- MIĘSO: filet z indyka, szynka parmeńska bez konserwantów albo domowa pieczona lub inna, mięso z drobiu
- NABIAŁ I NABIAŁ ROŚLINNY: jogurt naturalny i grecki, mleczko kokosowe, jajka, mozzarella, napój roślinny (kokosowy, migdałowy), mleko
- OWOCE: cytryny, awokado, maliny, borówki, truskawki, granat, pomarańcze, jabłka, limonki, gruszki, mango, kiwi
- PIECZYWO: chleb razowy
- RYBY I OWOCE MORZA: łosoś dziki lub dorsz, halibut, sandacz, steki z łososia lub innej ulubionej ryby bez ości
- ŚWIEŻE SAŁATY I ZIOŁA: mięta, melisa, szczypiorek, sałata lodowa, natka pietruszki, kolendra

- WARZYWA: czosnek, marchew, fenkuł, pory, cukinia, szpinak, szalotka, czerwona i cukrowa cebula, pomidory zwykłe, koktajlowe i suszone, dymka, mieszanka chińska mrożona, seler naciowy, ostra papryczka, kolorowa papryka (żółta, czerwona, zielona), kapusta kiszona, kalafior, pietruszka, batat, brokuł, kiełki, włoszczyzna, dynia
- DODATKOWO: bulion warzywny
- DLA WEGETARIAN: seler korzeniowy i glony nori, bakłażan, naturalne i wędzone tofu, ciecierzyca

ZAKUPY NA TYDZIEŃ X

- GRZYBY: grzyby leśne lub pieczarki, lub boczniaki
- MIĘSO: filet z indyka, mielone mięso z indyka lub wołowe albo cielęce, wątróbka, mięso z indyka lub kurczaka z wolnego wybiegu
- NABIAŁ I NABIAŁ ROŚLINNY: mleczko kokosowe, ser feta, halloumi, parmezan, mozzarella, jajka, gęste mleczko kokosowe, jogurt grecki 9% lub jogurt naturalny, napój roślinny bez cukru
- OWOCE: limonki, porzeczki, cytryny, granaty, awokado, zielonkawy banan, kwaśne jabłka
- PIECZYWO: chleb razowy
- RYBY I OWOCE MORZA: wędzony łosoś, krewetki mrożone, dorsz lub halibut
- ŚWIEŻE SAŁATY I ZIOŁA: rukola, mięta, roszponka, natka pietruszki, koperek, kolendra, bazylia, sałata lodowa, szczypiorek
- WARZYWA: pomidory zwykłe, koktajlowe i suszone, biała i czerwona kapusta, szalotka, czerwona cebula, pory, marchew, seler korzeniowy i naciowy, fasolka szparagowa, ogórek kiszony, czarne lub zielone oliwki, cukinia, bakłażan, czosnek, buraki zwykłe i ćwikłowe, kolorowa papryka (żółta, czerwona, zielona), kalafior, szpinak, jarmuż, fasolka szparagowa, zielone szparagi, ogórek wężowy, rzodkiewki, batat
- DODATKOWO: bulion warzywny, pesto bazyliowe
- DLA WEGETARIAN: brązowa soczewica, tofu, ciecierzyca, cukinia, pieczarki lub boczniaki, seler i glony nori

ZAKUPY NA TYDZIEŃ XI

- GRZYBY: pieczarki
- MIĘSO: mięso wołowo-wieprzowe, szynka lub indyk pieczony, filety z kurczaka lub indyka, szynka parmeńska bez konserwantów, udka kurczaka, mięso indyka, szynka wędzona
- NABIAŁ I NABIAŁ ROŚLINNY: napój roślinny (kokosowy, migdałowy), jajka, jogurt naturalny i grecki, ser kozi, feta, mozzarella, pleśniowy, parmezan, twarożek zwykły i do smarowania, mleko

- OWOCE: mango, maliny, borówki, truskawki, czarne lub czerwone porzeczki, wiśnie, kiwi, jabłka, gruszki, limonki, grejpfrut, cytryny
- RYBY I OWOCE MORZA: wędzony łosoś
- ŚWIEŻE SAŁATY I ZIOŁA: mięta, natka pietruszki, szczypiorek, sałata, bazylia, koperek, sałata lodowa, rukola, kolendra, melisa
- WARZYWA: czerwona i biała cebula, czosnek, seler korzeniowy i naciowy, kapusta kiszona, marchew, szpinak, pietruszka, pory, kolorowa papryka (żółta, czerwona, zielona), rzodkiewki, kiełki, ogórki, ogórki kiszone, brokuł, buraki, batat, bakłażan, cukinia, ziemniak, pomidory zwykłe, z puszki i suszone zwykłe, i z zalewy
- DODATKOWO: bulion warzywny, pulpa pomidorowa
- DLA WEGETARIAN: brązowa soczewica, naturalne i wędzone tofu, cukinia, glony nori, bakłażan

ZAKUPY NA TYDZIEŃ XII

- GRZYBY: pieczarki, boczniaki, grzyby leśne, kurki
- MIĘSO: filet z indyka lub kurczaka, mięso z indyka, chuda szynka lub szynka parmeńska albo schab dojrzewający bez konserwantów, schab lub polędwica wołowa, mielone mięso z indyka lub wołowe
- NABIAŁ I NABIAŁ ROŚLINNY: napój roślinny (migdałowy, kokosowy), twarożek bez tłuszczu, gęste mleczko kokosowe, jajka, masło, jogurt grecki, ser feta, maślanka, wędzony twaróg, mozzarella
- OWOCE: truskawki, cytryny, melon, limonki, gruszki, jabłka, grejpfrut
- PIECZYWO: chleb razowy
- RYBY I OWOCE MORZA: filet z dorsza, krewetki, pstrąg
- ŚWIEŻE SAŁATY I ZIOŁA: natka pietruszki, szczypiorek, sałata, mięta, mix sałat z rukolą, rukola, koperek, roszponka, kolendra, sałata lodowa, bazylia
- WARZYWA: burak, marchew, brokuł, cukinia, dymka ze szczypiorkiem, czerwona i biała cebula, szpinak, czosnek, seler korzeniowy i naciowy, pory, kolorowa papryka (żółta, czerwona, zielona), pietruszka, pomidory zwykłe, koktajlowe i suszone z oliwy, jarmuż, dynia, szalotka, ogórki kiszone, małosolne i konserwowe, świeży ogórek, batat, młoda biała kapusta, fasolka szparagowa, zielone szparagi, groszek cukrowy, rzodkiewki, oliwki
- DODATKOWO: bulion warzywny, białe wino
- DLA WEGETARIAN: naturalne i wędzone tofu, cukinia, awokado, soczewica brązowa, seler

ZAKUPY NA TYDZIEŃ XIII

- GRZYBY: grzyby leśne, boczniaki lub kurki
- MIĘSO: mięso z indyka, filet z kurczaka lub indyka
- NABIAŁ I NABIAŁ ROŚLINNY: jogurt naturalny i grecki, gęste mleczko kokosowe, jajka, ser feta, halloumi, kozi, napój roślinny (migdałowy, kokosowy)
- OWOCE: cytryny, limonki, czerwone porzeczki, awokado, maliny lub inne owoce jagodowe, kwaśne jabłka, granat
- RYBY I OWOCE MORZA: filet z dorsza lub halibuta, krewetki tygrysie
- ŚWIEŻE SAŁATY I ZIOŁA: natka pietruszki, bazylia, kolendra, mix sałat z rukolą lub sałata lodowa, koperek, szczypiorek
- WARZYWA: pomidory zwykłe, koktajlowe i suszone w oliwie, oliwki, biała i czerwona cebula, kapusta włoska, pory, czosnek, seler korzeniowy i naciowy, szpinak, szalotka, kolorowa papryka (żółta, czerwona, zielona), ogórki kiszone, kalafior, bakłażan, cukinia, zielona fasolka, dynia, np. hokkaido, dymka ze szczypiorkiem, brokuły, jarmuż
- DODATKOWO: bulion warzywny, passata pomidorowa, sok jabłkowy tłoczony, pesto bazyliowe
- DLA WEGETARIAN: pieczarki, boczniaki, kurki lub inne grzyby leśne, naturalne i wędzone tofu, komosa ryżowa, ciecierzyca

ZAKUPY NA TYDZIEŃ XIV

- GRZYBY: pieczarki
- MIĘSO: filet i mięso z indyka, szynka parmeńska
- NABIAŁ I NABIAŁ ROŚLINNY: gęste mleczko kokosowe, jajka, jogurt naturalny i grecki, wędzony twaróg, ser kozi, feta, twarożek
- OWOCE: owoce jagodowe (borówki, jagody, porzeczki), awokado, grejpfrut, limonki, cytryny, truskawki, kiwi, jabłka
- PIECZYWO: chleb razowy
- RYBY I OWOCE MORZA: krewetki, filet z pstrąga bez ości
- ŚWIEŻE SAŁATY I ZIOŁA: mięta, natka pietruszki, kolendra, rukola, bazylia, sałata lodowa, rzeżucha, szczypiorek
- WARZYWA: szpinak, seler korzeniowy i naciowy, pory, biała i czerwona cebula, kalarepka lub rzepa, kolorowa papryka (żółta, czerwona, zielona), czosnek, włoszczyzna (marchew, pietruszka, por), ogórki świeże i kiszone, zielona fasolka szparagowa, szalotka, pomidory zwykłe, koktajlowe i suszone w oliwie, rzodkiewki, dymka ze szczypiorkiem, batat, marchew, pietruszka, kalafior, warzywa po

chińsku (mrożonka) lub włoszczyzna, grzyby mung i pędy bambusa, bakłażan, jarmuż, papryczka chili – opcjonalnie, czerwona kapusta, cukinia

- DODATKOWO: bulion warzywny, pesto bazyliowe, siekane pomidory bez skórki
- DLA WEGETARIAN: naturalne i wędzone tofu, fasolka szparagowa, seler, orzechy nerkowca, ciecierzyca

ZAKUPY NA TYDZIEŃ XV

- GRZYBY: pieczarki lub grzyby leśne
- MIĘSO : filet z indyka lub kurczaka z wolnego wybiegu, chuda wołowina
- NABIAŁ I NABIAŁ ROŚLINNY: jogurt naturalny i grecki, jajka, mozzarella, mleczko kokosowe, napój roślinny (ryżowy, sojowy, migdałowy lub kokosowy), gęste mleczko kokosowe, kefir lub maślanka
- OWOCE: borówki, jeżyny, truskawki, banany, limonki, maliny, cytryny, mango, jabłka, awokado, wiśnie, grejpfrut, granaty
- PIECZYWO: chleb razowy, bułki grahamki lub razowe
- RYBY I OWOCE MORZA: dorsz, sandacz (lub pstrąg, łosoś, halibut), łosoś lub pstrąg wędzony, makrela wędzona
- ŚWIEŻE SAŁATY I ZIOŁA: rukola, szczypiorek, sałata, mięta, natka pietruszki, bazylia, mix sałat, sałata lodowa, kolendra, roszponka, koperek, szałwia, tymianek, cykoria
- WARZYWA: cukinia, pomidory zwykłe, koktajlowe i suszone z oliwy, bakłażan, por, fasolka szparagowa, czosnek, kapary lub oliwki, biała i czerwona cebula, kapusta włoska, buraki, kolorowa papryka (żółta, czerwona, zielona), ogórki, szalotka, dymka, marchew, kalarepka, seler korzeniowy i naciowy, batat, rzodkiewki, szpinak, szparagi, fasolka szparagowa
- DODATKOWO: przecier pomidorowy, bulion warzywny, sok warzywny
- DLA WEGETARIAN: bakłażan, tofu naturalne i wędzone, brązowa soczewica

ZAKUPY NA TYDZIEŃ XVI

- MIĘSO: udka kurczaka, filet z kurczaka, filet z indyka, mięso mielone z indyka
- NABIAŁ I NABIAŁ ROŚLINNY: jogurt naturalny i grecki, ser kozi, feta, ricotta, mozzarella, mleko, napój roślinny (ryżowy, kokosowy, migdałowy), jajka, gęste mleczko kokosowe
- OWOCE: limonki, grejpfrut, jabłka, figi – opcjonalnie, awokado, cytryny, jabłka, brzoskwinie, morele, jeżyny
- PIECZYWO: chleb razowy

- RYBY I OWOCE MORZA: pstrąg lub wędzony, łosoś lub pstrąg surowy
- ŚWIEŻE SAŁATY I ZIOŁA: sałata rzymska mini, rukola, bazylia, sałata lodowa, szczypiorek, natka pietruszki, roszponka, mięta, kolendra, koperek
- WARZYWA: biała i czerwona cebula, cukinia, por, czosnek, kolorowa papryka (żółta, czerwona, zielona), rzodkiewki, ogórki świeże i kiszone, szpinak, pomidory zwykłe, koktajlowe i suszone z oliwy, rzodkiewki, biała rzodkiew, seler naciowy, marchew, por, kalafior, dymka ze szczypiorkiem, oliwki czarne lub zielone, warzywa na patelnię z batatem bez ziemniaków, brokuł
- DODATKOWO: koncentrat pomidorowy, pesto bazyliowe, sok warzywny, kiełki brokuła i inne dowolne, kiełki na patelnię stir-fry
- DLA WEGETARIAN: naturalne tofu, cukinia, soczewica brązowa

PLAN TRENINGOWY NA 16 TYGODNI

Dominika Musiałowska

Cały plan treningowy podzielony jest na **DNI TRENINGOWE**, podczas których proponuję wykonanie konkretnego treningu, oraz na pozostałe dni, w których pokazuję inne aktywności zapewniające ruch, a niebędące klasycznym treningiem. W dniach oznaczonych jako treningowe można ćwiczyć zarówno marsz, jak i nordic walking. Osoby bardziej zaawansowane mogą zamienić to na trucht lub bieg, szczególnie po tygodniu IX. Trucht to inaczej spokojny bieg, na poziomie umiarkowanej intensywności. Podczas truchtu możecie swobodnie rozmawiać.

Pamiętaj, że podczas dni treningowych **zapotrzebowanie kaloryczne organizmu może być wyższe** niż zwykle. Nie zawsze jednak konieczny jest dodatkowy posiłek. Wszystko zależy od indywidualnego przypadku.

Zacznij każdy trening od krótkiej rozgrzewki: wymachów ramion, rozgrzania stawów skokowych, rozruszania nadgarstków i barków, krążenia głową. Następnie poskacz w miejscu, zrób kilkanaście pajacyków lub przejdź kilkadziesiąt metrów szybkim krokiem, energicznie machając ramionami. Po treningu **pamiętaj o rozciąganiu!**

Pamiętaj, że **nie wszystkie ćwiczenia są odpowiednie dla każdego**. Jeśli istnieją jakiekolwiek przeciwwskazania do wykonywania wybranej aktywności, koniecznie porozmawiaj z lekarzem lub specjalistą. Podany plan treningowy jest tylko przykładowy i być może nie każdy będzie mógł zrealizować go w całości. Jeśli czujesz, że jest dla ciebie zbyt intensywny, możesz pominąć ćwiczenia, które sprawiają ci trudność i wprowadzić je w kolejnym tygodniu lub zacząć od mniejszej ilości powtórzeń i stopniowo zwiększać ich liczbę, albo początkowo skrócić i stopniowo wydłużać czas aktywności. Pamiętaj, żeby nie ćwiczyć za wszelką cenę. Trening powinien sprawiać ci przyjemność, a nie przynosić niepotrzebny ból i doprowadzić do rezygnacji. Wskazany plan treningowy ma na celu również pokazać ci, jakie dyscypliny i aktywności warto wybierać, żeby wrócić do zdrowia i nabrać kondycji fizycznej. Jeśli któraś aktywność szczególnie przypadnie ci do gustu, możesz wykonywać ją, kiedy tylko masz na to czas i ochotę.

Tydzień I

TYDZIEŃ NA ŚWIEŻYM POWIETRZU

(W tym tygodniu staraj się wykonywać jak najwięcej aktywności na świeżym powietrzu. Jeśli chcesz spalić więcej kalorii, zamiast siedzieć – stój, zamiast stać – chodź :))

PONIEDZIAŁEK: Wybierz dowolną aktywność spośród następujących propozycji: nordic walking, slow jogging, pływanie, taniec, joga, jazda na rowerze. Poświęć jej 30 minut po pracy (okolice podwieczorku/kolacji). Ćwicz z intensywnością umożliwiającą swobodną rozmowę.

WTOREK (DZIEŃ TRENINGOWY): 8 minut spokojnego marszu, 2 minuty szybszego marszu. Wykonaj 2 razy (całość ma trwać 20 minut). Ćwicz po obiedzie lub po kolacji. Pamiętaj o oddechu!

ŚRODA: Znajdź najbliższą siłownię plenerową i „przetestuj" wszystkie urządzenia, które się tam znajdują. Wybierz sobie sprzęt, który najbardziej ci odpowiada, i wykonaj na nim 3 serie ćwiczeń po 8 powtórzeń. Trenuj rano (pamiętaj, by nie ćwiczyć na czczo!) albo po południu. Nie zapominaj o oddechu!

CZWARTEK (DZIEŃ TRENINGOWY): 7 minut spokojnego marszu, 3 minuty szybszego marszu. Wykonaj 2 razy (całość ma trwać 20 minut). Ćwicz po obiedzie lub po kolacji. Pamiętaj o oddechu!

PIĄTEK: Znajdź na YouTubie trening o nazwie „stretching" lub „pilates". Wykonaj go po kolacji, a następnie zrób sobie relaksującą kąpiel.

SOBOTA (DZIEŃ TRENINGOWY): 8 minut spokojnego marszu, 2 minuty szybszego marszu. Wykonaj 2 razy (całość ma trwać 20 minut). Ćwicz po obiedzie lub po kolacji. Pamiętaj o oddechu!

NIEDZIELA: Spotkaj się ze znajomymi lub rodziną na świeżym powietrzu. Zabierz psa, dzieci, męża i spędź ten czas aktywnie! Spacerujcie, grajcie w piłkę, wybierzcie się do parku, a może nawet do parku linowego lub do zoo. Może najdzie was ochota na paintball lub przejażdżkę konną? :)

Tydzień II

TYDZIEŃ BEZ WINDY

(W tym tygodniu staraj się nie korzystać z windy. Jeśli masz wybór, za każdym razem idź. Niech wchodzenie i schodzenie wejdzie ci w nawyk. Utrzymaj go na całe życie!)

PONIEDZIAŁEK (DZIEŃ TRENINGOWY): 7 minut spokojnego marszu, 3 minuty szybszego marszu. Wykonaj 2 razy (całość ma trwać 20 minut). Ćwicz po obiedzie lub po kolacji. Pamiętaj o oddechu!

WTOREK: Zamiast korzystać z windy, wejdź do mieszkania po schodach. Jeśli mieszkasz w domu jednorodzinnym lub na parterze, wybierz się w miejsce, gdzie są schody. Wejdź na drugie piętro. Jeśli dasz radę, wejdź na czwarte piętro. Pamiętaj o oddechu!

ŚRODA (DZIEŃ TRENINGOWY): 6 minut spokojnego marszu, 4 minuty szybszego marszu. Wykonaj 2 razy (całość ma trwać 20 minut). Ćwicz po obiedzie lub po kolacji. Pamiętaj o oddechu!

CZWARTEK: Zamiast korzystać z windy, wejdź do mieszkania po schodach. Jeśli mieszkasz w domu jednorodzinnym lub na parterze, wybierz się w miejsce, gdzie są schody. Wejdź na drugie piętro. Jeśli dasz radę, wejdź na czwarte piętro. Zatrzymaj się w połowie pięter i wykonaj ćwiczenia: 3 x 10 pompek przy ścianie i 2x10 przysiadów do kąta prostego. Kontynuuj wspinaczkę po schodach. Pamiętaj o oddechu!

PIĄTEK (DZIEŃ TRENINGOWY): 7 minut spokojnego marszu, 3 minuty szybszego marszu. Wykonaj 2 razy (całość ma trwać 20 minut). Ćwicz po obiedzie lub po kolacji. Pamiętaj o oddechu!

SOBOTA: Zamiast korzystać z windy, wejdź do mieszkania po schodach. Jeśli mieszkasz w domu jednorodzinnym lub na parterze, wybierz się w miejsce, gdzie są schody. Wejdź na drugie piętro. Jeśli dasz radę, wejdź na czwarte piętro. Pamiętaj o oddechu!

NIEDZIELA: W ciągu dnia przejdź minimum 10 000 kroków. Możesz skorzystać z pomocy krokomierza lub aplikacji w smartfonie liczącej kroki. Pamiętaj o oddechu! Nagraj kilka swoich ulubionych piosenek, załóż słuchawki i ruszaj w drogę!

Tydzień III

TYDZIEŃ BEZ SAMOCHODU

(W tym tygodniu odstaw samochód do garażu i staraj się jeździć rowerem, na rolkach, chodzić pieszo, z kijkami. Jeśli podróżujesz komunikacją miejską, wysiadaj kilka przystanków wcześniej.)

PONIEDZIAŁEK: Wybierz dowolną aktywność spośród następujących propozycji: nordic walking, slow jogging, pływanie, taniec, joga, jazda na rowerze. Poświęć jej 30 minut po południu (po obiedzie lub po kolacji). Ćwicz z intensywnością umożliwiającą swobodną rozmowę. Pamiętaj o oddechu!

WTOREK (DZIEŃ TRENINGOWY): 6 minut spokojnego marszu, 4 minuty szybszego marszu. Wykonaj 3 razy (całość ma trwać 30 minut). Ćwicz po obiedzie lub po kolacji. Pamiętaj o oddechu!

ŚRODA: Jeśli jeździsz autobusem lub tramwajem, wysiądź dwa przystanki przed miejscem docelowym i przejdź je pieszo. Jeżeli nie możesz zostawić samochodu w garażu, zaparkuj możliwie daleko od miejsca docelowego.

CZWARTEK(DZIEŃ TRENINGOWY): 7 minut spokojnego marszu, 3 minuty szybszego marszu. Wykonaj 2 razy (całość ma trwać 20 minut). Ćwicz po obiedzie lub po kolacji. Pamiętaj o oddechu!

PIĄTEK: W ciągu dnia wykonaj minimum 10 000 kroków. Możesz skorzystać z pomocy krokomierza lub aplikacji w smartfonie liczącej kroki. Pamiętaj o oddechu! Nagraj kilka swoich ulubionych piosenek, załóż słuchawki i ruszaj w drogę!

SOBOTA (DZIEŃ TRENINGOWY): 6 minut spokojnego marszu, 4 minuty szybszego marszu. Wykonaj 3 razy (całość ma trwać 30 minut). Ćwicz po obiedzie lub po kolacji. Pamiętaj o oddechu!

NIEDZIELA: Wybierz się z koleżankami na zakupy. Idź do sklepu pieszo. Podczas zakupów staraj się jak najwięcej maszerować żwawym krokiem.

Tydzień IV

TYDZIEŃ AKTYWNOŚCI DOMOWEJ

(W tym tygodniu bądź aktywna w codziennych domowych czynnościach!)

PONIEDZIAŁEK (DZIEŃ TRENINGOWY): 5 minut spokojnego marszu, 5 minut szybszego marszu. Wykonaj 2 razy (całość ma trwać 20 minut). Ćwicz po obiedzie lub po kolacji. Pamiętaj o oddechu!

WTOREK: Przygotuj karimatę, wygodny strój oraz buty, włącz ulubioną muzykę i ćwicz w domu kolejno: 5 minut truchtu w miejscu lub pajacyków, 2x10 pompek przy ścianie, 30 sekund deski, 3x10 nożyc poziomych, 3x10 brzuszków skośnych, 2x10 przysiadów, rozciąganie (skłony). Zachowaj 30 sek. przerwy między powtórzeniami i pamiętaj o oddechu!

ŚRODA (DZIEŃ TRENINGOWY): 6 minut spokojnego marszu, 4 minuty szybszego marszu. Wykonaj 3 razy (całość ma trwać 30 minut). Ćwicz po obiedzie lub po kolacji. Pamiętaj o oddechu!

CZWARTEK: A może nadszedł czas na domowe porządki? Włącz ulubioną muzykę i zabierz się za odkurzanie, mycie podłóg, wycieranie kurzy i układanie rzeczy na półkach, a wszystko w rytm muzyki! Tańcz, ruszaj biodrami i uśmiechaj się przy tym szeroko! Gwarantuję, że spalisz dużo kalorii i spędzisz miło czas nawet podczas sprzątania. Tylko nie zrób dzisiaj wszystkiego – zostaw trochę na sobotę :)

PIĄTEK (DZIEŃ TRENINGOWY): 5 minut spokojnego marszu, 5 minut szybszego marszu. Wykonaj 3 razy (całość ma trwać 30 minut). Ćwicz po obiedzie lub po kolacji. Pamiętaj o oddechu!

SOBOTA: Kontynuuj domowe porządki! Włącz ulubioną muzykę i zabierz się za porządki na półkach, w szafach i w kuchni! Ugotuj obiad na kolejne dni, a wszystko w rytm muzyki! Tańcz, ruszaj biodrami i uśmiechaj się przy tym szeroko! :)

NIEDZIELA: Wybierz się z koleżankami na zakupy. Idź do sklepu pieszo. Podczas zakupów staraj się jak najwięcej maszerować żwawym krokiem. Co kilka minut napinaj mięśnie brzucha i pośladków, a stojąc przy sklepowych półkach, wspinaj się na palce i napinaj łydki.

Tydzień V

TYDZIEŃ AKTYWNOŚCI BIUROWEJ

(Bądź aktywna w domu i w pracy, nie tylko w tym tygodniu!)

PONIEDZIAŁEK: Przygotuj karimatę, wygodny strój oraz buty, włącz ulubioną muzykę i ćwicz w domu kolejno: 5 min. truchtu w miejscu lub pajacyków, 2x10 wykroków, 30 sekund deski, 3x10 brzuszków klasycznych, 3x10 uniesień bioder w leżeniu na plecach, 2x10 przysiadów, rozciąganie (skłony). Zachowaj 30 sek. przerwy między powtórzeniami i pamiętaj o oddechu

WTOREK (DZIEŃ TRENINGOWY): 4 minuty spokojnego marszu, 6 minut szybszego marszu. Wykonaj 3 razy (całość ma trwać 30 minut). Ćwicz po obiedzie lub po kolacji. Pamiętaj o oddechu!

ŚRODA: Pracujesz w biurze? Spędzasz kilka godzin dziennie przed komputerem? Wykonaj proste ćwiczenia przy biurku! Jeśli możesz, zamiast garbić się cały czas na krześle, kup piłkę do ćwiczeń i w ciągu 8 godzin pracy spróbuj siedzieć na piłce 3 razy po 20 minut, ruszając przy tym biodrami na boki. Pamiętaj o prostych plecach. Dodatkowo zrób rozciąganie: rozprostuj ramiona, dłonie, nogi. Staraj się też co godzinę wstać chociaż na 5 minut i przejść się po budynku (chociażby do toalety) lub po prostu rozciągnąć kończyny. Wykonaj 3 serie po 30 napięć mięśni brzucha, pośladków i ud.

CZWARTEK (DZIEŃ TRENINGOWY): 5 minut spokojnego marszu, 5 minut szybszego marszu. Wykonaj 3 razy (całość ma trwać 30 minut). Ćwicz po obiedzie lub po kolacji. Pamiętaj o oddechu!

PIĄTEK: Jeśli pracujesz w biurze, w ciągu 8 godzin pracy posiedź na piłce 3 razy po 20 minut, ruszając przy tym biodrami na boki. Pamiętaj o prostych plecach. Dodatkowo zrób rozciąganie: rozprostuj ramiona, dłonie, nogi. Staraj się też co godzinę wstać chociaż na 5 minut i przejść się po budynku (chociażby do toalety) lub po prostu rozciągnąć kończyny. Wykonaj 3 serie po 10 przysiadów. Stań przy biurku i wykonaj 3 serie po 10 wspięć na palce.

SOBOTA (DZIEŃ TRENINGOWY): 4 minuty spokojnego marszu, 6 minut szybszego marszu. Wykonaj 3 razy (całość ma trwać 30 minut). Ćwicz po obiedzie lub po kolacji. Pamiętaj o oddechu!

NIEDZIELA: Zabierz się za zajęcia domowe: prace w ogrodzie, mycie samochodu, koszenie trawy, zamiatanie podwórka, odśnieżanie, mycie okien itp. Niech trwają minimum 30 minut.

Tydzień VI

TYDZIEŃ RELAKSU

(Można spędzać wolny czas aktywnie, odpoczywając i dbając o relaks!)

PONIEDZIAŁEK: W ciągu dnia wykonaj minimum 10 000 kroków. Możesz skorzystać z pomocy krokomierza lub aplikacji w smartfonie liczącej kroki. Pamiętaj o oddechu! Nagraj kilka swoich ulubionych piosenek, załóż słuchawki i ruszaj w drogę!

WTOREK: Znajdź na YouTubie trening o nazwie „stretching" lub „pilates". Wykonaj go po kolacji, a następnie zrób sobie relaksującą kąpiel.

ŚRODA (DZIEŃ TRENINGOWY): 3 minuty spokojnego marszu, 7 minut szybszego marszu. Wykonaj 3 razy (całość ma trwać 30 minut). Ćwicz po obiedzie lub po kolacji. Pamiętaj o oddechu!

CZWARTEK: Masz ochotę spędzić wieczór przed telewizorem? Nie krępuj się! Tylko zamiast słodkich lub słonych przekąsek przygotuj karimatę i rób deskę oraz nożyce tak długo, jak tylko dasz radę, nawet jeśli miałoby to trwać znaczną część filmu :)

PIĄTEK (DZIEŃ TRENINGOWY): 4 minuty spokojnego marszu, 6 minut szybszego marszu. Wykonaj 3 razy (całość ma trwać 30 minut). Ćwicz po obiedzie lub po kolacji. Pamiętaj o oddechu!

SOBOTA: Wybierz się z rodziną lub przyjaciółmi do aquaparku! Baw się, korzystaj z sauny i jacuzzi, ale również pływaj, nurkuj i jak najwięcej ruszaj się w wodzie. Warto spróbować aqua aerobiku!

NIEDZIELA (DZIEŃ TRENINGOWY): 3 minuty spokojnego marszu, 7 minut szybszego marszu. Wykonaj 3 razy (całość ma trwać 30 minut). Ćwicz po obiedzie lub po kolacji. Pamiętaj o oddechu!

Tydzień VII

TYDZIEŃ TANECZNY

(Wykonuj jak najwięcej aktywności w rytm ulubionej muzyki.)

PONIEDZIAŁEK: Znajdź na YouTubie trening zumby, salsy, bachaty, latino dance itp. i tańcz przez godzinę z uśmiechem na twarzy! :)

WTOREK (DZIEŃ TRENINGOWY): 2 minuty spokojnego marszu, 8 minut szybszego marszu. Wykonaj 3 razy (całość ma trwać 30 minut). Ćwicz po obiedzie lub po kolacji. Pamiętaj o oddechu!

ŚRODA: W ciągu dnia wykonaj minimum 10 000 kroków. Możesz skorzystać z pomocy krokomierza lub aplikacji w smartfonie liczącej kroki. Pamiętaj o oddechu! Nagraj kilka swoich ulubionych piosenek, załóż słuchawki i ruszaj w drogę!

CZWARTEK (DZIEŃ TRENINGOWY): 3 minuty spokojnego marszu, 7 minut szybszego marszu. Wykonaj 3 razy (całość ma trwać 30 minut). Ćwicz po obiedzie lub po kolacji. Pamiętaj o oddechu!

PIĄTEK: A może nadszedł czas na domowe porządki? Włącz ulubioną muzykę i zabierz się za odkurzanie, mycie podłóg, wycieranie kurzy i układanie rzeczy na półkach, a wszystko w rytmie muzyki! Tańcz, ruszaj biodrami i uśmiechaj się przy tym szeroko!

SOBOTA (DZIEŃ TRENINGOWY): 2 minuty spokojnego marszu, 8 minut szybszego marszu. Wykonaj 3 razy (całość ma trwać 30 minut). Ćwicz po obiedzie lub po kolacji. Pamiętaj o oddechu!

NIEDZIELA: Zamiast korzystać z windy, wejdź do mieszkania po schodach. Jeśli mieszkasz w domu jednorodzinnym lub na parterze, wybierz się w miejsce, gdzie są schody. Wejdź na drugie piętro. Jeśli dasz radę, wejdź na czwarte piętro. Pamiętaj o oddechu!

Tydzień VIII

TYDZIEŃ AKTYWNOŚCI TOWARZYSKIEJ

(Spędź aktywnie czas z rodziną lub w grupie znajomych i przyjaciół.)

PONIEDZIAŁEK (DZIEŃ TRENINGOWY): 1 minuta spokojnego marszu, 9 minut szybszego marszu. Wykonaj 3 razy (całość ma trwać 30 minut). Ćwicz po obiedzie lub po kolacji. Pamiętaj o oddechu!

WTOREK: Znajdź najbliższą siłownię plenerową i wykonaj 3 serie ćwiczeń po 8 powtórzeń na 4 wybranych urządzeniach. Zacznij od 10 minut na rowerku stacjonarnym lub orbitreku. Trening zakończ rozciąganiem. Ćwiczyć możesz rano (pamiętaj, by nie ćwiczyć na czczo!) albo po południu. Nie zapominaj oddechu!

ŚRODA (DZIEŃ TRENINGOWY): 2 minuty spokojnego marszu, 8 minut szybszego marszu. Wykonaj 3 razy (całość ma trwać 30 minut). Ćwicz po obiedzie lub po kolacji. Pamiętaj o oddechu!

CZWARTEK: Spędź godzinę na basenie lub na zajęciach fitness, jeżdżąc na rowerze czy grając w tenisa. Pamiętaj o oddechu!

PIĄTEK (DZIEŃ TRENINGOWY): 1 minuta spokojnego marszu, 9 minut szybszego marszu. Wykonaj 3 razy (całość ma trwać 30 minut). Ćwicz po obiedzie lub po kolacji. Pamiętaj o oddechu!

SOBOTA: Spotkaj się ze znajomymi lub rodziną na świeżym powietrzu. Zabierz psa, dzieci, męża i spędź ten czas aktywnie! Spacerujcie, grajcie w piłkę, wybierzcie się do parku, a może nawet do parku linowego lub do zoo. Może najdzie was ochota na paintball lub przejażdżkę konną? :)

NIEDZIELA: Masz ochotę spędzić wieczór przed telewizorem? Nie krępuj się! Jeśli masz w domu stepper, rowerek stacjonarny lub orbitrek, oglądaj film, korzystając z tych urządzeń. Jeśli ich nie posiadasz, możesz oglądać, maszerując w miejscu, a nawet leżeć przed telewizorem, wykonując rowerek w powietrzu. Pamiętaj o oddechu!

Tydzień IX

TYDZIEŃ KREATYWNOŚCI

(W tym tygodniu wybieraj jak najbardziej zróżnicowane aktywności.)

PONIEDZIAŁEK: W ciągu dnia wykonaj minimum 10 000 kroków. Możesz skorzystać z pomocy krokomierza lub aplikacji w smartfonie liczącej kroki. Pamiętaj o oddechu! Nagraj kilka swoich ulubionych piosenek, załóż słuchawki i ruszaj w drogę!

WTOREK (DZIEŃ TRENINGOWY): 50 sekund szybkiego marszu, 10 sekund truchtu. Wykonaj 10 razy. Pamiętaj o oddechu!

ŚRODA: Rano po przebudzeniu się, usiądź spokojnie i zrób kilka głębokich wdechów, powoli wypuszczaj powietrze. Pomoże ci to odpowiednio nastroić się na cały dzień i rozluźnić. Powtórz czynność wieczorem przed pójściem spać.

CZWARTEK (DZIEŃ TRENINGOWY): 40 sekund szybkiego marszu, 20 sekund truchtu. Wykonaj 10 razy. Pamiętaj o oddechu!

PIĄTEK: Pamiętasz aktywności z dzieciństwa? Skakanka, hula-hop, gra w gumę, zośka albo ping pong na szkolnej przerwie? Poczuj się znowu jak dziecko… Wiesz już, co robić! :) Kręć, skacz i ciesz się chwilą!

SOBOTA (DZIEŃ TRENINGOWY): 50 sekund szybkiego marszu, 10 sekund truchtu. Wykonaj 15 razy. Pamiętaj o oddechu!

NIEDZIELA: Zabierz bliską ci osobę na basen i jak najwięcej pływajcie i nurkujcie. Warto wybrać się też do sauny. Jeśli nie lubisz pływać, poszukaj innej formy aktywności dostępnej w twojej miejscowości. Łyżwy, wrotki, jump arena, ścianka wspinaczkowa albo inne ciekawe miejsce, gdzie można się przyjemnie zmęczyć? Wykaż się kreatywnością i zrób coś NOWEGO! Może gra terenowa...?

Tydzień X

TYDZIEŃ NORDIC WALKINGU

(W tym tygodniu dużo spaceruj, z kijkami lub bez.)

PONIEDZIAŁEK (DZIEŃ TRENINGOWY): 40 sekund szybkiego marszu, 20 sekund truchtu. Wykonaj 15 razy. Pamiętaj o oddechu!

WTOREK: Czas na 30-minutowy spacer nordic walking! Jeśli nie masz kijków do nordic walkingu, wybierz się na zwykły spacer. Możesz podzielić go na dwie 15-minutowe przechadzki, rano i wieczorem!

ŚRODA (DZIEŃ TRENINGOWY): 30 sekund szybkiego marszu, 30 sekund truchtu. Wykonaj 10 razy. Pamiętaj o oddechu!

CZWARTEK: Wiesz, czym jest slow jogging? To bieg tak wolny, że biegaczy prześcigają spacerowicze :). Umożliwia swobodną rozmowę i przy tym nie obciąża tak bardzo stawów. Wybierz się na 10-minutowy slow jogging. Nie zapomnij jednak wcześniej o rozgrzewce i na końcu o rozciąganiu! Pamiętaj o oddechu!

PIĄTEK (DZIEŃ TRENINGOWY): 40 sekund szybkiego marszu, 20 sekund truchtu. Wykonaj 15 razy. Pamiętaj o oddechu!

SOBOTA: Jeśli masz taką możliwość, wybierz się do parku, lasu lub innego miejsca, w którym są mniej lub bardziej strome górki i pagórki:). Spaceruj po nim ok. 30 min. (z kijkami lub bez), wchodząc pod górę i schodząc z niej. Wybieraj różne podłoża.

NIEDZIELA: Dzisiaj czas na spacery z… koleżankami, znajomymi, rodziną. Może wybierzcie się na wspólne zakupy? W końcu spacerując po centrach handlowych, również można spalić sporo kaloriil! Użyjcie krokomierza i sprawdźcie, ile kroków można zrobić podczas jednych zakupów. Zaskoczenie gwarantowane!

Tydzień XI

TYDZIEŃ WYZWAŃ

(W tym tygodniu spróbuj pobić swoje rekordy.)

PONIEDZIAŁEK: W ciągu całego dnia zrób tyle przysiadów, ile jesteś w stanie (mogą być półprzysiady). Rób je w każdej możliwej chwili (podczas prania, zabawy z dzieckiem czy gotowania obiadu) i licz, ile udało ci się zrobić. Wieczorem pochwal się swoim wynikiem na naszych grupach na Facebooku! :)

WTOREK (DZIEŃ TRENINGOWY): 30 sekund szybkiego marszu, 30 sekund truchtu. Wykonaj 15 razy. Pamiętaj o oddechu!

ŚRODA: Czas pobić rekord skakania na skakance! Ile udało ci się wykonać skoków w ciągu 30 sekund?

CZWARTEK (DZIEŃ TRENINGOWY): 40 sekund szybkiego marszu, 20 sekund truchtu. Wykonaj 20 razy. Pamiętaj o oddechu!

PIĄTEK: Odśnieżanie, koszenie trawy, zamiatanie podwórka lub grabienie liści. Wybierz którąś z powyższych aktywności albo podobną i wykonuj ją przez 3 minuty wolno, następnie przez 3 minuty energicznie I tak na zmianę.

SOBOTA: Masz dziecko, psa albo inne zwierzę? Spędź wspólnie czas na aktywności fizycznej! Bawcie się, biegajcie, grajcie w piłkę, tarzajcie po podłodze itp. Zorganizujcie wyścigi albo zawody i załóżcie się np., kto więcej razy trafi piłką w jakiś punkt. To świetny pomysł na aktywność, a jaki przyjemny!

NIEDZIELA (DZIEŃ TRENINGOWY): 30 sekund szybkiego marszu, 30 sekund truchtu. Wykonaj 15 razy. Pamiętaj o oddechu!

Tydzień XII

TYDZIEŃ RELAKSU

(Można spędzać wolny czas aktywnie, odpoczywając i dbając o relaks!)

PONIEDZIAŁEK: Opanuj technikę prawidłowego oddechu! Usiądź wygodnie, rozluźnij się, zamknij oczy. Powoli wdychaj powietrze nosem (zatrzymaj się i policz do pięciu) i wolno wydychaj ustami, rozluźniając całe ciało. Staraj się oddychać przeponą i używać mięśni brzucha (nie unosząc ramion). Poświęć na to kilkanaście minut w ciągu dnia. Następnie wypij szklankę wody.

WTOREK: Włącz muzykę relaksacyjną, zapal świeczki, wyłącz internet i wszystko, co cię rozprasza. Weź relaksującą kąpiel lub zrób sobie jakieś zabiegi kosmetyczne i oddaj się chwili tylko dla siebie.

ŚRODA (DZIEŃ TRENINGOWY): 40 sekund szybkiego marszu, 20 sekund truchtu. Wykonaj 20 razy. Pamiętaj o oddechu!

CZWARTEK: Czy nie potrzebujesz przypadkiem odpoczynku? Zdecydowanie przyda Ci się masaż! Poproś o niego bliską ci osobę lub wybierz się na relaksacyjny masaż całego ciała. Użyj do tego aromatycznych olejków do masażu oraz świec.

PIĄTEK (DZIEŃ TRENINGOWY): 10 sekund szybkiego marszu, 50 sekund truchtu. Wykonaj 15 razy. Pamiętaj o oddechu!

SOBOTA: Prowadzisz stresujący tryb życia? Sprawdź, czym jest trening autogenny Schulza lub trening Jackobsona. Są to popularne techniki relaksacyjne, które pomogą ci opanować m.in. stres i zaburzenia snu. Są też skuteczne w leczeniu nerwic, zaburzeń neurologicznych czy hormonalnych. Nagrania i dokładny opis treningów znajdziesz w internecie pod hasłem „trening autogenny Schulza" lub „trening Jackobsona".

NIEDZIELA (DZIEŃ TRENINGOWY): 40 sekund szybkiego marszu, 20 sekund truchtu. Wykonaj 20 razy. Pamiętaj o oddechu!

Tydzień XIII

TYDZIEŃ AKTYWNOŚCI TOWARZYSKIEJ

(Spędź aktywnie czas z rodziną lub w grupie znajomych i przyjaciół.)

PONIEDZIAŁEK: Idź na lekcję tańca (towarzyskiego, latynoamerykańskiego, nowoczesnego...), jazdy konnej albo tenisa. A może masz ochotę pograć z przyjaciółmi w paintball? Czas na porządną aktywność w miłej atmosferze! Możecie również wybrać się razem na boisko i pograć w siatkówkę, koszykówkę lub piłkę nożną. Na osiedlach znajduje się wiele ogólnodostępnych boisk, więc wystarczy tylko piłka, wygodne buty i dobre chęci!

WTOREK (DZIEŃ TRENINGOWY): 10 sekund szybkiego marszu, 50 sekund truchtu. Wykonaj 15 razy. Pamiętaj o oddechu!

ŚRODA: W ciągu dnia wykonaj minimum 10 000 kroków. Możesz skorzystać z pomocy krokomierza lub aplikacji w smartfonie liczącej kroki. Pamiętaj o oddechu! Nagraj kilka swoich ulubionych piosenek, załóż słuchawki i ruszaj w drogę!

CZWARTEK (DZIEŃ TRENINGOWY): 40 sekund szybkiego marszu, 20 sekund truchtu. Wykonaj 25 razy. Pamiętaj o oddechu!

PIĄTEK: Spędź piątkowy wieczór z koleżanką na wspólnym wypadzie na rolki (latem) lub łyżwy (zimą), zamiast iść do kawiarni. Plotkować możecie przecież także w trakcie aktywności fizycznej!

SOBOTA (DZIEŃ TRENINGOWY): 10 sekund szybkiego marszu, 50 sekund truchtu. Wykonaj 15 razy. Pamiętaj o oddechu!

NIEDZIELA: Znasz grę Twister? Zaproś przyjaciół albo bliskich i zagrajcie razem! Jeśli nie masz tej gry, możesz zrobić ją sama. Przygotuj planszę na starym prześcieradle, zrób z kartonu tarczę ze wskazówkami i grajcie razem! Gwarancja kupy śmiechu i wielu spalonych kalorii!:)

Tydzień XIV

TYDZIEŃ DLA KRĘGOSŁUPA

(Wzmacniaj mięśnie kręgosłupa i pamiętaj o prawidłowej postawie!)

PONIEDZIAŁEK (DZIEŃ TRENINGOWY): 10 sekund szybkiego marszu, 50 sekund truchtu. Wykonaj 25 razy. Pamiętaj o oddechu!

WTOREK: Wykonaj kilka prostych ćwiczeń dla kręgosłupa:

1. Żabka. Połóż się na podłodze na brzuchu. Ręce wyciągnij przed siebie, a następnie ugnij i przyciągnij je do siebie, unosząc lekko tułów (jak przy pływaniu żabką)
2. Koci grzbiet. Pozycja wyjściowa to klęk podparty. Wydychając powietrze, wyginaj kręgosłup ku górze, tworząc „garb", a po 5 sekundach wciągnij powietrze i opuść kręgosłup w dół, wyginając głowę ku górze. Wytrzymaj 5 sekund.
3. Unoszenie bioder. Leżąc na podłodze, z nogami ugiętymi w kolanach na szerokość bioder, unieś biodra do góry i napnij pośladki na 5 sekund, a następnie je opuść. Powtórz ćwiczenie kilka razy.
4. Kołyska. Leżąc na podłodze, przyciągnij nogi do klatki piersiowej, oplatając je rękoma pod kolanami, tak żeby pośladki oderwały się od podłogi. Wytrzymaj 10 sekund a następnie opuść nogi. Powtórz kilka razy. Ćwiczenia możesz wykonać zarówno rano po przebudzeniu, jak i wieczorem przed snem. Pamiętaj o oddechu!

ŚRODA (DZIEŃ TRENINGOWY): 2 minuty truchtu, 30 sekund szybkiego marszu. Wykonaj 10 razy. Pamiętaj o oddechu!

CZWARTEK: Nordic walking to świetne rozwiązanie dla osób, które chcą zadbać o swój kręgosłup. Wybierz się na 30-minutowy marsz z kijkami i… koleżanką. Nie zapomnij po drodze wykonać kilku prostych ćwiczeń z wykorzystaniem kijków.

PIĄTEK (DZIEŃ TRENINGOWY): 10 sekund szybkiego marszu, 50 sekund truchtu. Wykonaj 25 razy. Pamiętaj o oddechu!

SOBOTA: Jeśli odczuwasz bóle kręgosłupa, koniecznie wybierz się do fizjoterapeuty, który pomoże odnaleźć przyczynę bólu oraz zaleci odpowiednie ćwiczenia, które zmniejszą ból oraz zadają o twój kręgosłup! Dzisiaj jest czas na regeneracyjną kąpiel. Użyj do tego ulubionych olejków eterycznych i szczotek do masażu. Możesz też wykorzystać strumień ciepłej wody, który wymasuje obolałe miejsca.

NIEDZIELA: Wykonaj proste ćwiczenia z piłką!

1. Usiądź na niej wygodnie, napnij mięśnie brzucha i pośladków i balansuj ciałem, utrzymując równowagę.
2. Połóż się na podłodze na plecach, piłkę włóż między nogi na wysokości łydek. Unoś piłkę do góry do kąta 45 stopni i powoli opuszczaj.
3. Uklęknij na podłodze, a piłkę postaw przed sobą. Połóż ręce na piłce i powoli roluj do przodu, nie odrywając kolan, aż do wyprostowanych ramion.

Tydzień XV

TYDZIEŃ HIIT

(W tym tygodniu spróbuj intensywnego treningu.)

PONIEDZIAŁEK: TRENING HIIT (ang. *High Intensity Interval Training*)

4 minuty rozgrzewki (intensywność 50–60% HRmax – tętna maksymalnego), np. pajacyków.
15 sekund intensywnego sprintu na maksymalnej intensywności (90–100% HTmax – tętna maksymalnego).
60 sekund truchtu o umiarkowanej intensywności (ok. 50–60% HRmax).
Powtórz 11 razy dwa elementy właściwego treningu (sprint i trucht).
Na koniec przeznacz 4 minuty na cool down, czyli wyciszenie. Rozciągnij wszystkie mięśnie, zrób powolne wykroki i skłony. Oddychaj głęboko.

(UWAGA! Jeśli miewasz jakieś kontuzje albo twoja kondycja jeszcze nie jest wystarczająco dobra, cierpisz na choroby serca, otyłość, masz problemy ze stawami itp., pomiń ten trening. Treningi HIIT są skuteczne w leczeniu insulinooporności, przyspieszają metabolizm, ale zdecydowanie nie są dla każdego. Jeśli nie jesteś na nie jeszcze gotowa, odłóż je na później, kiedy twój organizm będzie silniejszy. W zamian możesz wybrać się na rower, basen lub iść na aerobik.)

WTOREK (DZIEŃ TRENINGOWY): 2 minuty truchtu, 30 sekund szybkiego marszu.
Wykonaj 10 razy. Pamiętaj o oddechu!

ŚRODA: Zamiast korzystać z windy, wejdź do mieszkania po schodach. Jeśli nie masz windy lub mieszkasz na parterze, wybierz się w miejsce, gdzie są schody. Wejdź na czwarte piętro. Pamiętaj o oddechu!

CZWARTEK (DZIEŃ TRENINGOWY): 3 minuty truchtu, 30 sekund szybkiego marszu. Wykonaj 9 razy. Pamiętaj o oddechu!

PIĄTEK: A może nadszedł czas na domowe porządki? Włącz ulubioną muzykę i zabierz się za odkurzanie, mycie podłóg, wycieranie kurzy i układanie rzeczy na półkach, a wszystko w rytm muzyki! Tańcz, ruszaj biodrami i uśmiechaj się przy tym szeroko!

SOBOTA: TABATA

Zasady: ćwicz przez 20 sekund i 10 sekund odpoczywaj. Serie powtarzaj po 8 razy. W ciągu 20 sekund powtarzaj jedno ćwiczenie tyle razy, ile jesteś w stanie.

Może to być bieg bokserski, pompki, skoki na skakance czy przysiady. Tabata, ze względu na spore ryzyko nieprawidłowego wykonywania ćwiczeń, należy raczej do treningów trudnych i jest przeznaczona dla osób bardziej zaawansowanych. Warto wykonywać ją pod okiem trenera, który ewentualnie skoryguje błędy.

(UWAGA! Jeśli miewasz kontuzje albo twoja kondycja jeszcze nie jest wystarczająco dobra, cierpisz na choroby serca, otyłość, masz problemy ze stawami itp., pomiń ten trening. Jest to bardzo intensywny trening interwałowy, chociaż trwa tylko 4 minuty. Jeśli nie czujesz się jeszcze wystarczająco silna, żeby ćwiczyć tabatę, odłóż ten trening na później. W zamian możesz wybrać się na rower, basen lub iść na aerobik.)

NIEDZIELA (DZIEŃ TRENINGOWY): 2 minuty truchtu, 30 sekund szybkiego marszu. Wykonaj 10 razy. Pamiętaj o oddechu!

Tydzień XVI

TYDZIEŃ FITNESS

(W tym tygodniu wybieraj różne ćwiczenia fintessowe.)

PONIEDZIAŁEK: Wybierz się na zumbę! Jeśli nie masz czasu, żeby iść do klubu fitness, włącz zumbę na YouTubie i ćwicz w rytmie Beto Pereza! Możesz zaprosić koleżanki lub tańczyć razem z dzieckiem! :) Pamiętaj o oddechu!

WTOREK: Jeśli jeździsz autobusem lub tramwajem, wysiądź dwa przystanki przed miejscem docelowym i przejdź je pieszo. Jeżeli nie możesz zostawić samochodu w garażu, zaparkuj możliwie daleko od miejsca docelowego.

ŚRODA (DZIEŃ TRENINGOWY): 3 minuty truchtu, 30 sekund szybkiego marszu. Wykonaj 9 razy. Pamiętaj o oddechu!

CZWARTEK: Znajdź na YouTubie trening o nazwie „stretching" lub „pilates". Wykonaj go po kolacji, a następnie zrób sobie relaksującą kąpiel.

PIĄTEK (DZIEŃ TRENINGOWY): 5 minut truchtu, 30 sekund szybkiego marszu. Wykonaj 6 razy. Pamiętaj o oddechu!

SOBOTA: To przedostatni dzień naszego 16-tygodniowego planu treningowego. Mam nadzieję, że czujesz się lepiej, widzisz efekty oraz przede wszystkim otrzymałaś mnóstwo inspiracji, w jaki sposób dbać o swoje zdrowie! No i wierzę, że to dopiero początek twojej przygody z codziennym ruchem:) Chciałam pokazać ci, na jak wiele sposobów można być aktywnym. Wykorzystuj to każdego dnia! A co zrobimy dzisiaj? Dzisiaj podczas gotowania pysznego dania z tej książki zrób 3 serie po 10 przysiadów oraz 3 serie po 10 pompek przy ścianie. Nastepnie wykonaj kilka wykroków, a na koniec skłony do prostych nóg. Całość zajmie ci tylko kilka minut. Pamiętaj o oddechu!

NIEDZIELA (DZIEŃ TRENINGOWY): 3 minuty truchtu, 30 sekund szybkiego marszu. Wykonaj 9 razy. Pamiętaj o oddechu!

BIBLIOGRAFIA

- Atkinson F.S., Foster-Powell K., Brand-Miller J.C., *International Tables of Glycemic Index and Glycemic Load Values*: 2008, „Diabetes Care" 2008, 31(12): 2281–2283.
- Bogdański P., Iciek J., Pupek-Musialik D., *Wpływ regularnej aktywności fizycznej na stężenie adiponektyny u otyłych kobiet z zespołem metabolicznym*, „Endokrynologia, Otyłość i Zaburzenia Przemiany Materii" 2011, t. 7, nr 4.
- Bronczyk-Puzon A., Koszowska A., Nowak J., Dittfeld A., Bieniek J., *Epidemiologia otyłości na świecie i w Polsce*, „Forum Zaburzeń Metabolicznych" 2014, t. 5, nr 1, 1–5.
- Drzycimska-Tatka B., Drab-Rybczyńska A., Kasprzak J., *Zespół metaboliczny – epidemia XXI wieku*, „Hygeia Public Health" 2011, 46(4): 423–430.
- Fiala M., Baumert M., Walencka Z., Pacula M., *Wczesne początki zespołu metabolicznego*, „Endokrynologia, Otyłość i Zaburzenia Przemiany Materii" 2010, t. 6, nr 1.
- Goff L.M., Cowland D.E., Hooper L., Frost G.S., *Low glycaemic index diets and blood lipids: A systematic review and meta-analysis of randomised controlled trials*, „Nutrition, Metabolism and Cardiovascular Diseases", Vol. 23, Issue 1, 1–10.
- Grzesiuk W., Szydlarska D., Jóźwik K., *Insulinooporność w endokrynopatiach*, „Endokrynologia, Otyłość i Zaburzenia Przemiany Materii" 2008, t. 5, nr 1.
- Hart Ch.R., Grossman M.K., *The insulin-resistance diet*, USA, McGraw-Hill Education 2007.
- Kadooka Y. et al., *Regulation of abdominal adiposity by probiotics (Lactobacillus gasseri SBT2055) in adults with obese tendencies in a randomized controlled trial*, „European Journal of Clinical Nutrition" 2010, 64, 636–643.
- Kinalska I., Popławska-Kita A., Telejko B., Kinalski M., Zonenberg A., *Otyłość a zaburzenia przemiany węglowodanowej*, „Endokrynologia, Otyłość i Zaburzenia Przemiany Materii" 2006, t. 2, nr 3.
- Kucharska A., Gajewska D., Kiedrowski M., Sińska B., Juszczyk G., Czerw A., Augustynowicz A., Bobiński K., Deptała A., Niegowska J., *The impact of individualized nutritional therapy according to DASH diet on blood pressure, body mass and selected biochemical parameters in overweight/obese patients with primary arterial hypertension: a prospective randomized study*, „Kardiologia Polska" 2017.
- Kulczyński B., Gramza-Michałowska A., *Znaczenie indeksu i ładunku glikemicznego w zapobieganiu rozwoju chorób sercowo-naczyniowych*, „Problemy Higieny i Epidemiologii" 2015, 96(1): 51–56.
- Małecki M., *Otyłość – insulinooporność – cukrzyca typu 2*, „Kardiologia Polska" 2006, 64: 10 (supl. 6), 561–566.
- Mędraś M., *Endokrynologia wysiłku fizycznego sportowców z zarysem endokrynologii ogólnej*, wydanie I, Medpharm Polska, Wrocław 2010.
- Mirhosseini N., Vatanparast H., Mazidi M., Kimball S.M., *Effect of Improved Serum 25-Hydroxyvitamin D Status on Glycemic Control in Diabetic Patients: A Meta-Analysis*, „The Journal of Clinical Endocrinology & Metabolism", Vol. 102, Issue 9, 1 September 2017, 3097–3110.
- Ostrowska L., Witczak K., Adamska E., *Czy istnieją środowiskowe uwarunkowania insulinooporności?*, „Forum Zaburzeń Metabolicznych" 2012, t. 3, nr 3, 85–93.
- Pacholczyk M., Ferenc T., Kowalski J., *Zespół metaboliczny. Część I: Definicje i kryteria rozpoznawania zespołu metabolicznego. Epidemiologia oraz związek z ryzykiem chorób sercowo-naczyniowych i cukrzycy typu 2*, „Postępy Higieny i Medycyny Doświadczalnej" 2008; 62: 530–542.

- Plewa M., Markiewicz A., *Aktywność fizyczna w profilaktyce i leczeniu otyłości.* Przedrukowano z: „Endokrynologia, Otyłość i Zaburzenia Przemiany Materii" 2006; 1: 30–37. „Forum Medycyny Rodzinnej" 2007, t. 1, nr 1, 35–44.
- Reguła J., *Charakterystyka i ocena wybranych diet alternatywnych,* „Forum Zaburzeń Metabolicznych" 2013, 4(3):115–121.
- Sanchez M. et al., *Effect of Lactobacillus rhamnosus CGMCC1.3724 supplementation on weight loss and maintenance in obese men and women,* „British Journal of Nutrition", Vol. 111, Issue 08, April 2014, 1507–1519.
- Sicińska P., Pytel E., Maćczak A., Koter-Michalak M., *Zastosowanie różnych suplementów diety w zespole metabolicznym,* „Postępy Higieny i Medycyny Doświadczalnej" 2015, 69: 25–33.
- Sieradzki J., *Zespół metaboliczny – pojęcie, patofizjologia, diagnostyka i leczenie,* „Diabetologia Praktyczna" 2002, t. 3, nr 4, 187–195.
- *Standardy leczenia dietetycznego otyłości prostej u osób dorosłych – stanowisko Polskiego Towarzystwa Dietetyki,* „Dietetyka" 2015, Vol. 8.
- Suliburska J., Kuśnierek J., *Czynniki żywieniowe i pozażywieniowe w rozwoju insulinooporności,* „Forum Zaburzeń Metabolicznych" 2010, t. 1, nr 3, 177–183.
- Szurkowska M., Szafraniec K., Gilis-Januszewska A., Szybiński Z., Huszno B., *Wskaźniki insulinooporności w badaniu populacyjnym i ich wartość predykcyjna w określeniu zespołu metabolicznego,* „Przegląd Epidemiologiczny" 2005, 59(3):743–751.
- Szybiński Z., Szurkowska M., *Insulinemia w zespole metabolicznym,* Wydawnictwo Medyczne, Kraków 2003.
- Tatoń J., Czech A., Bernas M., *Intensywne leczenie cukrzycy typu 2,* wydanie I, Wydawnictwo Lekarskie PZWL, Warszawa 2004.
- Tatoń J., Czech A., Bernas M., *Otyłość: zespół metaboliczny,* wydanie I, Wydawnictwo Lekarskie PZWL, Warszawa 2006.
- Width M., Reinhard T., *Dietetyka Kliniczna,* Elsevier Urban&Partner, 2014.
- Wright D.C., Swan P.D., *Optymalny wysiłek fizyczny u chorych z upośledzoną tolerancją glukozy.* Przedrukowano za zgodą z: „Diabetes Spectrum" 2001, 14, 2, 93–97. „Diabetologia Praktyczna" 2002, t. 3, nr 2.
- Zalecenia Polskiego Towarzystwa Diabetologicznego 2017.

O AUTORKACH

Dominika Musiałowska

Założycielka „Fundacji Insulinooporność – zdrowa dieta i zdrowe życie", autorka popularnego bloga www.insulinoopornosc.com oraz książki *Insulinooporność – zdrowa dieta i zdrowe życie*, a także licznych artykułów na temat insulinooporności m.in. w miesięczniku „Chcemy Być Rodzicami" oraz rozdziału dotyczącego aktywności fizycznej jako elementu leczenia insulinooporności w książce Magdaleny Makarowskiej Dieta uzdrawiająca organizm.

Wspiera pacjentów zarówno w sieci, jak i poza nią, pomagając wrócić do zdrowia. Twórczyni grup wsparcia dla osób z insulinoopornością i organizatorka licznych konferencji edukacyjnych dla pacjentów, a także szkoleń dla dietetyków, trenerów sportowych i innych specjalistów. Instruktor sportowy o specjalizacji fitness i nordic walking. Ukończyła Polską Akademię Sportu i kursy doradcy ds. żywienia oraz ds. żywienia dzieci i niemowląt, a także kobiet w ciąży. Członek Stowarzyszenia Edukacji Diabetologicznej (SED). Z wykształcenia dziennikarka, zawodowo od lat związana z branżą eventową i marketingową.

Choruje na insulinooporność, PCOS, chorobę Hashimoto, celiakię. Mimo licznych problemów zdrowotnych jest szczęśliwą matką oraz żoną. Miłośniczka diet roślinnych i wegetariańskich, nordic walkingu, biegania, górskich wypraw, boksu oraz psychologii.

Małgorzata Słoma

Dietetyk kliniczny, doktorantka Śląskiego Uniwersytetu Medycznego pełniąca funkcję eksperta ds. żywienia w „Fundacji Insulinooporność – zdrowia dieta i zdrowe życie". Wykładowca akademicki, prelegent krajowych oraz międzynarodowych konferencji naukowych, współautor publikacji naukowych z zakresu żywienia. Temat pracy doktorskiej poświęciła problemowi insulinooporności u kobiet. Poza wykładami na Śląskim Uniwersytecie Medycznym prowadzi również szkolenia dla dietetyków oraz warsztaty edukacyjne dla pacjentów. Współzałożycielka poradni dietetycznej Luxdiet oraz Akademii Dietetyki Klinicznej; na co dzień pełni funkcję dietetyka klinicznego w Poradni Zaburzeń Metabolicznych i Leczenia Otyłości, gdzie specjalizuje się głównie w leczeniu insulinooporności, chorób autoimmunologicznych oraz PCOS.

Magdalena Makarowska

Dietetyk, biotechnolog, pedagog, absolwentka szkoleń żywieniowych potwierdzonych certyfikatem MEN i szkolenia Polskiego Towarzystwa Dietetycznego oraz autorka serii poczytnych poradników dietetycznych (m.in. *Dieta uzdrawiająca organizm* i *Jedz pysznie z niskim indeksem glikemicznym*) i artykułów na temat zdrowego odżywiania w magazynie „Moda na Zdrowie". Certyfikowany członek zwyczajny Polskiego Stowarzyszenia Dietetyków ze statusem doradca żywieniowy oraz Polskiego Towarzystwa Dietetycznego. Wykładowca na warsztatach w ramach projektu „Aktywna Położna" oraz „Planeta Dziecko". Gość programów telewizyjnych *Dzień Dobry TVN*, *Stylowy Magazyn* i *Pytanie na śniadanie*.

Autorka jadłospisów dla cateringu dietetycznego Food Market, zapewniającego zbilansowaną dietę m.in. dla dzieci w przedszkolach, żłobkach, szkołach, dla sportowców czy dla osób odchudzających się. Organizatorka warsztatów kulinarnych w przedszkolach, szkołach i innych placówkach. Autorka projektu edukacyjnego dla dzieci w wieku przedszkolnym „Rosnę zdrowo, bo wiem, co jem". Na co dzień zajmuje się układaniem indywidualnych planów dietetycznych zarówno dla dzieci, jak i dorosłych, dla osób z nadwagą oraz przy problemach zdrowotnych. Pasjonatka diet roślinnych. Właścicielka gabinetu dietetycznego Centrum Natura w Łodzi.